乡村振兴战略下县、乡、村三级物流模式创新研究

宾厚 赵凤 王欢芳 ◎ 著

中国财经出版传媒集团

经济科学出版社
Economic Science Press

图书在版编目（CIP）数据

乡村振兴战略下县、乡、村三级物流模式创新研究/
宾厚，赵凤，王欢芳著 . —北京：经济科学出版社，
2019. 8

ISBN 978 - 7 - 5218 - 0751 - 6

Ⅰ. ①乡… Ⅱ. ①宾…②赵…③王… Ⅲ. ①农村 -
物流 - 经济发展 - 研究 - 中国 Ⅳ. ①F259. 22

中国版本图书馆 CIP 数据核字（2019）第 169055 号

责任编辑：刘　丽
责任校对：郑淑艳
责任印制：邱　天

乡村振兴战略下县、乡、村三级物流模式创新研究
宾　厚　赵　凤　王欢芳　著
经济科学出版社出版、发行　新华书店经销
社址：北京市海淀区阜成路甲 28 号　邮编：100142
总编部电话：010 - 88191217　发行部电话：010 - 88191522
网址：www. esp. com. cn
电子邮件：esp@ esp. com. cn
天猫网店：经济科学出版社旗舰店
网址：http://jjkxcbs. tmall. com
北京季蜂印刷有限公司印装
710 × 1000　16 开　15. 5 印张　270000 字
2019 年 8 月第 1 版　2019 年 8 月第 1 次印刷
ISBN 978 - 7 - 5218 - 0751 - 6　定价：68. 00 元
（图书出现印装问题，本社负责调换。电话：010 - 88191510）
（版权所有　侵权必究　打击盗版　举报热线：010 - 88191661
QQ：2242791300　营销中心电话：010 - 88191537
电子邮箱：dbts@ esp. com. cn）

前言

　　乡村振兴战略下，"三农问题"是我国政府关注的重点问题，农村物流一直是阻碍我国农村经济发展、农民增收的主要障碍。由于中国农村物流总体水平较低，基本还处于初级阶段，物流成本高、损耗大、效率低，现代农产品物流体系建设的滞后已严重影响了中国农业产业化进程。创新农村物流模式发展，促进农村物流渠道改革，构建新型农村物流体系是降低我国农村物流成本、促进农村经济发展的重要途径。

　　本书对我国农村物流体系不健全、农村物流企业小且分布散乱、农村物流成本居高不下等问题进行研究，通过文献研究和案例分析，综合运用耦合理论、价值共创理论、辐轴网络理论、资源循环等理论，以实现农村物流速度加快、成本降低为目标，综合经济效益、环境效益和社会效益，构建县、乡、村三级物流创新发展模式，对县级"互联网＋物流"模式、乡级双向物流模式、村级众包物流模式以及县、乡、村一体化物流模式的概念、内涵、特征、生成机理、运作模式、保障措施等方面进行深入研究，以期推动和完善乡村振兴战略下县、乡、村三级物流体系。

　　本书以县、乡、村三级物流体系为研究路径，采取文献研究与定性分析结合案例实践的方法，并吸收多学科的理论成果，总体上遵循了"文献综述—理论研究—模式创新—案例研究"的思路，对我国县、乡、村三级物流创新模式进行了大胆的探索，以期为新时代下我国农村物流发展提供理论和现实支撑，为进一步促进我国农村经济发展作出贡献。

　　本书受国家社科基金项目"乡村振兴战略下县、乡、村三级农村物流协同机制研究"（19BGL177）资助，是集体研究、集体努力、精诚合作的成果，凝聚了课题组所有成员的汗水与心血，该书一共由6章组成，项目组宾厚、王欢芳、赵凤、马全成、庾雪、张斌、丁志鹏、陈娇敏等分别撰写了有关章节，李娇、陈娇敏、谢国杰等对本书进行了审阅修订。此外，本书吸收和引用了国内外大量的相关研究成果，对相关成果的研究者表示感谢；还有诸多给予关心、帮助、支持，并付出了辛勤劳动的同志，在此也一并表示感谢。

　　本书可为研究我国农村物流发展的专家学者带来一定的启发，为共同探讨我国县、乡、村三级物流体系的创新发展模式研究提出设想，这对我国农村经济的发展具有较强的理论与现实意义。

　　需要说明的是，由于项目组成员功底尚浅，研究能力有限，书中难免有疏漏之处，承望大家一如既往，提出批评及改进的宝贵意见。

目 录

第1章

绪　　论

1.1　研究背景与研究评述

1.1.1　研究背景

在互联网的推动下，物流业迅速发展，这在很大程度上支撑了国民经济的快速发展，并为其中长期发展奠定了基础。改革开放 40 多年来，随着我国经济水平的不断提高，作为一种基础性和战略性产业，中国物流业发展成就显著。这不仅体现在物流产业地位的稳步提升和企业群体的日渐成熟，更重要的是物流各基础设施和理论研究都更完善和健全，使物流产业逐步发展为成熟的体系，让正处于全面深化改革阶段的物流业取得更进一步发展。因此物流业的稳健发展逐渐成为国民经济的基础和"动脉"。不仅如此，物流业在区域经济运营成本中起着"润滑剂"的作用，其推动着区域经济增长方式的改变；此外，物流业在新产业形态的形成中也有着"推进剂"的作用，其能推动产业结构优化升级。随着现代物流业综合系统性地发展，要想振兴区域（国家或地区）经济，必须加强区域物流系统的建设与发展。

2018 年邮政行业运行情况显示，我国邮政行业正处于持续高速发展态势。2018 年邮政行业业务收入（不包含邮政储蓄银行直接营业收入）累计完成

7000多亿元，同比增长19.4%；业务总量累计完成1万多亿元，同比增长26.4%。邮政服务业务在2018年创收2000亿元，比2017年增加了17.3%；邮政寄递业务量在2018年达到了200多亿件，比2017年增加了5%；邮政寄递服务业务收入在2018年达到了370多亿元，较2017年增长了4.1%。邮政函件业务在2018年只有26亿件，较2017年减少了15%；包裹业务在2018年只有2000万件，较2017年减少了9.4%；报纸业务在2018年达到了170亿份，比去年降低了2.3%；杂志业务在2018年达到了7亿多份，较2017年降低了6%；汇兑业务在2018年下降较快，只有2000多万笔，较2017年减少了32.7%。全国快递服务企业业务在2018年还是保持着高速增长，达到了500多亿件，比2017年要增长了26.6%；业务收入更是达到了6000多亿元，比2017年增长了21.8%。在快递服务企业业务中，同城业务是增长的重点之一，在2018年达到了100多亿件，比2017年增长了23.1%；异地业务量的增长也是极为迅速，在2018年达到了近400亿件，比2017年增加了27.5%；随着经济的发展，与国际及港澳台之间的联系不断加强，国际及港澳台业务量在2018年达到了11亿件，比2017年增长了34%。同城、异地、国际及港澳台快递业务量分别占全国快递业务量的22.5%、75.3%和2.2%；业务收入分别占总收入的15%、51.4%和9.7%。与2017年同期相比，同城快递业务量的占比减少了0.6%，异地快递业务量的占比增加了0.5%，国际及港澳台业务量的占比增加了0.1%。由于东部地区的经济发展较快且人口也主要集中在东部，所以东部地区的快递业务量占比79.9%，而中、西部地区由于经济、人口的原因，快递业务量占比仅为12.3%和7.8%，业务收入就以东部为主，中、西部为辅，东部占据了80%，而中、西部仅为11.2%和8.8%。其中，随着国家加大了对于中西部地区的政策支持，2018年东部地区快递业务量比2017年降低了1.2%，快递业务收入占比比去年减少了0.9%；中部地区快递业务量占比增长了0.7%，快递业务收入占比比2017年增长了0.4%；西部地区快递业务量比重和快递业务收入较2017年都上涨了0.5%。

农村是具有自然、社会、经济特征的地域综合体，兼具生产、生活、生态、文化等多重功能，与城镇互促互进、共生共存，共同构成人类活动的主要空间。人民日益增长的美好生活需要和不平衡不充分的发展之间的矛盾是我国新时代的主要矛盾，这种矛盾在乡村地区普遍存在。而建设好乡村对于全面建成小康社会和全面建设社会主义现代化强国有着不可忽视的作用，除此之外，农村拥有着最为广泛的基础，同时也是中国经济发展的潜力和后劲所在。中国虽然是世界第二大经济体，但中国依然是一个农业大国，为了让全国整个物流业达到现代化，就必须抓好农村物流的建设，促进农村物流现代化。自党的十八大以来，国家的政策支持为农村的快速发展提供了良好契机。农村生产能力逐步增强，农业结构逐步完善，农民收入及农村民生逐渐改善，农村的生态文明建设得到进一步发展，农民的幸福感显著提升。

然而，基础差、底子薄、发展滞后仍是当前我国农业农村存在的问题，"三农问题"仍就是制约我国经济社会发展最明显的短板，农业农村也还是现代化建设中最薄弱的环节。由于农产品有效供给不足与阶段性供过于求并存的问题，且农村第一、第二、第三产业融合发展的深度不够，农业供给质量、供给效益的提高刻不容缓；然而农民在市场竞争中常处于弱势地位，农村人才极为缺乏，因此急需将新型职业农民队伍培养放在重要地位；因为农村的基础设施不够完善，生态环境在一定程度上也遭到了破坏，因此改善乡村的整体发展环境显得极为重要；较大的城乡基本公共服务和收入水平差距，致使脱贫攻坚任务依旧艰巨；惠及支农体系的国家政策不够完善，农村金融改革任务艰巨且城乡间缺乏完善的要素流动机制；此外在农村基层基础工作方面仍有很多潜在的问题，使得乡村治理体系和治理能力亟须不断提升。

农村物流是现代物流不可替代的重要角色，而对比其他物流而言，农村物流的重点和难点是农产品物流，农产品物流系统是组成物流系统的重要部分。鉴于党和政府对"三农问题"的高度重视，并积极推动相关研究，发展和建设农村物流变得十分紧迫。建设社会主义新农村给农村物流发展带来了机遇，同时也提出了更高的要求。由于中国农村物流总体水平较低，农村物流水平基本还处于初级阶段，物流成本高、损耗大、效率低，现代农产品物流体系建设的滞后已严重影响了中国农业产业化进程。农村发展水平明显滞后于城市社会经济发展，目前来说，对于"三农问题"，主要是中国长期以来城乡二元结构，使工农、城乡关系严重扭曲。不协调的城乡发展，在掣肘农村发展的同时，也制约了城市的发展。

我国经济的稳步发展，促使国内物流总值一直保持着较快增长，这间接诠释了经济增长促使国民对物流的需求逐渐增加，同时物流协调有效地发展也是经济稳健发展的基础，然而农产品物流在社会物流总值中占比最小，这也间接说明在社会物流发展中，国家和政府对农产品物流发展重视度低，农产品发展相对缓慢。对比与发达国家的农产品物流而言，我国的农产品物流在各个方面都存在较大差距，完善我国农产品物流体系道路依旧艰辛，目前我国的农产品物流仍处于初级阶段，无法满足我国国民经济及社会发展的要求，还有待改进完善和创新。我国农村经济快速发展的主要瓶颈是农产品流通不畅，现行依旧存在的首要难题是"买难""卖难"。因此要想推动区域农产品物流系统快速发展，必须完善农村物流基础设施，引导农村人口回流，根据农产品物流的聚集来吸引、辐射、扩散，促进国内各经济聚集区内腹地—城镇—城市—中心城市经济联系体通力合作，从而使得各区域及全国竞争能力得到提高，更好地与全球经济体系融合。

就目前而言，维持农民生产生活的交通基础设施建设，尤其是修建公路。因此，在2003年，交通运输部根据中央"三农"工作的部署要求，提出"修好农村路，服务城镇化，让农民走上油路和水泥路"的目标。2013年，按照党的十八大全面建成小康社会的战略部署，交通运输部进一步提出"小康路上，绝不让任何一个地方因农村交通而掉队"的新目标。为加快推进农村公路建管养运协调可持续发展，2015年交通运输部陆续提出："到2020年实现'建好、管好、护好、运营好'农村公路（以下简称'四好农村路'）"的总目标，也发布了《关于推进"四好农村路"建设的意见》，将"全面建设好农村公路，切实发挥先行官作用"落实到底；通过对农村公路的全面管理，落实权责一致的思想建设，保证运行规范性；对农村公路建设方面落实好养护的全面化，同时保证专群结合，有路必养的战略有效实施；确保农村公路运营效率高，从而为城乡经济社会发展提供更优质的服务。其中，在农村运输和物流方面，坚持"城乡统筹、以城带乡、城乡一体、客货并举、运邮结合"总体思路，加快完善农村公路运输服务网络。建立农村客运班线通行条件联合审核机制。加快淘汰老旧农村客运车辆，全面提升客车性能。强化司机人员的安全培训和教育，提高从业人员素质。在城镇化水平较高地区推进农村客运公交化，鼓励有条件的地区在镇域内发展镇村公交。通客车的建制村两公里范围内要建设农村客运站点（招呼站），选址要因地制宜，充分听取群众意见。在考虑项目设计、建设和交付使用的时候，农村客运站点（招呼站）应与新改建农村公路项目同步。预计达到以下目标，截至2020年，建制村通客车已全部达到标准要求，其中六成以上县的城乡道路客运一体化发展水平达到3A级及以上，利用"多站合一、资源共享"的模式，通过完善县、乡、村三级物流站场设施和加强信息系统建设，推广货运班线、客运班车代运邮件等农村物流组织模式，大力发展专业化车型，此类专业化车型对农村物流的厢式、冷藏等较为适用。到 2020 年，实现覆盖县、乡、村三级的农村物流网络基本建成。

深化供给侧结构性改革，同时对水利、铁路、公路、水运、航空、管道、电网、信息、物流等基础设施网络建设进行持续改善是党的十九大报告的重要要求。实施乡村振兴战略，应将农业农村的发展放在头等地位，通过宏观调控，缩小城乡之间的差距，让产业兴盛、让村风文明、让生态绿色、让农民生活富裕，从而促进农业农村现代化发展。在 2004—2018 年，中央持续发布 7 个以"三农"为重点的中央一号文件，都对加快农村发展，缩小城乡差距作出了指示。2018 年中央一号文件指出"重点解决农产品销售中的突出问题，加强农产品产后分级、包装、营销，建设现代化农产品冷链仓储物流体系；支持供销、邮政及各类企业把服务网点延伸到乡村；加快推进农村流通现代化"。在中共中央、国务院印发的《乡村振兴战略规划（2018—2022 年)》中，明确提出要构建完善的粮食现代物流体系。同时完善乡村物流基础设施，鼓励商贸、邮政、快递、供销、运输等企业积极参与农村地区的设施网络布局。促进完善农村物流基础设施末端网络，建设面向农村地区的共同配送中心。实施乡村振兴，要持续加强村民在产业发展中的参与度和受益度，要增加农民就业，促进产业升级，保障村民持续稳定增收、安居乐业，从而实现最终目标。乡村振兴战略提出了一系列措施来帮助农村发展。丰信农业服务模式和乡村振兴社员网模式完善了农村的服务体系，为农村物流和电子商务的发展提供了有力支持。在改善农村交通物流设施条件方面，乡村振兴战略提出，以示范县为载体全面推进"四好农村路"建设，深化农村公路管理养护体制改革，健全管理养护长效机制，完善安全防护设施，保障农村地区基本出行条件。推动城市公共交通线路向城市周边延伸，鼓励发展镇村公交，实现具备条件的建制村全部通客车。坚持对革命老区、民族地区、边疆地区、贫困地区铁路公益性运输加大帮扶力度。对农村物流基础设施骨干网络的构建提出新的要求，对于商贸、邮政、快递、供销、运输等企业扩大实施鼓励政策。

2018 年交通运输部关于推进乡镇运输服务站建设加快完善农村物流网络节点体系的意见指出，"提高农村物流网络节点覆盖率，优化服务功能，增强基本公共服务能力；创新农村物流运营模式，整合农产品供应链资源，增强扶贫攻坚支撑保障能力；加强农村物流信息化建设，促进资源整合与合理配置，提高运营效率；推广应用先进的物流装备，提高运输装载效率，增强专业化服务能力；培育龙头骨干企业，健全服务标准规范，提升服务品质"。

这一系列方针政策为我国新时期流通产业的发展指明方向，并指出物流研究应将重点放在哪里，同时也提出了加强研究农村物流是目前乡村振兴的重点课题。

1.1.2　研究评述

国内外学者对于农村物流的研究重心有所不同，虽然我国在农村物流方面的研究比国外学者起步晚，但是在农产品物流这一分支上有着较为深入的研究探索，也有着令人瞩目的成就。国外学者很早就开始了农村物流的研究步伐，我国在 20 世纪 70 年代末才开始进行物流方面的研究，农村物流则更晚；在发达国家，因为较早地进入了现代化、机械化的农业生产，对农村物流和工业物流没有明确分类，研究重点是提高物流效率的策略，而基于我国国情，国内学者主要分析农村物流的发展前景及对策、农村物流体系与模式、不同地区农村物流的发展、农村物流选址、农村物流信息化建设、农村物流财政金融政策、农村物流的绩效评价等方面，同时也建立了具有中国特色的物流理论体系。

经济发展推动区域物流进一步发展和完善，从而对农村物资流通的发展有着更高的要求，物流这一新兴业态的高速发展，使得以往众多国内学者的研究也存在一些缺漏和不足，需要对研究成果进行进一步补充和分析。已有研究大多从不同角度对农产品物流模式构建进行分析，发现理论研究与实践存在较大不同步，大多是建立在以市场为导向的监管体系、支持高新信息技术的系统和畅通的流通渠道上，而较少的关注农产品物流模式等研究。因其研究方法和角度十分丰富，最终观点存在一定的不协同性，不少研究过程与区域经济发展脱节，结果没有实际可操作性和可验证的实用性。而由于农产品品种丰富，各品类的农产品在流通中的条件、所需的设施设备以及流通的方式等都各不相同，因此在大多数农产品研究中研究对象一般是单一品种的物流运输活动，例如水果、蔬菜、粮食（食品）、肉类、禽蛋。对生鲜农产品及易腐农产品的研究占大多数，且多采用案例分析法，并借助博弈论来研究供应链合作问题。虽然在一定程度上西方学者的研究成果对我国农产品物流研究具有借鉴作用，但其研究是站在外国国情和体制的角度进行深入探究，而我国与发达国家在国情和体制上有较大的差别，因此在一定程度上，国外的研究难以直接用来指导我国农产品物流体系的建设。现阶段，研究我国农产品物流的工作迈入了理论结合实际创新的时期，而以农产品物流为主题进行研究的成果很少，考虑了一定区块的经济层面对农产品物流系统优化问题进行探析的成果则更少，即使存在此类研究，也只是简单地从宏观的角度去分析，在理论和实证研究等方面仍有不足，因此系统性地对农产品物流进行深入研究很有必要。

总体来看，国内学者对于农村物流的研究主要表现在以下几个方面。①我国关于物流相关的研究成果在县、乡、村三级农村方面涉及面较少。我国县、乡、村三级农村物流发展还处于初步的萌芽研究领域。②理论远远滞后于应用：在新技术、新方法（如大数据、云服务平台、冷链物流、物联网）大规模运作进入物流应用领域时，理论研究仍停留在传统阶段，需要有创新型发展理论来指导县、乡、村三级农村物流实践。③仍沿用传统工业思维：受传统制造业为中心的思想影响，农村物流的理论和方法基本复制的是工业思维模式，且通常是从单个物流主体角度考虑农村物流，而非供应链的全方位、多环节闭环角度。④研究成果不够系统、全面：如考虑点源（单方面的"农村最后一公里"）而缺乏面源（县、乡、村三级农村物流供应链）系统观；再如仅仅将农村物流放置于电子商务背景下研究，缺乏与农村第一、第二、第三产业融合、助力脱贫攻坚、支撑新时代乡村振兴战略的大局思维；除此之外，大部分研究为定性的且缺乏实证演化分析。

1.2 研究内容与研究方法

1.2.1 研究内容

首先，本书从物流的基本概念和特征入手，全面准确地归纳农村物流的相关概念和特征，为本书确定研究主题和研究方向；对以美国为代表的北美地区、以日本为代表的东亚地区和以荷兰为代表的西欧地区等发达地区的农村物流现状和特点进行分析，总结其发展优势和经验，并分析我国农村物流的发展现状及困境；通过明确我国农村物流在新时代背景下的要求，同时对比世界发达国家，对我国农村物流的网络节点体系特征进行深入探析，从而构建并完善县、乡、村三级农村物流的创新发展新模式。其次，通过文献梳理、机理分析和归纳总结，构建县级"互联网＋物流"模式、乡级双向物流供应链模式、村级众包物流模式、县、乡、村一体化物流创新模式的生成机理和运作模式，并进一步提出保障县、乡、村三级物流创新发展模式有效运行的措施，为我国农村物流模式的发展提出一些切实可行的对策。

本书的研究主要包括以下内容。

1. 分析世界农村物流的发展现状及特征

在物流相关理论方面，通过引进国内外完善的农村物流研究作为理论基础，以物流理论发展进程为主线，通过分析美国、日本、荷兰的农村物流现状及特征，其农村物流发展模式分别可代表北美、东亚和西欧地区，"取其精华去其糟粕"，对于先进的国外在农村物流发展方面的优势要素进行学习吸收，从而应用到我国农村物流发展中，或从中搜寻出破解我国农村物流发展相关困境的有效经验，以我国国情为思考前提，探索出在新时代背景下我国农村物流发展的可行道路。

2. 构建县、乡、村三级农村物流创新发展模式

为应对新时代对我国农村物流的发展要求，创新农村物流发展机制势在必行。结合我国县、乡、村三级人口、环境、资源等区域因素综合考虑，通过对比分析传统物流模式和发达国家农村物流模式的特征，掌握县、乡、村三级网络节点的关键痛点，构建县、乡、村三级及其一体化物流创新发展模式。

3. 分析县、乡、村三级农村物流创新发展模式的生成机理

先确定县、乡、村三级农村物流创新发展模式，再按照步骤深入研究县、乡、村三级农村物流创新发展模式和一体化农村物流创新发展模式的生成机理。基于价值共创理论、耦合机理和信息技术发展情况分析县级"互联网＋物流"模式的生成机理；基于轴辐网络理论、市场互动机理、聚集扩散机理和规模经济机理分析生成机理；基于共享经济机理、协作机理和交易成本理论分析村级众包物流模式的生成机理；以及基于 JIT（Just In Time，准时化）理论、委托代理理论和物流系统论等分析县、乡、村一体化物流的创新模式生成机理。

4. 构建县、乡、村三级农村物流创新发展模式的运作模式

根据县、乡、村三级农村物流创新发展模式的生成机理，深入探究其物流创新发展的实际运作模式。从电商云配送、无车承运人和旅游物流等方面构建县级"互联网+物流"模式的运作模式；从总体拓扑结构、构成要素和运行机制等方面构建乡级双向物流供应链模式的运作模式，在构建村级众包物流模式的运作模式时主要考虑以下几个因素的影响：参与主体、运作模式要素等方面；从农超对接、共同配送和闭环供应链等方面构建县、乡、村一体化物流创新模式的运作模式。

1.2.2 研究方法

本书的研究思路为从一般到特殊分析、由点到面总结，依次递进、逐步深入，主要采用以下研究方法。

（1）文献研究法。通过分析国内外农村物流的研究进展，明确本书的研究出发点、重点和难点；同时分析"互联网+物流"、双向物流供应链、众包物流和一体化物流等的研究进展，明确县、乡、村三级农村物流创新发展模式和县、乡、村一体化农村物流创新发展模式的生成机理与运作模式。

（2）理论研究法。综合运用区域经济理论、产业经济理论、管理学理论、供应链理论、博弈理论、社会学理论、系统理论等经济理论，分析新时代下，我国县、乡、村三级网络节点的现状，构建县、乡、村三级物流创新发展模式，并分析其生成机理、运作模式和保障措施。

（3）定性研究法。从物流的概念和特征出发，全面准确地分析农村物流的概念和特征；从"互联网+物流"、双向物流供应链、众包物流和一体化物流相关理论出发，分析县级"互联网+物流"模式、乡级双向物流供应链模式、村级众包物流模式和县、乡、村一体化物流创新模式的相关概念和特征，对县、乡、村三级农村物流创新发展模式进行规范性分析，确保县、乡、村三级农村物流创新模式的广泛适用性。

（4）定量研究法。在分析以美国为代表的北美国家、以日本为代表的东亚国家和以荷兰为代表的西欧国家的农村物流发展现状时，使用数据进行时间演进分析，将其农村物流的发展情况进行直观的展示。

（5）比较研究法。整理并分析发达国家农村物流的发展情况及特点，总结出阻碍我国农村物流发展的因子，同时通过对传统物流模式和发达国家农村物流模式进行对比分析，再结合县、乡、村三级网络节点的实际情况，从而对县、乡、村三级农村物流创新发展模式进行构建。

（6）系统研究法。农村物流是现代物流的分支之一，本书基于县、乡、村三级整体视角，建立适用于农村的物流模式，试图全面地构建一个农村物流创新模式。

（7）案例分析法。在分别研究县、乡、村三级物流创新模式和县、乡、村一体化物流创新模式的基础上，对现阶段农村物流模式成功案例进行搜集，为县、乡、村三级物流创新模式的实际推行提供现实依据。

1.3 研究重点、难点及意义

1.3.1 研究重点与难点

1. 研究重点

（1）对世界典型国家农村物流模式的发展经验进行整理。在系统完善归纳农村物流的概念和特征的基础上，收集国外典型发达国家农村物流的发展现状和特点，研究其发展优势和经验借鉴，从而对比我国独特国情下农村物流遇到的困境，获得解决方法。

（2）构建县、乡、村三级农村物流创新发展模式。根据我国行政区域划界，分析现有农村物流网络节点体系，并分步分析县级、乡级、村级和县、乡、村一体化物流的适用模式，构建一套县、乡、村三级农村物流创新发展模式，试图通过分解农村不同区域网络节点，从不同角度实施物流创新模式，达到完善现代农村物流模式的目的。

2. 研究难点

（1）深入分析县、乡、村三级物流创新发展模式的生成机理。结合县级、乡级、村级和县、乡、村整体实际情况，运用相关理论，对县级"互联网＋物流"模式、乡级双向物流供应链模式、村级众包物流模式和县、乡、村一体化物流创新模式的生成机理进行归纳分析。

（2）构建县、乡、村三级物流创新发展模式的实际运作模式。在运用相关理论，并结合县级、乡级、村级和县、乡、村整体实际情况分析县、乡、村三级物流创新发展模式的生成机理的基础上，选取具体配送模式，构建县级、乡级、村级和县、乡、村一体化物流创新发展模式的实际运作模式。

1.3.2 研究意义

1. 理论意义

本书利用现代物流学、区域经济学、产业经济学、管理学、供应链管理、博弈理论、社会学和系统学等多学科知识，在方法上引入理论研究法、比较研究法、系统研究法、案例分析法、定性研究法等科学方法，对县、乡、村三级农村物流创新发展模式进行研究，具有重要的理论意义。

（1）从农村物流理论的发展进程出发，归纳总结了以美国为代表的北美、以日本为代表的东亚和以荷兰为代表的西欧等发达国家农村物流的发展现状及特点，为我国和其他发展中国家及农村物流较落后的国家提供了理论借鉴。

（2）结合我国独特国情，分析农村物流发展的现状及困境，在乡村振兴战略背景下，参考现有农村物流网络节点体系，提出了新时代下我国县、乡、村三级农村物流创新发展模式，为促进我国农村流通体系的完善提供了理论借鉴。

（3）完善了物流模式相关理论。深入分析"互联网＋物流"、众包物流、双向物流供应链和一体化物流分别运用于我国县级、乡级、村级和县、乡、村整体的相关理论、生成机理，并构建相应的实际运作模式，为上述模式的推广运用提供理论支撑。

2. 实践意义

本书为农村物流、管理和运营等相关主体提高认识水平、作出科学有效性决策给予理论及方法上的支持，为政府制定农村物流网络节点体系、农村物流主要发展模式等相关政策提供依据，有着重要的实践意义。

（1）县级"互联网＋物流"模式、乡级双向物流供应链模式、村级众包物流模式能够分别从同城，干线及最后一公里方面解决物流问题，三种模式囊括了我国农村物流的所有跨度。而县、乡、村一体化物流模式是以全局视角构建县、乡、村三级闭环物流模式，方便城乡居民交易，且一定程度上解决了农产品销售难的问题，满足居民多方面高质量的消费需求。

（2）县级"互联网＋物流"模式、乡级双向物流供应链模式、村级众包物流模式和县、乡、村一体化物流模式的构建全面完善了我国农村物流模式，是农村流通体系中的重要组成部分之一。相关企业和运行主体通过该模式能够形成规模经济效应，降低县、乡、村三级物流成本和运输车辆空载率，并为广大乡村地区提供一定数量的物流就业岗位，为农产品包装、运输、存储、配送，以及增强农产品附加值提供条件保障，进而推进农村流通现代化建设，促进农村第一、第二、第三产业融合发展。

（3）近年来我国中央一号文件持续锁定农村物流发展问题，乡村振兴战略也强调农村发展物流基础设施建设的重要性，构建县、乡、村三级农村物流创新发展模式有助于脱贫攻坚战、提高农村居民的生活水平和满足城市居民的美好生活需要，有利于全国实现幸福"农村梦"→"城乡梦"→"中国梦"。

1.4 本书的分析框架

1.4.1 分析框架

本书一共分为 6 章，主要包括以下内容。

（1）第 1 章，绪论。以农村物流为中心，依照农村物流的发展情况及战略地位，对本书背景进行研究，提出本书亟待解决的问题，并对国内外农村物流的研究动态进行收集与分析；从而确定本书的研究内容、方法及特色，明确研究重点、难点及意义；凸显出本书的分析框架。

（2）第 2 章，农村物流及其模式探析。从物流的基本概念和特点出发，简单分析农村物流现状；依据其发展进程，对比以美国为代表的北美地区、日本为代表的东亚地区和荷兰为代表的西欧地区农村物流的发展情况及发展特点，总结其发展优势和发展经验，分析我国独特国情下农村物流的发展现状及困境；对我国传统物流模式、我国农村物流模式与发达国家相比存在的差异还有不足进行归纳概括，同时还要确认我国农村物流发展的要求有哪些，构造属于我国县、乡、村三级农村物流发展的新模式。

（3）第3章，县级"互联网＋物流"模式。对国内外"互联网＋物流"的相关研究动态进行综述；依据我国县级行政区的实际情况，确定县级"互联网＋物流"的概念、内涵及特征；基于价值共创机理、耦合机理及信息技术的发展，分析县级"互联网＋物流"模式的生成机理；构建县级"互联网＋物流"模式的运作模式；提出确保"互联网＋物流"模式在县级行政单位有效实施的保障措施。

（4）第4章，乡级双向物流供应链模式。阐述国内外双向物流供应链模式的研究情况；依据我国乡级行政区的实际情况，确定乡级双向物流供应链的概念、内涵；基于轴辐网络理论、市场互动机理、聚集扩散机理和规模经济机理，分析乡级双向物流供应链模式的生成机理；构建乡级双向物流供应链的运作模式；同时还要为双向物流供应链模式提供政策支持。

（5）第5章，村级众包物流模式。对国内外众包物流的相关研究情况进行分析并汇总；依据我国村级行政区的实际情况，确定村级众包物流的概念和分类；基于共享经济机理、协作机理和交易成本理论，分析村级众包物流模式的生成机理；探讨村级众包模式的运作方式；为众包模式实施提供政策支持。

（6）第6章，县、乡、村一体化物流创新模式。对国内外一体化物流的相关研究动态进行综述；依据我国县、乡、村三级行政区节点的实际情况，确定县、乡、村一体化物流的概念和内涵；借助供应链理论、委托代理理论、JIT理论和物流系统论，深入分析县、乡、村一体化物流创新模式的生成机理；构建县、乡、村一体化物流创新模式的运作模式；提出确保县、乡、村一体化物流创新模式在县、乡、村三级行政区节点有效实施的保障措施。

1.4.2 技术路线

本书的技术路线如图1－1所示。

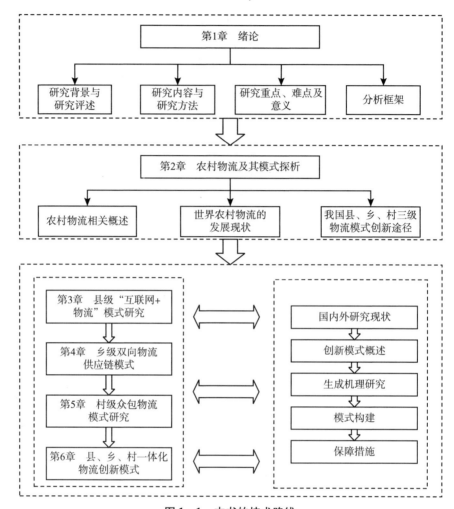

图1-1 本书的技术路线

第 2 章
农村物流及其模式探析

　　农村物流在现代物流中扮演着不可替代的角色。它结合了物流知识与农村概念。本章将系统全面地结合物流的概念、发展、特征及其地位，对农村的概念外延，以此得到农村物流的概念，并对比农村相对于城市物流的发展不足和欠缺情况，归纳总结农村物流的特征。

　　从物流概念的提出伊始，国外就开始对农村物流进行研究。物流的概念起源、发展和成熟都源于国外发达国家，最先起源于以美国为代表的北美国家，发展于以日本为代表的东亚国家，最终成熟于以荷兰为代表的西欧国家。

　　本章将通过分析美、日、荷三个典型国家的农村物流特点及发展现状，找出其农村物流的发展优势并总结经验，为解决当下我国农村物流面临的问题提供蓝本。并且对我国国情下的农村物流现状进行解剖，找寻我国与发达国家之间的差距所在，借鉴发达国家的长处，指引中国农村物流的发展方向，并且与时代要求相结合，创建县、乡、村三级农村物流模式。

2.1　农村物流相关概述

2.1.1　物流的概念及其发展

1. 物流的概念

美国是物流（Logistics）一词的诞生地，被称为"Physical Distribution"

（PD），中文翻译为实物配送。在 20 世纪 60 年代，"物流"逐渐流入日本。当时，物流是指"在物资进行生产和消费的过程中，起着仓储、运输、装卸、包装、加工和信息处理等作用。它在物资销售中起着桥梁作用"。中国引入物流概念是在 70 年代末 80 年代初，当时"物流"英文称"Logistics"，原意为后勤，后来转用于物资的流通，形成了沿用至今的现代物流的概念。

《中华人民共和国国家标准 物流术语》（GB/T 18354—2006）中指出：物流是指物品从供应地向接收地的实体流动过程。根据实际需要，将运输、储存、装卸、搬运、包装、流通加工、配送、信息处理等基本功能实施有机结合。

把文字拆开来看，"物"是指具有实体特征，能够发生物理移动，实际存在的物质；"流"是指将地球作为参照物而进行的物理性运动，简称位移，范围可大至地理性的宏观运动，也可小到同一环境、同一地域的微观运动。

"物"和"流"的组合，并不仅是字面意义上的实物的简单物理位移，而是一种建立在自然运动基础上的，将经济目的、军事目的等社会目的与实物联系起来，存在一定运动规律的高级运动形式。所以，物流最重要的就是受军事、经济、社会的制约。从这三个方面，可以对物品的运输过程进行观察，并满足相关的要求。

现代物流的目的是满足顾客需要，是一种综合考虑物流各环节的战略措施。在现代物流中，物流是"后勤保障系统"，而在传统物流中，物流仅仅是"销售活动中起桥梁作用"，通过把两者进行对比不难发现，现代物流在广度及深度上有着更深刻的认识。现代物流必须对整个运输过程进行全方位、多角度衡量，它包含从生产原料的购买到最终运送到用户手中的全过程，以便实现对整个物流过程进行整体的管理和监控，进而实现物流成本的降低，以及物流速度的提升。

总而言之，物流是以满足消费者个性化需求为前提，包含运输、仓储、装卸搬运、流通加工、包装、信息处理等基本功能，从供应端向消费端流动的经济活动。

2. 物流的发展

经过近一个世纪的发展。物流发展大致有以下三个阶段。

（1）第一阶段为分销物流阶段（第二次世界大战以后，20 世纪 50 年代初到 70 年代末）。西方国家普遍处在经济短缺阶段，生产方式是批量生产，即工业 2.0，它是以产定销的模式。在这种批量生产方式背景下，生产出大量的产生品，在销售环节就需要有一种新的组织模式快速把产品配送出去，以形成更大的生产规模。这时就出现了实物配送的物流模式。这种模式的目标是尽快销售产品，促成生产者有能力更加迅速地扩大规模，它的活动半径是在销售领域，它的职能就是执行。该阶段有以下几个特征：首先，分销物流概念最开始在美国发展。其次，全世界范围内的物流概念逐渐统一，物流管理学得到产生和发展；而且，随着物流概念的认识深化，物流概念开始与其他领域的物流活动联系起来，物流在非分销领域（供应物流、生产物流）逐渐流行起来。

1956 年，"物流总成本概念"最初在《航空货运在物流中的作用》中被提出，物流运行总成本是最为有效的手段来评估运输方式的优劣。直至 20 世纪 60 年代，美国俄亥俄州立大学与密西根州立大学开始在本科和研究生院设置物流课程，物流学科才开始存在于大学教育。1961 年，全球首本物流管理教科书《物流管理》问世。物流管理学科体系建设从此拉开了序幕。1962 年，美国著名经济学家彼得·德鲁克发表论文《经济的黑暗大陆》，指出物流作为降低成本的最后路径，必须加强对物流管理的重视程度。他让人们渐渐意识到物流是"第三利润源泉"，物流作为重要的经济挖掘点，对学术界和实业界产生了极大的推动作用。1963 年，为了促进物流业的发展，美国筹备成立了第一个物流管理组织——美国实体配送管理协会（National Council of Physical Distribution Management，NCPDM）。20 世纪 70 年代后期，为了进一步推动美国物流业的发展，美国政府颁布了《航空规制缓和法》等一系列航空和海运的法律条文，使航空和海运市场竞争更加激烈，形成全面自由化的运输市场，从而促进运输业的发展。

在第一阶段，物流从美国传遍世界。20 世纪 50 年代中期，日本派考察团前往美国进行考察，第一次接触到物流这一概念。考察团对"物流"进行仔细了解，于 1958 年提出 Physical Distribution，译为"物的流通"。该概念渐渐在西欧、北美等许多国家流行。在 20 世纪 70 年代末，当时适逢改革开放，我国组织代表团到日本考察并引入了物流概念。至此，物流概念与物流管理学基本为全球各个国家接受。学术界一般认为，物流最早出现在美国、在日本得到进一步发展、最终在欧洲成熟、在中国得到拓展。

总之，这一时期，物流领域得到更深层次地研究与发展，经典理论层出不穷。一方面，基于众多的物流研究成果，物流对企业日常经营活动的影响日益显著，物流部门快速成长，帮助企业获得更多利润；另一方面，为实现货运市场安全有序发展，美国颁布了一系列针对运输领域的法律、法规，它们都极大地推动了物流的成长与进步。

（2）第二阶段是现代物流概念阶段（20世纪80年代初至20世纪末）。这时西方国家从短缺经济到过剩经济，生产组织方式发生了重大变化，生产是以销定产，即工业3.0。在工业3.0的背景下，企业目标定在了降低成本上。这就必然促使物流组织模式转型升级，也就是一体化物流管理模式。这时物流管理已经从销售环节延伸到了生产环节和采购环节，此时的目标是对企业整体的资源整合和对企业生产经营全流程的优化，物流的功能也从过去的执行者转变为企业的管理者。这时物流管理模式适应的是工业3.0带来的经济发展由短缺转为过剩的变化。该阶段的基本特点是：由于物流产业的快速发展，物流不再局限于分销领域，同时覆盖企业生产管理活动所有领域，如生产、原料购买、废弃物再利用等。之前使用的分销物流概念由于过于狭隘，在这种形势下不再适用，需要延伸分销物流概念的含义，最终决定使用军事后勤学派的 Logistics 概念。1985年，全美实体管理配送协会（NCPDM）改名为美国物流管理协会（Council of Logistics Management，CLM）。现代物流的诞生与 CLM 的成立，标志着物流进入了现代物流时期。

（3）第三阶段是供应链管理阶段（21世纪以后）。西方国家多数开始进入转型的后期，这时他们提出供应链的理念。供应链的理念是企业和企业之间的一种资源整合和流通优化，其组织模式是在产业平台上做资源的整合和优化。在供应链中，物流的身份发生了变化，由过程管理者变成决策者。物流的目标是把成本控制在合理适度的水平，以实现供应链的互利共赢。互联网促进了企业与企业的融合，行业之间产业链的融合。互联网对于物流发展最大的推动力之一就是加快物流组织模式尽快向供应链转型升级。因此，以"互联网＋"和大数据为基础，建立起供应链管理组织模式，实现企业与企业之间，或者一个产业链平台之上的资源整合和流通优化。该阶段的特点是：随着全球一体化进程的加快、互联网技术应用的普及，电子商务在发达国家得到广泛的应用和发展，很多跨国公司在世界各地都有了自己的生产部门，在整个世界范围内配置资源和组织生产。随着生产格局的变化，物流活动也由单一国家的国内活动演变为整个世界范围的复杂活动，物流运作及其管理难度巨大，供应链管理思想应运而生。

2005 年 1 月 1 日，CLM 更名为美国供应链管理专业协会（Council of Supply Chain Management Assocition，CSCMA），标志着物流进入供应链管理时期。

2.1.2 物流的特征及地位

物流业属于服务行业的范围，其发展水平在某种程度上已成为衡量一个国家经济发展水平的"标尺"，并成为拉动经济增长的"新引擎"。2009 年，国务院审议通过了《物流业调整和振兴规划》，可以看出，物流业在国民经济中的地位不断上升，它能有效刺激经济增长。物流业的覆盖领域极广，从业人员众多，融合了运输、仓储、货运代理和信息等行业，能在很大程度上促进生产、拉动消费，有利于推动社会生产、带动内需、调整社会产业结构、转变经济发展方式，达到提高国民经济竞争力的目的。

从微观角度分析，物流主要与企业经营密切相关。物流对企业运营环节的有利影响是：①价值创造职能。从前文可知物流活动是创造价值的活动。②成本节约职能。这主要是通过组织合理化的物流作业，如有效地使用社会流通设施设备，可避免流通设备和设施的闲置造成资源浪费，节约社会财富；生产布局、厂址的选择都要考虑物流费用，有利于社会资源的优化配置，从而节约成本；提升配送效率，减少运输次数，精简不必要的流通环节，提高装载率，加速资金流通速度，降低经营成本。③销售促进职能。优化物流在途时间，提高配送效率及销售量，最大化实现效益。④竞争战略职能。实践证明物流是"第三利润源泉"，是企业脚下的"金矿"。由此可见，物流在企业经营中的地位得到了大幅提升，已经从企业职能部门上升为企业经营战略部门，成为企业生产经营决策的重要依据，为企业经营效益的提升起了至关重要的作用。

从宏观角度分析，物流与国民经济发展紧密联系，主要体现在：一方面，外部经济有利于国民经济的发展，如物流水平以及效率等，直接影响甚至决定国民经济发展的规模、速度、效率与质量，这可以从物流对国民生产总值的贡献角度来分析；物流与市场生产和消费联系紧密，不仅影响企业产品生产的规模和结构，还能满足人们日常生活的消费需求，提高人们的生活水平，通过调节市场的供需平衡，保证社会再生产顺利进行。另一方面，外部经济不利于国民经济的发展，主要包括因为物流活动而形成的堵车、尾气等环境问题。

此外，国际物流与国际经济之间是互相依赖、相辅相成的关系。物流全球化以经济全球化为基础，经济全球化的深入发展推动物流全球化；反过来，物流全球化又是实现经济全球化的重要支柱，如果无法实现物流全球化，根本谈不上经济全球化。

2.1.3 农村物流概述

1. 农村物流的概念

农村物流是物流业的重要分支，能够加快中国农村的经济发展，增加利润。党、国家和科研机构也在不断增加对农村物流的重视。然而农村物流与农产品物流是有区别的。农产品物流不能代表农村物流在物流对象和服务范围上的整体情况。从服务范围来看，农村物流是在农村地区围绕农产品所进行的物流活动。如果农产品进入城市，那么农产品发生的活动就自动转变为城市物流的服务范围。

农产品物流的对象是农业产出物。农产品通过加工、包装、仓储、运输、配送等环节，不仅可以保持新鲜，同时还可以提升农产品的附加值，从而确保最后交付到消费者手中。由于农产品数量大、种类繁多，因此在物流的各个环节中，不仅要避免变质和污染，同时也要尽可能地降低运作成本。由于农产品物流高要求的影响，农产品保质运输的难度也随之增加。尽管我国农产品物流活动出现较早，但在理论及实操上的探索，都落后于西方发达国家。

农业物流按照行业分类是属于与农业生产相关的物流活动。在农业这一产业，又可以把农业物流具体细分为生产物流、农销物流和供应物流。

相较于农产品物流和农业物流，农村物流包含农产品上行和工业品下行所进行的多个物流环节的集合，涵盖了物流的多个环节。并且在农村物流下面，又可以分为农村物资供应物流、农业生产物流及农副产品销售物流三小类。农村物流旨在满足农民生产生活需求，包括农产品物流、农村日常工业品物流和农业生产资料物流。学者们认为农村物流具有以下三种内涵。

概念1：农村物流是围绕农业生产进行的产品运动和有组织有技术的物流管理活动。它包含了农用物资和农产品运动的全过程。基于物流合理化原则，不仅有效地确定了农资和农产品的流动内容、时间、手段和环节，同时确定了农资和农产品的规模和结构等。

概念1强调农村物流的服务对象是以农资和农产品为核心的农业生产，以及农村物流主要的流通环节、优化对象与目标。

概念2：农村物流服务于农业生产和农村居民生活。农村物流是对农业生产资料、农产品和相关信息服务进行规划、实施和控制的全过程，它注重的是从原料生产地到消费地的高效流动和存储活动。

概念2强调了三点：第一，该定义侧重于农村物流的区域性特征，指出要以农业生产和农村居民生活服务作为农村物流的主要服务对象，以及要把追求效益和效率作为农村物流服务的目标；第二，指出了提高效益和优化效率的指导性方法；第三，强调了流通过程中计划、执行与控制的重要性。

概念3：农村物流是将农村作为主要活动区域，以农业生产生活为主要内容的物流活动，主要涉及了相关的技术组织、物流管理等活动，其服务对象是农业生产和农村居民生活，主要内容是农业生产资料的采购、农业生产的组织和农产品加工、储运、分销等，核心是农产品物流。

概念3指出了农村物流的发生地为农村地区，服务主要对象是农业生产活动，核心活动为农产品物流；还强调了农村物流包含生产组织、产品加工、储运、分销等过程。

《中国农村物流发展报告（2013）》中提出："农村物流是指物品以农村为发货地或接收地的实体流动过程。它是为了满足农村居民生产、生活及其他经济社会活动的需要，将运输、储存、装卸、搬运、包装、流通加工、配送、回收及信息处理等服务功能进行有机组合的一系列活动的总称。"综上所述，报告不仅指出农村物流是一个涵盖多方面的活动过程，而且也明确地描述了农村物流的流动范围。它主要从以下五个方面来解释农村物流。

（1）农村物流以满足农业生产及农民生活需要为目的，以农村作为货物交收地的流通过程。

（2）物流的核心是运输，同时还包含了储藏、装卸、搬运、包装、加工、配送、回收及信息处理等环节。

（3）物流活动的优化目标是物流产品的高效流动。

（4）优化的对象包括产品结构、流动过程、移动路径、信息传递方式等。

（5）实现方式则包括计划、组织、控制与执行等活动。

总的来说，本书的农村物流是指：以农村为收发地，以满足农民生产生活需要为目的，将运输、存储、装卸、搬运、流通加工、配送、信息处理等有机结合的一个实体移动过程。因此，必须深入分析农村物流的各种分类，从复合

型物流系统的角度对农村物流进行分析、研究。

2. 农村物流的功能

（1）健全社会物流系统。农村物流是整个社会物流活动的终端。大力发展农村物流能够健全物流系统，推动农业生产和农产品的供应与销售，从而促进农产品加工业、工业等产业发展。

（2）带动其他相关产业发展。物流效率的提高对其他产业的发展有积极影响。完善区域物流体系是各产业生产过程可分离性及最终产品可运输性的重要支柱。为确保经济稳固发展，调整农村产业结构必须将大产业与大流通发展模式相结合，使两者相互推动，不断发展，形成新的格局。

（3）提升区域经济实力，打造社会主义新农村。物流企业的成功案例很多，如联邦快递所在的美国孟菲斯市是一个人口不多的农业城市，但是因为速递业的发展，孟菲斯已从一个农业城市发展成为田纳西州最大的城市。同样，借助农村物流平台，也能打造社会主义新农村。

（4）农村物流保障就业，提高人民生活水平。物流业是集运输、仓储、货运代理和信息等行业一体的综合型服务产业，涉及面广，环节多，吸纳较多农村待业者就业，对促进生产和消费发挥了重要作用。健全的农村物流对农民就业及文化素养提升有积极作用，农村物流外包的发展可组成新的农村社会分工。完善农村物流设施，改善物流环境、提高农民物流意识，推动城市及周边农产品的流入，从价格、速度和服务入手，满足农民的消费需求，提高生活质量。

3. 农村物流的特征

（1）不平衡性。农副产品生产分散化与消费集中化之间的矛盾导致农村物流发展不平衡。一方面，为了保证农产品的新鲜度，体现了农产品在流通过程中的生产性质。农产品进入流通环节后，还要经过仓储、运输、加工、包装等多个环节，才能进入销售环节。另一方面，在我国农村，大部分是家庭经营，个体农户按照当下的市场情况制订生产计划，农产品生产具有特殊的季节性，且生产周期较长，容易导致农产品供给反应滞后，波及农产品的供给，使农产品流通产生不稳定性。所以，农产品生产的地域性、季节性、集中性同农产品消费的普遍性、规律性和分散性间存在的对立，造成了农村物流发展的失衡。这是由农村物流的季节性衍生出来一个特性，因不同的农产品对农业生产资料的需求种类、数量和时间上的不同，导致了农资及农副产品分散生产与集中消费的矛盾，从而衍生出非均衡性这一特点。

（2）不确定性。由于我国陆地面积大、自然环境多样、气温差异大、农业现代化水平相对较低，而农业生产极易受到自然环境及经济环境的影响，使农村物流中农业生产资料的需求和农副产品的供给具有极大的不确定性。况且，农村物流主要是针对无生命的生产要素和有生命的植物、动物或其他生命体微生物，在很大程度上增加了其运输、加工、保管等环节的难度，比城市物流要更为复杂。

（3）差异性。地域和自然条件是影响农副产品品种、生产方式、质量水平的重要依据，此外，在经济发展水平和地理地貌等条件的影响下，农业物流还存在北方与南方、东部与西部、沿海与内陆、城市与农村的差异。我国的农副产品受到地域、自然环境、经济、物流发展水平、城乡差异，以及人文经济等差异的影响，导致在全国各地形成了品种多样，质量水平、等级各异的农副产品。正是因为这些差异，农村物流才会在发展过程中存在差异，不仅需要针对不同情况采取不同措施，多样性和专业化要求较高，发展现代农村物流体系还存在着巨大挑战。

（4）分散性。自我国实行家庭联产承包责任制以来，基本上是以家庭为基本生产单位，一个农户是一个生产单位，并且我国农村地域分布范围广阔，农户分布也较为分散，农村物流在分布范围、规模和对象存在广、小、多特征。农业生产的特点决定了农产品供应主体具有分散性，而且，农业生产不同于工业生产，具有极强的稳固性，往往受技术进步的影响较小，随制度更迭的波动也较小，这就直接导致了以家庭为单位的生产制度的普遍存在，由众多小规模、分散、无差异的农户组成的农产品供应商已经成为农产品物流构成的主要特点之一。家庭生产的分散性使得农村物流服务也具有一定的分散性，服务范围会有一定的扩大，物流信息系统在协助农产品采集和配送时要更加细化具体，因此对于物流信息系统的要求也会随之提高。

此外，当前由于农村经济发展落后于城市，农村的基础设施和交通条件都不完善，农产品物流与城市物流相比，还处于一个比较落后的状态。由于种植地的分散，需要交通工具来运输种子及其他生产资料；收获季节又需要交通工具去收集；此外，村庄之间的距离往往较远，较为零散，这些都是农产品物流发展的阻碍因素。

（5）独特性。农产品物流特点是由其生物属性决定的。农产品的价值、易腐损性、体积等都是它独特性的表现。这就使得农产品对储存、保鲜及加工等技术要求较高，必须限制物流时间和半径，减少装卸时间；而且农产品物流对特殊设备和经营环境的要求高，导致了物流的高成本。因此，农产品物流在包装、运输及储藏方面难度较高。

（6）多样性。因为农产品生产方式不一致，各个地区的耕作制度、栽培方式、饲养方式在不同的生产水平、地形、气候等的影响下各具差异。所以农产品在物流过程中也存在差异性。

（7）季节性。根据气候的季节性，每个季节栽种的农产品品种也是有差异的，所以也产生了季节性物流。农产品的生产是季节性的，但是对于农产品的消费却是全年性的。尽管现在大棚种植不断推广，但对于市场来说，还是供不应求的，而且价格昂贵，消费者往往是不能接受的。同时，受农业生产季节性的影响，在农产品生长的各周期，农民对于农业生产资料的需求不太一样，使得农村物流具有较强的季节性。两者都是造成农产品物流具有季节性的原因。

（8）双向性。农村物流不仅有农产品上行，也有工业品下行。

2.2　世界农村物流的发展现状

2.2.1　起源于以美国为代表的北美国家

1. 美国农村物流的发展

农村物流起源于以美国为代表的北美国家，美国是世界上最早实现农业现代化的国家，其以高度专业化、规模化和区域化著称，主要特点是"大生产、大流通"。

美国农产品以区域化程度高和单个农场内部的生产规模化程度高为其主要特点，大规模企业化经营的农场能够为广阔的市场供应大批量农产品，生产规模化的推进不仅加速了生产组织的建立和发展，也增强了组织之间的合作，而且使生产组织的控制力得到加强，控制范围更广。美国是全球生活水平最高的地区之一，其农产品物流活动表现出系列化、专业化、多元化、多形式、多层次、多类别的特征。

农产品物流成本一直对农产品价格，特别是新鲜农产品价格有很大的影响。在利润驱动和企业竞争的作用下，美国依靠先进的信息网络技术、完善的物流基础设施和生产者杰出的组织能力，构建了一种农产品直销体系，该体系可以促进农产品行业持续稳定的发展，以满足市场对农产品的巨大需求。通过这一举措，促进销售商的规模增长和销售组织的发展，降低农产品成本以保持市场竞争力，增加销售利润。

综合分析数据，得出以"原产地—集散地—超市—顾客"为流通环节的直销模式正在取代美国农产品批发市场的一些流通环节，约八成的农产品采取的是直销模式。在直销模式下，流通环节的压缩，产品由出产到销售的时间大大缩短，这样既保证了农产品质量，而且大型超市一般都拥有自己的配送中心，对物流成本控制能力更强，产品质量追踪机制也更严格。

美国农产品物流数量大且频率高，在农业生产和贸易方面处于世界领先地位。一方面，美国在最成熟的物流理论指导下，建造了一个庞大、顺畅、复合、高效的农产品物流体系。水果物流是美国农产品物流的重要体现。水果在物流全程保持低温状态，并且发展成一条"田间采后预冷—冷库—冷藏车—批发站冷库—超市冷柜—消费者冰箱"的冷链，从而确保了水果的品质。另一方面，美国拥有完善的物流基础设施且在工具设备这一领域一直处于领先地位。这主要表现为：一是美国的交通设施发达，陆路、水路、航空通达度高；高速公路遍布城乡，能够实现"门对门"的配送；铁路运输便捷，部分农产品收购站、仓库、加工厂拥有自己的铁路线，既可以缩短运输时间、提高物流效率，还可以降低仓储及物流成本。二是美国的通信设施和网络完备，储运设备机械化程度高，拥有各类装卸输送机。三是农业信息流基础扎实。芝加哥期货交易为农民提供农产品在各市场的相关情况。农业网站、信息咨询公司等也为农民提供了便捷的渠道。美国首个农业视频电脑系统建在肯塔基州，用户可使用个人电脑存取该系统数据库里的农业相关信息。同时美国还建立了全国作物品种资源信息管理系统，为全美的育种专家提供服务。

美国的农产品物流服务高度社会化。为了能够满足供应链上每一个环节中农民的各种需要，并为之提供服务，美国通过多个物流主体来连接农产品供需。物流主体包括：①以批发商、零售商、代理商、经纪人和农产品加工商为主体的私商。②为农场主提供各种专业销售的合作社。③农民自己成立的民间组织，不但会提供与农业相关的信息，还会对农产品进行流通加工，帮助销售产品。④生产、加工等产业链较为完善的农产品企业在农产品进入市场时占据优势。⑤在政府的宏观调控下，农产品信贷公司会采购储存农产品，防止市场波动，保障农产品市场安全稳定。

美国农产品物流最显著的特点是规模化。因为中小型批发商无法形成物流中间环节的批发业，所以美国政府为了适应企业的规模经营，不断扶持大型现代批发商发展。在这些批发商的带领下，发展大规模的果蔬贸易，为众多的中小零售商及超市等提供品种齐全、数量庞大的果蔬。在洛杉矶最大的蔬菜水果批发市场里，有多种多样的水果和蔬菜被运往世界各地。在美国东部，马里兰州是最大的蔬菜水果批发市场，在这里各种各样的蔬菜水果都可以被找到，这个市场的产品一般被运往马里兰州的周边。在这里，存在两种批发商，一种只在批发市场运作，另一种则在市场之外运作。

美国政府的宏观调控不仅仅集中在生产领域，还会对基础设施、市场体系、市场环境等有所调控，促进农产品出口，加强与国际的联系。除此之外，美国政府还会为农业提供信息服务，政府在全国有数十万工作人员，搜集每个农场的具体农作物情况，并对市场公布，对农业生产经营提供帮助。美国政府长期以来一直强调农业、公共农业研究开发和农村教育项目的投资，为提高农民素质，美国政府于1998年推出新农民计划，还采用价格支持措施、关税政策，对发展中国家进行食品援助等方式为国内多余农产品找销路，每年补贴出口的预算超过600亿美元。

2. 美国农村物流的特点

（1）完善的农产品物流中介服务体系。美国的农业社会化服务体系起步早，发展完善，涵盖了从生产到销售等所有活动。在发展过程中形成了多形式、多层次、多类别、系列化、专业化、多元化等特征，满足每一个环节中整体的各种需要，为之提供满意的服务。

（2）物流运作主体的高度组织化。美国农产品以其高度的专业化、区域化和规模化而闻名。其产地市场集中，单个农场主生产规模大，主要特征是"大生产、大流通"。美国农产品具有较高的区域性，划分了以玉米、小麦、土豆、蔬菜、水果为主的专业化生产区域。在生产设备的协助下，单个农场主的生产呈现规范化，所以在专业化产区发展大规模农场可大大增加农产品产量。生产组织在农场规模化的影响下逐渐发展，生产组织在发展的过程中相互之间的联系逐渐加强，且控制范围也不断扩大。农产品的生产加工和消费需求有助于提高农产品的销售量，而在一定的程度上，生产组织的扩张有助于销售商的规模化发展。企业为了增加利润和加强竞争力开始精简流通环节降低成本。流通链条在现代信息技术、生产销售组织的协助下开始逐步精简，且有利于生产者与零售端组织建立长期合作关系，让农产品直销成为可能。农产品流通渠道包括：①从源头市场直销到顾客手中；②坐商通过源头市场将农产品运输到集散地，再由集散地运送到零售市场销售；③坐商从源头市场批发到车站批发市场进行分销。近几年来，直接采购的占比在美国大型超市中有所提升，中间采购则有些许降低。

（3）有效的政府监管。一方面，政府出台并完善与农产品物流相关的法律法规，加强政府监管，建立有序的农产品流通，促进流通效率的提高；另一方面，制定帮扶政策，在农业科技上投入大量资金，完善基础设施。

（4）美国在农产品物流基础设施这一块具备成熟完备的基础设施设备。物流企业在通信设施的帮助下可以快速搜集农业相关信息，而且，美国农产品物流具有健全发达的基础设施设备可以迅速地满足顾客需求。美国发达的经济使得交通网络十分完善，为多式联运和现代化管理提供条件，且仓储设施和仓储能力强大，有利于农产品的储存，质量得到充分保证。美国农产品物流的机械化和自动化基本全面普及，加工技术先进，产品附加值高。将农业和加工业进行全面融合，拓展农业产业链，使产品附加值增加，市场新领域得到扩展，为企业带来了新的商机。据统计，同初级品相比，美国加工的农产品的价值至少可以比初级产品增加一倍，甚至部分加工产品的价值可以达到初级产品的两倍。美国的农村物流信息体系发达，其农业部收集了全国各方面的农业信息，并对信息进行分析整理，面向全美人民定期更新农业信息，同时还建有全球电子信息网络，为农业物流的发展提供有力的信息服务。

2.2.2　发展于以日本为代表的东亚国家

1. 日本农村物流的发展

日本农村物流的发展较快，由于日本农业生产规模普遍较小，综合性大型超级市场的发展远不及西方国家，难以实现小规模农业生产与大市场、大流通间的供需平衡，而农产品批发市场对于解决这一问题有着至关重要的作用。

与北美和西欧国家农产品的"大生产"不同，日本、韩国等东亚国家和地区受制于有限的地理环境，农产品主要以小单位生产为主，生产规模小，但与"小生产"相对应的是，这些地区由于经济发达，市场需求非常旺盛，这又决定了"大市场、大流通"的出现。日本的生产者把农产品送至批发市场，几乎全日本八九成的农产品是经过批发市场销售出去的，只有某些特殊农产品才能直接从产地销售至消费者手中。东亚地区批发市场物流业发达。农产品批发市场所提供的交易方式以拍卖制为主，组织拍卖的程序包括"集货—理货—看样—拍卖—交割"，由市场管理人员公示农产品的产地、品种、质量和数量，经纪批发商或参加买卖者进行竞买活动，价高者得，买方竞买。

除此之外，农协在解决生产量小和市场需求大的供需问题时发挥了巨大作用。日本农协不仅为对其协会成员在农业经营、生产技术和生活等方面积极提供指导和建议，还与协会成员共同销售农产品，共同购入各种资料，以及共同设置和利用农业生产、生活设施。近年来，日本农协更是致力于加强农民购物中心与社区的对接活动。

2. 日本农村物流的特点

（1）农产品物流具有主体组织化和高规模化的特点。农场与农协是日本农产品物流的主要组成部分。日本的农场进行了工业化的转化，与原本单一的家庭化有一定区别。而农协是有组织地带领日本农民进入农产品流通运转环节的关键性一步。在日本，农协的组织成立具有久远历史，其主要由个体农户自愿联合组织形成，部分零售企业也会参与其中。在农产品的流通环节中，农协是一个不可忽视的部分，具有十分重要的作用。农协贯穿整个农产品供应链，不管是设立批发市场，还是建立集配中心，农协都起着举足轻重的作用，并体现在物流、商流、信息流中。农协在日本农户中的影响较大，有大约80%的农户加入组织。农协不仅帮助农户采购大部分的生产资料，如种子、肥料等，还帮助个体农户销售大部分的农产品。基础合作销售活动和多个农协合作销售是农协的合作销售形式，前者是指最为基础的合作形式，适合小批量、单一品种农产品的销售；而后者则是指几个农协一同合作，在一定市场区域进行农产品销售活动，适用于大批量、多种类的农产品销售，多个农协合作销售比单个农协合作销售的业务范围更大，所服务的客户更多，市场参与度更高。由于地方性经济形式飞速发展，地方性的农产品物流体制也出现明显改善现象，增大了农协的市场活动，基础性合作销售活动得到很大程度地提升。日本大多数农产品都是经过农协然后再到消费者手中。从最近几年对日本农协的调查研究发现，农协的农产品供产量十分庞大，大米和小麦等主食农产品销售率均超过

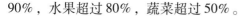

90%，水果超过80%，蔬菜超过50%。

（2）农产品物流渠道批发市场作用突出。结合考虑到地理环境、季风气候等因素，亚洲的部分国家和地区的农产品生产规模较小。如在日本、韩国、中国台湾等，地理位置面积较小，可耕种土地较少，因而农产品规模相对其他地区和国家较小。如此一来，农协提供的农产品批发市场就解决了这样的问题，主导性地缓解了小规模生产与大规模市场冲突的矛盾。批发市场作为一个交易中心，可以快速地把农产品交易信息传递给消费者，并且通过科学化、系统化的管理准则规范了交易方式，批发市场具有良好的交易与集散特点，可以准确获取农产品市场价格，系统规划性强，可以实现农产品交易信息的及时传达，是一个可以为农产品买卖双方提供便利的规范性买卖场所。为了进一步加强批发市场的规划性管理，日本农产品批发市场进一步加强了对市场中的各个参与主体的管理，旨在提升规范性、系统性。为了维持日本农产品市场的公平公正环境，日本实行规范的官方监督方式，并做到监督流程的透明化，有效监督农产品交易的进行，降低了农产品违法交易行为问题的出现频率。日本民众所需的蔬菜和水果还有小部分畜产品大多通过日本的批发市场进行流通与销售。农产品流通的高速度和信息化的快速传播都是批发市场所拥有的优势。

（3）农产品交易的主要方式是拍卖交易。在日本，农产品的交易主要是以拍卖的形式。日本农产品流通市场都配有巨大的、可以大范围显示的电子显示屏，开市进行交易时，上面便会出现农产品的价格、农产品的生产地和数量、种类等当天所拍卖的相关农产品信息批发商或者个体购买户以竞价的形式购买，出价高者可以获取产品。激烈的拍卖带来了两个极端，优胜劣汰的环境导致部分批发商被淘汰；而较有实力、经营得体的批发商则发展成为批发株式会社。虽然日本优良的国民经济发展水平和农业发展水平为日本提供了产品一体化的条件，但是日本人口压力较大、土地资源短缺、人均占地面积较小，所以小规模的农业生产模式成为农业生产的基础。但小规模的农业生产无法满足现代化农产品的高需量和高效的流通速度，面对这样的情景，走向拍卖形式的农产品交换，无疑是节省时间、节约费用的高效选择。

（4）农产品物流的基础设施和设备发达、物流技术先进。日本得益于交通基础设施的完备、物流信息的及时共享性，以及先进农产品保质技术，其配送系统得到了充分发展，不断实现质的进步，还带动了物流服务体系的完善，降低了物流成本，提高了农产品配送效率，提升了物流服务水平。日本还明确规范了物流运输环节标准，尽量减少多余的流通阶段，更好地保障了农产品的新鲜程度。同时在仓储、运输等方面，日本的农产品物流运输设施非常规范和信息化。就批发市场来说，在产品流通环节中，日本的批发市场就像是一个高性能、国际化的信息流通中心，可以通过网络与全国的主要农产品批发市场进行信息交换与整合，不仅如此，还能够与国外的主要农产品市场做到信息的准确交互，真正做到商流与物流相分离。日本的高速公路呈网状结构，直接连接到乡镇的家家户户，便于农产品运输的配送与输出。铁路运输方面，设立了专门的铁路行线，将农产品仓库、农产品收购站，以及产品加工厂进行有效对接，节省了运输时间。日本物流运输速度快、运输成本低廉、物流效率高，这都是因为日本大力完善农产品的物流基础设备，不断完善物流技术，减少了很多不必要的物流环节。除此以外，日本通过对储存运输技术的分析掌握，依托先进的物流包装技术，发展了适应日本国情的、现代化的、科学的物流装备体系。

（5）政府积极政策支持物流行业。日本政府针对农产品物流市场上所存在的问题颁布了法律法规及政策，大力支持物流行业，为其提供了相关的物流社会服务。在金融方面，日本政府出台了相关的农业物流财政政策和信贷政策，对符合国家规定的物流企业创新项目提供资金帮助；在物流主体和流通环节方面，日本通过农协政策来保障物流主体的基本权益，还出台了物流反垄断法，并改善了农业管理体制，提高了日本的物流发展速度。由于日本高效率且全面的农业行政管理体制，各类农产品机构都能发挥职能的最大优势，相互配合，实现农业物流信息共享，加快农产品物流的发展。日本实行农业行政管理部门统一管理制度，严格规范农产品从生产到销售的整个流程。以日本全国性的农林水产流通为例，流通的行政管理权停留在省级层面，而职能则由地方的流通室进行实施。这样的管理体制实现了农产品生产与流通的一体化，也遵循了市场经济下商品的流通规律，同时还能提高管理运作的效率，大幅度地减少了管理成本，缓解了因职权重叠而产生的问题，使行政部门的管理与服务职能表现提升到最大程度。

（6）建立完善的物流基础设施。在日本，政府立足本国国情制定政策，加速推进国内物流现代化建设，促进物流行业迅速壮大，为日本农产品的出口和进口提供良好的发展条件，日本政府在各大城市、港口等交通枢纽进行科学规划，大力支持全国各地的物流基础设施建设，其中包括有对小批量农产品影响较大的高速公路网和流通聚集地，并加大对新干线铁路运输网的投资，减少短途运输的时间，还完善了沿海港湾设施，合理规划海上航线，并在航空枢纽港设立物流信息部门，提高航运物流效率。

（7）农产品批发市场基础设施成熟。在日本，成立一个农产品批发市场务必要经过严格的监察和规范的申请流程，再由政府部门给予审批，并根据地区的不同，分为中央农产品批发市场和地方农产品批发市场。地方公共团体、株式会社、农协等机构是批发市场开设的重要参与主体。各个批发市场都会配置一些相关农产品市场设备，如冷风冷藏设备、保管设施、配送装置、包装加工台等，以促进市场内物流的顺通。同时，开发商通过对计算机技术的掌握，灵活运用信息处理技术，使农产品批发市场成为一个农产物流中心，同时也吸引更多的大型连锁超市入场，和批发商一起进入交易环节。批发市场为了适应快速发展的电子商务，会引进便于分解的小包装，备货装配等现代化服务。

（8）市场主体是农业合作组织。由于日本人多地少，人均自然资源数量较少，难以实现大规模的组织化和规模化。小规模、多分散的生产规模势必带来高额的生产成本和较大的风险，农协便是解决这种生产规模所带来的问题的最好方式。日本农业合作组织实行以批发市场为核心的物流模式，可以有效保障农产品供给量，将物流服务范围进行大幅度的扩大，提高配送效率，提升消费者的满意度。

（9）批发市场中重要的供货方是农协。农协是日本农业的主要参与主体，无论是直接参与或是间接参与，日本全国范围内各个城市的农产品批发市场都通过农协进行进货。因为消费者是通过批发市场来接触农产品的，农协好比是一个媒介，它将供应链上的生产方和批发商联系起来，将农产品物流信息进行交换与传达，它可以依靠自身的优势，充分发挥组织系统的优良性，将冷藏、保鲜、加工、运输这几个环节做到完美对接，并将农产品进行集中，最终进行统一地销售。生产者、批发商、农协三者之间协同服务，这需要依托三方之间的高度信任才能完成完整的委托代理销售过程。

2.2.3 成熟于以荷兰为代表的西欧国家

1. 荷兰农村物流的发展

以荷兰为代表的西欧国家农村物流发展逐渐成熟，这主要是依靠了当地成熟的农业生产合作组织。在欧洲，各国的农业合作组织较为完善，大多数国家均设立了农业公司和农业合作社等农业部门组织，这类农业部门组织在名称上不大一致，并且分别归属于不同层级的行业组织，它们的工作职能和运行管理方式也有着不同特点，但都向广大农户提供了便捷的服务，在农产品生产的整个供应链中实现生产运作的高时效性与节能性，在农产品仓储方面做到规范化，提高了运输时效和促进了产品销售。在欧洲，大部分国家都适用一种"小规模、大合作"的农业组织形式。个体的"小生产"聚集成为流通共享的"大网络"通过利用农产品在流通环节的规模效应提高了它的市场竞争能力，改善了在市场中的生存地位。荷兰国土面积狭小，人口密集，且人均资源较少。可荷兰的农业出口量在欧洲甚至在世界范围内都排名前列，其农产品出口量仅次于自然条件优渥、农业发达的法国，还是世界排名第三的农业出口大国，不仅拥有优质的农产品服务水平，还可以实现农产品的销售现代化。荷兰的主要农业合作组织是农业合作社，这些农业合作社拥有先进的信息技术水平，合作体制标准规范化，切实保障成员们的经济权益。奶牛协会、花卉合作社是典型的合作社形式。这些合作社的销售信息网络遍布欧洲，不仅给消费者带来了便利，还可以实现农产品流通的信息共享，提高流通速度。

说到合作社形式，就不得不提著名的荷兰农业和园艺合作社，该合作社在德、法两国分别设立多家销售公司，而每家公司在各自业务范围与当地用户签订相关的合同协议，然后再统一销售产品，实现了销售的规模化，因此，大多数德国和法国城市农业与园艺产品市场都被其所垄断。有科学数据显示，当前荷兰一共设立的农业合作组织有2000多家，其中有25家行业协会。这些全国性组织在国内、欧洲乃至全球纷纷打造属于自己的独立销售网络，既能从生产环节获得盈利，也能收获流通加工环节的利润。

与北美不同，除了荷兰外，包括以法国、德国为代表的一系列西欧国家，纷纷利用人文文化的共通点，通过国与国之间发达的信息交互网络，把握住各国地理位置密集、城市化水平较高的优势，出台农产品流通的相关政策法规，借助欧盟对农产品的大力扶持，拓宽农业市场范围，使农产品批发市场更具国际化、规模化。全球面积最大的批发市场是位于法国巴黎的汉吉斯国际农产品批发市场，它每日都有着庞大的人流量，荷兰、意大利、西班牙等西欧农业国家都在它的农产品流通范围内。且法国的农产品主要以直销的形式进行流通，占比90%左右。因为这些西欧国家在很久之前就已经开展了国家性公益建设，所以大多数的批发市场都有着公益性的特点。就英国来说，因为农产品物流基础设备具有一定的公益特点，反映出公共物品和准公共物品的特性，因此由政府投资设立的公益性批发市场占全国批发市场的 88% 左右，他们为企业提供生产性服务，因此有小部分物流学者认为，民生服务业中也应包括农产品物流业。虽然这样的看法并没有得到广泛接受，但在一定程度上体现了农产品物流与工业物流的区别。

供产销一体化是西欧农产品供应链的特点与表现。在供应链上游收集原料来源，整合分析产品信息，在供应链中游提高物流效率，并增强产品的加工价值，最后在供应链下游面向消费者进行市场销售，减少交易成本，提升市场竞争力。世界四大粮商之一的邦吉集团（Bunge）应用的就是一体化的供应链运营模式，它成立于 1818 年，位于荷兰阿姆斯特丹，通过将生产链和农产品供应链实行一体化，大幅度地提升了业务范围，并在全球农业占有不可或缺的重要地位。供产销一体化不仅拓宽了农产品物流的业务范围，还能带动并加强农资、农产品生产等其他方面的发展与联系，从产品生产到消费者的整个流程中，它不断提高生产与服务水平，节约经营成本。

因为欧洲的城市现代化水平较高，欧洲的农业生产主要以标准化、机械化生产为主，生产基础设备完善，拥有先进的生产技术水平，在提高了生产效率的同时，还具有一定的观赏性，因此欧洲农业也逐渐被人们称为"观光农业"。荷兰及西欧国家农村物流发展主要表现在以下几方面。

（1）为保障交易环节中农户的基本利益，采用合理的农产品销售方式。在欧洲，各国政府会严格规范与管理农产品市场，完善农产品流通市场机制，农产品更具有商业性，因而在批发市场中，多数农产品会以合理的价格，通过公平的竞争进行合理地销售。在大型的批发市场中，农业合作组织会为了加快农产品的流通速度，提高消费者的交易参与度，组织农产品经营活动，当地公开拍卖或借助现代化互联网进行集中的农产品的售卖活动，实现资金流通和交易信息的高时效性，还扩大了销售领域，为生产者、消费者提供了专业化的服务，最大程度减少了交易费用，还提高了农产品储存保管、进出口检验的水平。

（2）荷兰拥有一批农产品拍卖公司，具有荷兰特色，这类型的拍卖公司有效地保障了农户的利润，农场主自己种植的果蔬通过分类和包装后运输到市场，通过拍卖进行销售。为了科学规定拍卖的最低售价，避免农场主利益过分损失从而降低生产积极性，拍卖公司都会对每一年农产品的产量进行合理分析。若是农产品已经降低至最低价依旧无人购买就会被进行销毁，同时也不排除通过其他避开竞争的形式进行销售。拍卖公司会根据保护价，从拍卖基金中提取一部分给农产品生产主提供一定补偿。现今荷兰已经有大型的拍卖公司和拍卖市场来进行全国范围内的水果和鲜花交易。

（3）农产品流通的协调性与流通性依靠政府的强力支持。第一，政府提供了资金支持，设立互助合作半官方的农业信贷机构：农业贷款银行。在欧洲，绝大部分国家都会设立农业贷款银行，其中，信贷活动中有原则规定：政府对符合政府政策规定和国家规划发展的农业项目会给予政府正常利率的差额补贴，并且大力支持和享受优先贷款。在法国，粮食收购机构是农业发展中不可或缺的部分，它负责全国粮食销售，并由粮食行业局进行担保和管理，可以通过资金贷款来对法国粮食进行规范化收购也就意味着当粮商与合作社不具有偿还贷款能力时，则要由粮食行业管理局代为偿付。除了低利率外，管理局还为个体农户提供更为优惠宽松的贷款政策。第二，提供了价格支持。为了调整和规范农产品市场，欧盟各国政府利用宏观调控机制来稳定合理的农产品价格。当农产品市场秩序出现混乱现象，一方面，若农产品价格过低时，政府就会以更高的干预价格购入农产品，提高农户的生产积极性，稳定农产品市场；另一方面，若农产品市场价格过高，使消费者受到经济损失，那政府就将农产品以干预价格进行销售，提高农产品流通速度，维持农产品市场的稳定发展。第三，提供了行政支持。在欧洲，很多国家设立了以农产品流通为中心的专业化行政机构。通过制定落实相关政策，颁布法律法规等有效手段使关于农产品的流通政策得到落实。具体包括确定了农产品生产额度、加工品的质量测评，以及销售的规章流程等。在国家内部，政府会积极对国内农产品市场进行调查分析，及时发布相关供求信息和农产品实时平均价格，掌握和预测农产品市场的发展方向，支持和鼓励农产品包装技术的发展；在农产品的仓储和运输环节制定相关的规范设置，提高物流运输技术水平；在农产品销售流程中，发挥实时监管和促进职能。在国家外部，加快本国农产品国际市场的发展，消除非贸易壁垒；积极组织本国农产品企业前往国际展览会，进行专业化地学习与交流；严格掌控农产品检疫检查，谨慎解决与别国产生的农业矛盾和冲突。

（4）科学选择流通网点，合理规划物流网点布局。流通网点有一级与二级之分，一级流通网点是农产品批发市场，二级流通网点是农产品零售市场。

在欧洲，拥有发达经济的城市是一级流通网点的最好选址。合理规划物流网点布局不仅可以促进周围地区的农牧业发展，还可以促进国内市场的完善和规划。对于保质期较短、保鲜难度要求较高的农产品而言，交通设施也是影响农产品流通的重要因素，能够进行便捷的快速运输尤为重要。为改善农产品的储运包装加工和销售，进一步修建直通道路和仓储冷库等，欧盟每年动用超过35%的农业基金进行道路和仓储冷库的维护与改进，在某些基础落后地区，该比例可能更高。荷兰不仅海、铁、公三路运输发达便捷之外，还拥有各个航空港，其中的阿姆斯特丹为欧洲的第四大航空港。通过便捷的交通运输可以将新鲜的蔬菜和鲜花等植物运送往各大城市。目前，依靠着便捷的交通条件这一基础优势，荷兰的花卉产业已经雄踞世界花卉市场领先地位。

除了花卉外，荷兰充分利用其优渥的地理环境发展农业。荷兰为了掌握欧洲不同消费者的食品需求市场，会设立流通中心，根据各个中心所在地的特点，将农产品信息进行整合分析，根据欧洲不同国家的各种农产品需求来制定相关的业务活动，还会不断提升管理方式和服务水平，扩大自身的服务区域，不单单只在本国或周边地区，还为欧洲其他地区的消费者提供便捷、优质的服务。

2. 荷兰农村物流的特点

（1）拥有完善先进的物流基础设施。鹿特丹港和阿姆斯特丹港等重要港口的存在为荷兰的航空运输提供了优良条件，其航空运输发展快速且航空货运业务正在不断壮大中，且物流基础设施较为成熟完备。全球排名第一的花卉贸易中心就是阿尔斯梅尔，它是欧洲花卉的进出口中心，位于花卉大国荷兰，是世界重要种植基地之一，业务范围十分广阔，进口花卉的主要来自亚洲和南美洲等，每天通过阿姆斯特丹—斯希波尔机场将大量花卉连夜配送至欧洲和全球其他地区。荷兰的冷冻技术水平十分专业，人均制冷和冷冻容积量都是全球最高的，所以在荷兰公路上，有几乎33%的车辆，利用了完备的制冷设备和充足的冷冻容积量来保证所载运的农产品和食品的新鲜度。

（2）不断提高农产品供应链的市场适应性。荷兰为了适应多变的市场需求和满足客户对农产品新鲜度和品种多样化的需要，成立了配送中心，提升物流供应链的效率。其选址一般在市场周围地区，将农产品和食品进行统一收集，然后根据实际和产品的相关规范制度，对农产品进行标准分类，做好分割和调制工作，最后再统一配送至消费者手中。配送中心采用JIT原则及时将农产品进行配送，最大程度做到合理配送，保证产品的足够补给，实现协调的供应运作。目前，电子化农业产品交易市场已经在荷兰设立，实时掌握零售商和消费者的需求变化，并作出合理预测，实现优质的物流服务水平。此外。还建设了农产品集成保鲜中心，最大程度地确保产品新鲜度，将物流和商业概念进行到创新与发展，在花卉方面，荷兰不断完善园艺中心的供应链系统，面向世界 B2B 电子商务的市场发展空间，将现代化电子订单流程做到真正的高时效和便捷，实行交换式信息共享，拓宽了世界服务业务范围。

（3）培养专业的农产品物流人才。在荷兰政府大力实行物流人才培养计划，想要从事物流必须经过专业物流培训与考核的高门槛，进行专业物流的学习和具体实操，并通过专业考试得到荷兰政府给予的物流从业资格证书后，才可以进行物流作业。因此荷兰大多数物流人员的物流知识十分专业，荷兰政府还在全国各级院校设立了各类物流课程；在物流运输方面设立了产品运输、出口海运、物流交通等课程；在物流管理方面设立了产品市场分析、物流管理方式等课程。荷兰高校的商品学、物流管理等专业课程的学术水准处于世界平均水准之上，老师在物流教学中，经常会传授给学生关于国际物流的未来发展趋势，从而使得学生不仅可以获取实用的物流知识还能对物流行业有更多的理解，提高物流思维的创新性，培育高专业化物流人才。

2.2.4　发达国家农村物流的经验借鉴

依托于现代化物流理论体系，发达国家创立了可满足大流量运作的物流服务平台。通过高效畅通的运作，使其庞大的农业生产和贸易系统居于世界领先地位。国外的农村物流主要有三种模式。

（1）以日本为代表的亚洲农村物流模式，该模式的农产品买卖方式主要是拍卖销售，因为日本地多人少，其生产专业化程度还不够成熟，流通成本较高，生产也无法实现大规模化，不能像欧美国家那样将农产品直接进入超市。因此批发市场便是最为适合亚洲国家农产品物流模式发展的，政府对批发市场发展持大力支持的态度。

（2）以荷兰为代表的欧洲农村物流模式，该模式信息化程度较高，物流时效性高，它还减少了农产品的流通环节，实现了简单且快速的农产品流通过程，降低了批发商等中介的参与度。

（3）以美国为代表的北美农村物流模式，其采用直销一体化方式，提高了物流效率。它的市场主体主要是连锁市场，并在连锁市场实现大规模的农产品交易；以中长期合同作为主要的交易手段，现代化水平较高，减少了流通环节，实行产销一体化原则。因为欧美国家高速公路的发展迅速，农产品冷藏技术和设备均趋于完善，许多大型零售企业为了减少产品流通环节，缩减中间费用，都会设立专门的配送部门，直接前往生产地进行采购。

就我国国情而言，农产品直接进入超市的成本过高，而批发市场的流通效率较低，生产者所得到的利润与农产品售价持平，甚至低于售价的一半左右。因此，我国实行连锁超市和批发市场共同发展制，实现两者并重发展，在遵循市场发展的同时，也要迎合客户的消费需求，丰富市场的参与主体，做到多样化。因此，我国农产品物流发展需要从以下几方面着手。

（1）发挥政府的宏观调控作用。政府应当实现国家宏观调控的主导作用，对农业进行科学调整和改革，增强对农产品物流基础设施的建设力度，丰富农产品市场主体，对农村物流发展进行合理地预测和指导，对流通市场的农产品进行严格规定，加强对物流流通过程的监管程度，提高物流市场的流通速度，还需要增强与其他国家物流企业的合作，学习先进的物流技术水平和相关的物流管理方式，稳定规范农产品物流市场，提升农产品物流的信息化程度。

（2）引进先进的农业物流技术和管理方法。在美国，大部分物流企业都具有相当专业的物流运输水准，可以将农产品的仓储、包装，以及运输等工作做到标准化、规模化，农业物流技术现代化程度极高，提升了物流运输效率，增加了物流企业经营效益。荷兰运用信息技术手段建立了虚拟农产品物流链，用以支持整个物流供应链管理过程。我国应积极借鉴与学习美国和荷兰的先进的物流技术；引进专业化、机械化的农业物流设备，提高运输配送效率；并利用现代化物流管理方法，提高物流过程的信息化程度和物流市场适应性。

（3）鼓励农业市场主体积极融入流通市场。我国虽然幅员辽阔，但由于人口众多，所以人均耕地面积较小。农业市场主体多元化程度低，提高农业市场主体的多元化，我国政府应该给农业合作社和农业物流企业给予相关的优惠和支持，改善农业和物流业的合作水平，增加企业的流通市场参与性和物流运输效率。此外，还需要向农民宣扬参与市场的组织化程度的重要性，争取大市场与小农经济共同实现双轨快速发展。

（4）设立农产品物流中心。日本与荷兰都拥有各自专业化的物流中心，比如综合型的物流中心、专业型的物流中心等，我国可以通过学习与借鉴，缓解因为我国农产品集散市场发展尚未成熟出现的低效率和低管理水平等问题，因地制宜，谨慎选址，建立科学的综合性的物流中心或是农产品中转站，提高物流配送信息化水平，推进物流发展。

（5）完善农产品物流供应链系统。能有效提高物流效率的重要举措就是对企业物流供应链系统进行改革完善，利用计算机技术水平来掌握物流信息，不断进行物流配送的调整改善，缩短产品流通时间。当消费者在网上进行农产品信息搜索和下单时，网络系统会立即分析数据，提高整个交易环节的及时性和准确性，还可以共享相关信息，实现供应链的共享性和信息透明性，这将会极大程度地提高客户满意度。在得到客户的物流反馈后，企业应当以此为标准和基础，及时对物流供应链进行适当的调整，提升市场适应性，并提高物流运作管理水平。

（6）重视对农产品物流人才的培育。美国一项关于物流管理者的研究表明：在美国，绝大多数物流管理者都接受过良好的高等教育，几乎全部管理者均有学士学位，其中还有一部分管理者拥有物流专业的优秀证书，具有很高的物流专业水平。在荷兰，要经过严格的物流培训且得到国家性的物流资格证书后才能从事物流工作，因此荷兰物流人员都具有十分专业化的物流知识。我国应学习美国和荷兰的相关物流举措，大力发展农产品物流人才的培训，提高物流从业门槛，并在相关院校积极设立物流专业课程，提升物流工作者的专业化水平，培养综合性学习能力强的农产品物流人才。

（7）提升农民的组织化程度。通过相关调查可以看出，日本农业主体的高组织化是解决日本物流体系活动问题的重要因素，要想解决我国的"小农户、大市场"问题，就需要将分散的小农户集中，提升农民的组织化程度。目前我国的农业经济依旧以分散的小农经营为主，组织化程度较低。因此我国十分重视如何促进小农经济的组织化，考虑到我国经济发展现状，我国可以在小范围地区对集中经营进行试点，切不可盲目照搬国外经验。

（8）实行农产品物流主体多样化。物流的主体主要有专业的农业粮食公司、供销合作社、第三方物流企业。除了单一地扩大原有的农产品物流主体基础，应积极发展多种物流主体合作形式，如龙头农企带动小农户一同进入市场，推进物流主体的规模化；鼓励生产基地和配送中心的农户分别进行交流合作，实现物流主体的组织化；借鉴日本农业的农协模式，发展农业合作组织。把农协整体作为物流媒介，将农业生产和市场进行物流信息的完美衔接，将涉农产业和业务委托转交给专业化的机构进行处理，从而更有效地引导个体农户进入市场产业链，高效地推动农产品物流的发展。

（9）立足实际，发展第三方物流。现如今，越来越多的农产品企业为了减少交易成本而选择了发展第三方物流，因为第三方物流具有高度物流专业化，提升了运输的时效，有效缩短了农产品的流通速度，拓宽了物流服务范围；第三方物流中实行的物流运输手段极具现代化，信息化水平程度高，在农产品运输和仓储环节，它都可以最大程度地保障农产品的质量水平，且适合大批量的农产品配送。政府需要对农产品物流企业进行有规模性的组织，带动农产品物流企业以合作的方式进入市场，大力发展多品种、大批量的农产品物流服务，减少物流费用，提高农产品物流企业的经济效益。从现实出发，我国需要在物流行业加大投资，吸引更多企业入驻，实现融资多元化，还要优化农产品物流运输仓储，发展批发企业的优势，为规模化的农产品物流体系引进第三方物流提供发展空间。

（10）减少农产品物流环节。农产品的流通环节越多，成本也就越高，因此小规模的物流运输较难提高企业经济效益。以日本为例，日本的农业产业规模相对较小，零售商的销售规模局限性较大，而通过前文了解到日本的农产品批发市场有效解决了日本农产行业生产与销售的矛盾，减少了农产品物流环节，缩短了农产品物流通道，增加了整体利润。

（11）致力于农产品物流基础设施的建设发展。发展农产品物流业的基础就是要做好物流基础设施的建设工作，设立规范化市场，引入先进的物流基础设备，改善农村交通条件，合理规划物流交通网点，并加强大型物流基础设施的建设，最大程度地提高运输时效性，购置承载运输设备，改进原有设备或引入保险冷藏减震运输车辆；设立具有高冷藏技术水平的农产品仓库，确保新鲜度；完善批发市场和加工配送中心的建设，加快农产品的流通。

（12）大力支持农产品物流信息化的建设。现代农产品物流发展迅速，物流信息化程度不断增强。离开了高效信息技术支撑，现代农产品的物流活动就不能如此快速运转。发达国家在农产品物流上的快速发展无疑得力于其先进的互联网技术、较高的农业信息化程度。与此相比，我国目前落后的农业物流信息网络成为阻碍现代农业发展进程的主要原因之一。为了改善现状，打破现在农业网络落后分散的局面需要不断提高网络质量，加强硬件软件设施，推广电商农业，进行不同个体户之间的信息资源共享，对农产品物流各个环节实施全面有效地管理控制。

（13）完善农产品物流发展政策。通过对政府各项职能进行一站式管理，提升生产流通的效率，减少物流企业审批立项的运作环节，将行政管理做到效率最大化，减少不必要的职责矛盾，加快发展物流企业。为了减轻农户的经济负担，政府应当大力支持农产品物流发展，颁布相关物流贷款法规与优惠政策，降低农户的税收压力，促进农业现代化物流发展。

2.3 我国县、乡、村三级物流模式创新途径

2.3.1 独特国情下中国的农村物流

1. 我国农村物流的发展历程

（1）我国独特乡村国情。国家为了实现更好的区域管理会根据地区的特性和职能不同来划分行政区域。以美国为例，学区和司法区就属于主要的行政区域，还有一些住宅区与消防区、公路区与水土保护区等。

与资本主义国家不同，社会主义国家会根据明确的原则规定来划分行政区域。

①政治原则。提升民众管理参与度和管理便捷度，拉近人民群众和国家部门机构的联系。

②经济原则。为了有效提升社会生产力，充分发挥各地区经济优势，依据各个地区不同的经济特征划分。

③民族原则。尊重民族多样性，对各个不同民族进行分类，然后从民族的特性出发，按照居住习惯和特征来划分区域。划分区域时还会考虑人文地理、人口密度以及国防等问题。

行政区域的划分具有历史延续性。19世纪开始欧美等国家就已经开始行政区域的划分，并延续至今。我国从秦代开始实行郡县制，就已经形成了现代

行政区域划分的雏形。

我国宪法有着明文规定，中国行政区划分为划分为省、县、乡三级，而中华人民共和国行政区分为省级行政区、县级行政区、乡级行政区这三个级别。截至 2019 年 7 月，中国的行政区划有以下几种。

省级行政区（一级行政区）：23 个省、5 个自治区、4 个直辖市、2 个特别行政区。

地级行政区（二级行政区）：7 个地区、3 个盟、30 个自治州、293 个地级市。

县级行政区（三级行政区）：1335 个县、117 个自治县、49 个旗、3 个自治旗、375 个县级市、963 个市辖区、1 个林区、1 个特区。

乡级行政区（四级行政区）：9392 个乡、984 个民族乡、21116 个镇、8241 个街道、152 个苏木、1 个民族苏木、2 个县辖区公所。

总的来说，我国国土幅员辽阔，人口住宅密度较高，行政区划数量较多，与世界上其他国家相比，具有自身的特性。因此，在对我国农村进行调查研究的时候，需要综合考虑这些方面的因素，对县级、乡级行政区和村级自建农村合作社三级分别进行考虑，进而形成县、乡、村三级农村物流发展模式，从而能够高效地为助推我国农村物流的发展提供决策支持，以便为处理农村物流的主要矛盾提供方案。

（2）我国农产品物流的发展阶段。自中华人民共和国成立以来，我国农产品物流主体由原本单一的部门、运输企业转向多样化的主体形式。农产品物流通过农产品物流体制的变化而发展。国家统一采购和销售是我国农产品流通的第一阶段，第二阶段是由计划调节向计划与市场调节相结合的过渡阶段，之后便是在国家宏观调节下农产品的自由流通阶段，以市场为主，不断提高现代化的农村物流。

第一阶段：1953—1978 年，这 25 年中我国还未实行改革开放，中间都属于统购统销阶段。其间我国有步骤地通过对农产品的限量销售、统一采购的方式来实行计划管理。农民和经济组织不具有生产的决定权，在农产品的销售数量、地点、对象、价格上都被政府所强行限制。这实质上否认了农产品的商品交换性质，也就意味着农产品价格不能反映市场的供求变动，使农产品的生产和销售相分离。该阶段的农产品主要由主管部门进行物流运作，由国家进行统一收购后，进行调拨、批发和销售是最后的流通环节。

第二阶段：由计划调节向计划与市场调节相结合的过渡阶段，1978—1984年，中国进行了经济体制的重大改革。我国开始缩减统购统销的品种与数量，缩小计划收购的数量，同时开放了三类农产品的购销价格，根据市场供求可以进行议价销售。此外，政府对农产品贸易市场给予大力支持。因为家庭联产承包责任制提高了农民的生产积极性，农产品的产量得到大幅度提高，因此农产品市场得到很大程度的发展，成交量和成交金额显著增加。与此同时，相应的农产品物流开始得到进一步发展。

第三阶段：合同订购与市场收购并存时期，1985—1991年。因为国家开放了农产品的收购价格和广泛开展家庭承包制，缓解了之前存在的农产品匮乏问题，促进了农村经济超高速发展，因为1985年旧中共中央、国务院发布《关于进一步活跃农村经济的十项政策》，明确指出要开放猪肉、水产品、蔬菜等农产品的价格，还必须根据不同类型进行合同订购和市场收购工作，全面做好统一购买和统一派送工作，这也意味着农产品流通体制改革获得了广阔的发展空间，提高了农产品的流通效率；对农村产业进行了重大调整，增强了农户对商品价值的认知程度，提高了农户的生产收入，缓解了因为计划经济而造成的相关经济问题。农产品物流和农贸市场大幅度发展，物流主体多样化显著，促进了批量销售的发展，增强了农产品物流行业的现代化。

第四阶段：农产品流通市场阶段，1992—1993年。实行农产品流通的双轨制，因为实行过程中出现的各种经济矛盾，所以尚未能真正实现粮食双轨制。中央政府1993年颁布《关于当前农业和农村经济发展的若干政策措施》，宣布取消粮食统购统销体制，今后的国家统销体制需要适应市场经济的要求，在订购粮食方面，国家在各地实行全面放开粮食价格的措施，保障粮食的生产数量，并且制定粮食的保护价格，进一步发展市场化、现代化的粮食物流。1993年2月，国务院发布的《关于加快粮食流通体制改革的通知》中指出要对粮食流通体制进行重大改革调整，为了加快农产品流通速度和保障农户的基本权益制定粮食风险基金，通过宏观调控的方式带动粮食的商品化发展，实现现代化的市场经营方式；进一步做好粮食的储备工作减少国家经济负担，推行价格以适应市场为主的原则；取消口粮定量法，实现农产品物流主体的多样化，加快开放性的粮食经营和农产品流通体制的发展。

第五阶段：回归双轨制时期，1994—1997年。这一阶段，国家加强了对粮食购销的宏观调控，国家掌握着全面的市场粮源信息，产品市场的预测工作进一步完善，防止了因为农产品流通体制改革的矛盾而产生的年产粮食处于匮乏状态、粮食价格不合理上涨等问题的出现，增强了对农产品市场的调控程度，维持好了农产品市场的良好环境，促进了农业发展。在1994年5月国务院颁布的《关于深化粮食购销体制改革的通知》中，党中央强调合理安排农产品市场，做好粮食价格的稳定工作，给农产品生产者提供有效的保障制度；要不断完善中央与地方的粮食储备制度，制定合理的国家粮食收购量，确定国家收购粮食量需在万吨以上；不断发挥国家宏观调控在市场经济上的作用，实现粮食价格双轨性发展。近年来，我国不断大幅度提升粮食订购价格，提升国家宏观干预手段，实行国有粮食由国家统一经营规划。这些举措增强了粮食部门的重要性，使其在粮食物流中的主体地位得到提升，并且实行双轨运行机制，限定了粮食的最高销售价格。

第六阶段：农产品流通改革的深化阶段，1998年至今。由于企业营业额出现负增长态势，恢复农产品的双轨流通加重了国有粮食的财政负担，因此，在1998年5月国务院颁布的《关于进一步深化粮食流通体制改革的决定》（以下简称《决定》）作用下，开展了一系列新的改革。在该《决定》中，我国党中央对有关农产品流通体制的改革创新进行了重点的说明。在国务院的允许下，浙江省成为全国第一个实行粮食购销市场化改革的省份。2005年8月，国务院召开全国粮食工作会议，正式出台了《关于进一步深化粮食流通体制改革的意见》（以下简称《意见》），改革开始在全国范围内实行，《意见》将改革浓缩为16个字，"放开销区、保护产区、省长负责、加强调控"，在此背景下，我国的第三次粮改正式开始。目前在我国的农产品领域，除了部分粮食由国家统一收购之外，其他的农产品主要通过市场销售的形式进行流通。通过集贸市场、批发市场等机构，农民直接向企业、单位、居民进行销售。

综上，我国农产品的物流变革不只是体制的改革，也经历了负责主体的转变，由国家部门进行垄断慢慢转向集贸市场、农民、企业负责。随着农贸流通市场的变迁，农产品的经营主体也随着发生变化，由原本的单一国有粮食机构运营转变成由农民、各种中介组织承担。

在宏观意义上，农产品物流行业的发展步伐基本上与农产品流通体制的发展步伐是相似的，因为通常情况下，物流业需要跟随农产品流通体制的发展保持同步，而在微观意义上，农业市场体制与农产品企业都对农产品物流提出了自己的要求，农产品物流企业必须适应并且满足这些需求。从20世纪70年代末开始，农产品物流业随着农业市场体制改革的变动进一步发展，迎来了农产品物流与商流分离的新局面。以市场经济体制为背景发展的农产品加工业、批发市场、零售终端企业等迎来了成长的优良时机，进一步提升了对农产品物流业的需求。因为农产品企业的迅速发展，居民们对农产品提出了"保质，保鲜"的高要求，所以，农产品物流产业必须跟上发展新步伐。

2. 我国农村物流的发展困境

在宏观意义上，农产品物流业同农产品流通体制的发展方向是一致的，前者适应后者的需求，而在微观意义上，农产品物流业不仅适应了农业市场体制，而且还满足了农产品企业发展的需要。然而通过观察了解我国农产品物流流程和现有的经济结构发现，我国现有的农村物流体系依旧面临着诸多问题。

（1）基础设施设备不够先进，农产品物流业信息网络布局不完善。近年来，我国在物流基础设施的建设上取得了巨大的进步。但与发达国家相比，我国的物流基础建设仍需加大发展力度，我国的物流设备设施不够先进，需要进行较大程度上的改善和创新。因为我国地区经济发展不平衡，部分物流基础设备良莠不齐，难以实现农村的信息全面化。尽管涉农部门积极开展农业信息网络的建设，但由于地理环境和经济水平等限制，网络主要布局在经济发达地区。在经济欠发达的区域还未进行完善，缺乏完整的信息网络布局，导致目前我国的农业物流信息资源不够集中、共享程度较低、信息流通速度慢、发布与更新存在延迟。由于信息传播存在延迟，农产品的新鲜程度与供应的时效性受到了影响。

（2）农业生产分散，对物流的整体需求水平低。众所周知，我国农业生产的基础多是以农户为主，在我国的农产品经营主体和主要的生产方中，个体小农户占的比重最大。这种经济模式具有分散零星、经营规模小、专业化程度低、对物流需求水平不高的特点。而且我国农村物流分布过于分散，以至于规模化信息化难以实现。在我国一些经济发展落后区域，特别是交通闭塞的偏远山区，现代物流的发展依然被地理环境所掣肘。

（3）政策立法上存在缺失，不够完善。我国的农村物流体制依旧缺乏完善的制度保障。截至目前，我国除了 2009 年通过的《物流业调整和振兴规划》外，在针对农村物流出台的政策上依旧较为缺少，这无疑成为农村物流发展的绊脚石。对农村内部来说，由于缺乏政策的保障，农村物流在交易合作中更容易造成信用缺失现象，导致合同的履行出现问题，进一步增加了物流作业规范的难度和物流交易的成本。

（4）农产品物流环节复杂，交易成本较高。以批发市场为中介的农产品交易模式依旧是农产品物流的主体。而这种模式意味着，农产品从产地运输到消费者手中时，还有着复杂的流通过程，需要经过运输、加工、配送、批发等环节，而每一个环节都产生了附加费用，提高了交易成本，使农产品的价格远远超过最开始的售卖价格。以湘西地区为例，由于该地区对于农产品物流模式的研究还处于起步阶段，缺乏系统性的技术指导和设备设施，常温物流和自然物流依旧是运输中的主要形式，也就意味着需要保鲜的农产品十分容易损坏。相比发达国家，我国粮食物流成本比较高，影响着农产品的成本和价格，我国的农产品相对交易成本和价格大多都高于其他国家。

（5）农产品物流信息服务能力薄弱。根据上文分析，我国对于偏远地区信息网络的建设依旧存在较大欠缺，没有搭建起完善的操作平台。依旧以湘西地区为例，湘西居于我国中部，其受到地形的影响而与外界联系较少，保持有较多原始的少数民族村落，人民文化水平不高，科学技术发展相对落后，对于信息化的意识不强，缺少服务体系和服务意识。我国现有的电子化信息不够完善，物流的信息化未得到全面普及。在部分采取了电子化信息的地方，也主要依靠人力手动输入，条形码、二维码、磁卡等具有直接保存信息功能的技术还没有得到完全的使用。因为农户的居住地布局面积较大，农业信息网络没有覆盖到每一个乡镇，再加上部分农户的文化技术水平较低，导致我国的农产品物流对农民的信息提供有一定欠缺，造成了农户与市场需求之间信息传递不对等，不能根据市场需求进行生产。虽然近几年我国积极建设一些给农产品物流提供服务的信息平台，但是除了少数依据市场实际需求，遵从管理体制打造的物流信息服务平台以外，大部分并没有起到作用。随着农产品信息系统的成长，部分企业没有找到适应自身发展的平台体系，没有明确如何应用平台设计企业发展战略，以及对于不同系统的针对性不够了解，产生了盲目选择和跟随大众的现象。因为不相适配的系统给企业带来高昂费用的同时并没有产生明显效益，从而使企业对信息系统的发展失去信心，失去通过信息系统提升企业效益的意愿。现有的农产品批发市场中，很多信息化硬件没有及时更新，电子商务没有落实到每一户上。甚至部分企业内部也没有合理完整地实施信息系统，只是单纯地通过系统来实施财务功能，与电子化系统相距甚远。

（6）城乡农产品物流发展不均衡。我国物流发展水平总体处于刚起步的新生萌芽时期，由于缺乏政府对于全国性物流的总体调控，在落后地区与城市发展之间产生了较大差距。单独的物流部门之间的相互协调互助能力并不理想，各个部门各行其是，缺乏统一的管理策略。由于缺乏一个完整的针对物流系统的规划，城乡之间经济发展的差异更加显著，农村物流发展速度得不到提升，农村内部物流发展出现断层，物流资源单一方面涌向城市。进一步导致了资源的浪费，拉大了城市与农村物流发展的差距。

（7）农产品在运输过程中腐损率较高。由于生鲜农产品易腐烂的特性，对运输速度的要求比较高，在运输过程中，还需要注意温度的适宜。因为我国农村在地理环境上受到限制，缺乏提供低温运输的设备，所以这给生鲜农产品的运输带来了巨大的困难。这一类农产品在运输过程中通常容易损坏、发生变质。大部分物流企业还不具有掌握保鲜、冷藏、冷冻技术的要求，很难降低农产品的损耗。

（8）物流专业化程度低，缺乏专业配套设施。农民在农产品物流中发挥了主要作用。在我国广大的农村地区，农民的专业文化素养较低，没有接受过系统性的物流知识培训。由于缺乏关于现代物流的经营管理理念，因循守旧，没有开拓创新，与先进的管理技术脱节，进一步导致了物流的专业化程度低。为了降低农产品的易腐坏程度，更好地保证农产品质量，冷链技术在农产品物流业中有着至关重要的位置。具有冷藏功能车辆的严重短缺是造成冷链物流发展受阻的原因之一。在我国冷链的铁路运输方面，冷藏车占比极低，且大多数设施落后。在公路运输上，冷链运输车辆占比低，与物流发达的美国和德国相距甚远。在运输车辆中，以敞篷卡车为主，只有少量的车辆具有密封冷藏箱。其中，针对保鲜食品的部分冷藏车辆也无法按照要求保持恒温，大多数需求量大的果蔬肉类等只能采用常温运输。诸多因素导致了农产品运输成本的增加，农产品损耗居高不下，物流成本占据农产品的一大部分。除了运输，在产品的装卸搬运方面，由于专业的搬运设备有限，整体机械化水平低，对于叉车、托盘、货梯的使用十分有限，主要通过人力进行搬运。在存储上，缺乏低温冷藏仓库、立体仓库等也是导致我国冷链物流仓储环节落后的关键因素。目前，由于在运输、装卸、仓储诸多环节存在不足，导致了我国农产品面临较高的损耗，与发达国家水平差距较大。

（9）农产品物流流通渠道烦琐带来损耗。目前我国的农产品大件物流主要经过这样几个环节：生产者—第一级生产市场—批发市场—销售市场—零售商—个体消费者。由于大多进入流通的农产品以未加工的原始产品为主，经过这样较为复杂烦琐的流通链之后，大大增加了中转时间。在我国冷链物流欠缺的背景下，过长的流通渠道增加了农产品的保鲜难度。除此以外，部分新鲜农产品还会因为运输路况、天气变动、运力等不可抗因素产生耗损，进一步增加了农产品的损失。

（10）物流中介组织没有发挥桥梁作用。以 2.2 节提到的几个国家为例，荷兰的鲜蔬主要通过合作社来进行销售；日本的蔬菜主要通过批发市场进入拍卖环节进行流通销售；美国以公司规模化供应为主，通过公司调配把握农产品的流通与加工环节，在全球范围内进行可控销售。由此可以发现，有效的中介组织可以将农产品的各个环节从产出到销售连接在一起，使农户生产与农产品的销售不再分离。通过搭建农产品产销之间的桥梁，进一步增强我国农业的产业化趋势。我国当前的物流中介组织发展环境较弱，培养农业合作经济组织作为我国农产品物流的主体进行发展是促进农业物流发展的关键一步。20 世纪末我国现代的农民专业合作经济组织诞生，直到 20 世纪 90 年代才开始起色，之后再开始进一步的发展，规范化程度较低。目前现有的合作组织数量远远不够满足我国近 7 亿农民的生产规模，距开展大规模的商业经营和专业性较高的物流合作还有较大的差距。

（11）物流专业技术人才缺乏。我国物流行业发展快速，需要高水平的专业化物流思想指导与技术支撑来提高农产品物流走向科学发展之路，因此对具有经营能力和高物流技术的综合性人才的需求是必不可少的。我国物流近几年快速起步的同时，对口人才的缺乏严重阻碍了我国物流行业的发展。通过预估判断仅在深圳未来的物流管理人才缺口将会达到上万人次，其中接受高等教育专业性的高层次人才需求每年还在快速增长。

（12）第三方物流发展缓慢。根据我国现有的形势，各个企业对第三方物流的需求较高。然而目前很多第三方物流公司并没有完整地提供附加功能，只是单纯满足了仓储和运输的需要。第三方物流之间没有形成互惠互通的体系，缺乏企业公司之间的沟通与合作，仅以满足局部利益为主，而局部资源的有限性又导致物流系统的整体规划受到影响。与此同时，农产品的第三方物流入市要求不高，易进难退的市场壁垒困住了部分盲目进入农产品市场的第三方物流企业，从而使农产品的第三方物流发展陷入低水平发展的困局。

（13）没有形成完整独立的生鲜农产品冷链物流体系。冷链物流是指一种特定的农产品存储运输技术，其原理是利用较低的温度来保证生鲜农产品的新鲜度，降低其腐坏变质速度。冷链物流的冷链技术贯穿整个产品供应链，从生产方直至消费者，其中果蔬、肉类、加工食物、药物等物品必须通过冷链进行运送。在一定程度上，冷链物流保障了食品安全，降低了食品变质的可能性，提高了食品质量。随着人民生活水平的提高，人们愈发注重食品安全问题。发达国家和地区在针对乳制品和蔬果的运输上，几乎已经实现全程一体化的冷链运输。然而我国目前现有的冷链物流运输能力仅达到社会需要的四分之一左右，冷链运输占比不足 20%，绝大部分的农副产品依旧以普通运输、常温存储为主。冷链物流的短缺给保鲜要求较高的农产品在流通过程中带来了不同程度的损耗。

2.3.2 传统农村物流模式

由于为消费者提供货物运输服务的对象之间存在较大的差异，所以可以将传统物流分为四个不同的种类。

1. 自营物流

自营物流是指一个发展较为成熟的企业设立物流部门，并且利用自身所拥有的物流资源来为自家产品进行运输服务。常见的自营物流的主要业务是服务自家产品，做到生产和运输一体化。目前一些大型的国际性石油化工企业、汽车生产制造企业都采用此模式。由于受到企业能力的限制，一些选择自营模式的企业也会向第三方公司委托运输或仓储业务。自营物流有诸多优点：①便于企业把握对于物流过程的控制。企业熟悉参与内部关于产品的购买、销售等环节，对于材料、产品的性能规格有基本的了解，同时掌握不同销售商的销售能力，可以依托自身掌握的生产资料自行调配物流活动的诸多环节，也可以随时应对解决物流作业环节和管理活动中出现的差错，降低资源的损失。②将企业原有闲置物流资产投入使用，提升经济效益。企业在保持自营物流的同时，可以利用原有的闲置资源，通过灵活变动企业经营管理结构，适当打破原有机制为企业注入新活力，优化资产结构，发挥更好地经济效益。③减少企业交易成本。选择自营物流，可以避免因为信息的不对称性而造成物流服务商资料的空缺，紧紧把握生产资料采购和产成品销售环节，实现企业的生产经营费用和企业交易费用最小化。④提高物流服务水平与企业附加品牌价值效益。自营物流可以让公司准确无误地获取消费者的需求与市场需求数据，进而能够为消费者提供较为满意的物流服务。通过与客户的直接对接有利于打造良好的企业运营口碑，建立企业的品牌形象，增加企业的品牌价值。

与诸多优点相对应，自营企业也存在较多的劣势，如需要企业投入大量的资金和人力、物力支持物流部门，增加了企业的财政压力。因为企业存在物流运输专业度不够、配送效率较低的问题，并且很难掌握供应链的每一环节，运输服务水平远远低于第三方物流。一方面，一些规模较小的企业受到产品数量的限制不具有大规模生产的效益优势，意味着增加了企业的物流成本，使产品失去了价格优势。同时因为小规模的产品生产，导致了物流配送规模受限，专业化程度相应地随之降低。另一方面，因为许多自营企业将内部的各个职能划分开来，没有根据物流进行统一的整合独立运算，所以企业无法准确地得出各个产品在物流上所需的花费，难以进行准确的效益评估。

一个企业如果想要进行自营物流业务，那就必须具备以下特点：①企业的业务范围在当地所处的城市，并且业务范围较大，方便对配送方式进行统一化管理。②连锁、代理业务分散，覆盖面积广，但主要业务集中在覆盖范围内的企业。③对于一些较为成熟，规模大、资金运转富余、货物输送量大的企业，投资打造私人的配送体系、独立自主配送能力、掌握运输的选择权也是一种优良战略。

2. 第三方物流

第三方物流，是指除了供货方和客户的第三方，第三方的主要业务是根据供货方的要求来向消费者提供特定的物流运输服务。第三方物流企业旨在通过对其所拥有的资源进行最大化的开发，其作用效果主要体现在以下两点：①节约成本。与自营物流的成本不可预估相比，外包的物流成本更加透明。通过对比可以发现第三方物流的成本相对较低，这就意味着企业在付出较少成本的同时可以享受全套的物流服务，同时可以将部分资金投入到其他能带来更高效益的服务上，如增强基础设施等。②提高服务质量。企业通过与第三方公司的战略合作，对公司原有的供应链进行系统优化，使物流服务功能更加成熟。

公司应对自身做一个充分的考察与审核，进而判断是否具备资格来将物流外包给第三方物流，因为第三方物流拥有极高的物流专业性，这将会影响企业的物流水平。一个成熟的第三方物流可以有效地规避送货错误、配送差错等问题的出现，不让委托企业在供应链关系中陷入受制于人的劣势局面。

3. 物流联盟

物流联盟就是指一种企业之间的物流协作，企业之间签订合约后，通过特定的方式进行物流资源的共享与物流信息交流、获得收益、共同承担风险。

物流联盟的各个企业之间存在紧密的联系，依赖性强，并且权责分明，分工明确，发挥自身的优势，加强合作理念，减少内部的竞争和矛盾，在供应链的每个环节都发挥着不可忽视的作用。物流联盟就好比是一个大规模的专业物流公司，它不仅仅具备提高企业物流服务水平、顾客满意度的优势，还为实现企业的规模化与专业化作出了巨大的贡献。

企业的战略联盟形式多样，一般可分为两个类型：一个是企业之间相结合，形成一个具有整体性的完整一体化组织；另一个则是各个企业之间仅维持普通灵活的合作关系，并不涉及企业产权股份的变动。其中有多种原因影响着这些不同联盟形式的出现，但主要原因是受到联盟内部的资产因素影响。

4. 第四方物流

学术界关于第四方物流存在许多不同的认识，有的学者认为它是第三方物流的业务延伸，也有学者认为第四方物流不只停留在概念层面。部分学者提出：第四方物流像是一个供应链管理部门，它可以利用供应商现阶段所拥有的所需资源来整合信息，并进行组织运作，为客户提供一个有效的解决方案。

第四方物流可以通过运用供应链具有的影响力，根据供应链中现存的问题提供指导性意见，同时也产生比第三方物流更大的效益和价值。

第四方物流一般有以下的作用：①负责从生产方到客户方所进行的所有物流运输流程；②运输可以通过相关企业之间的沟通配合来实现整体一体化；③供应方可以根据实际情况即时地进行战略调整，使供应链的运转效率保持最高程度。第四方物流还具有三个优势：①第四方物流可以提供顾及全局的整体规划，通过业务流程再造使物流的集成性程度提高，将整体功能更好地贯彻落实；②整体功能可以通过战略上的整合来变动，对管理技术进行创新以使物流运转更加顺畅；③第四方物流可以为企业减少经济上的负担，通过对物流成本的有效把控降低产品销售价格。利用电子信息技术优化运行流程，确定管理标准制度，从而通过减少库存来实现成本减少，最后达到促进经济发展的目的。

虽然我国近年来加大了对物流企业的扶持力度，第三方物流发展势头强盛，但其中主要以企业物流为主，农产品物流体系依旧不够成熟，缺乏专业性指导。在目前的农产品交易过程中，物流任务一般由买方或卖方的某一方单独承担，因此农户、合作社或销售商中必须有一环节对物流的职能承担管理责任，从而实现各方面的统一发展。从现有的物流模式来看，企业自营物流依旧是我国农产品物流的主体形式。特别是在大型企业和连锁超市的独立配送系统上，物流联盟是沟通供应链上下游的桥梁。借助经济和技术的发展，一些物流企业在农产品方面开始进行更为密切的合作，向着工业化的大规模、集成性、专业化模式发展。

不同于以往的方式，小农户们可以依据新的农产品生产制度来成为可以同市场进行交易买卖的主体，以家庭为基本单位的方式进行调整改革，快速发展农产品的流通体制。农民合作组织和农业专业协会可以同时间进入市场，能够在很大程度上提高农产品的运输效率并且能够快速地定位市场。

2.3.3 我国与发达国家农村物流的比较分析

1. 农产品物流组织与经营方式现代化水平的比较

我国的农产品仍以单个农户个体生产为主，总体数量较大，单位经营规模小，组织性不强，物流主体发展不够成熟，这些因素导致我国农产品物流缺乏市场竞争力。在农业企业上，虽然有双汇、隆平高科、新中基、贵糖股份等优势企业，但总体上农产品发展还不具有统一规模，企业数量少，优势企业没有起到拉动行业发展，带动剩下企业发展的主导作用。在现阶段，我国的农业物流覆盖面积较小，物流网络不够完善，不具有市场影响力，对经济的拉动作用不明显，总体有待提升。

因为受地理位置和天气条件的制约，中国与日本两国的农产品经营形式相似，经营都较难实现规模化。但与中国不同的是，日本的农户具有极强的组织化理念，并在农产品的流通环节中有着重要的主导地位。虽然我国与日韩在农产品的运输过程中都会经过批发市场这一环节，但仍存在较大差别。除了农产品物流的主体存在不同，在物流的组织形式上也存在较大差异。与发达国家几乎全面实现统运统销不同，我国的农产品集体销售比例较低，以农民的自产自销为主，而这也带来了额外的农产品流通负担，增加了价格负担。因为我国对于批发市场采用的是不同于国外公益性模式的企业运营模式，受到利益驱动影响，批发市场的经营者一定会收取额外的费用作为盈利手段。这也进一步增加了农产品的运输成本，同时也损害了农户与消费者的利益。为了降低交易成本，政府应该明确农产品批发市场的公益性，在政策上优化贷款的手续，减少不必要的程序，以使农产品批发市场进入良性竞争渠道。

为了培养符合发展要求的物流专业人才，美国政府进一步加大了对于农业的科研投资和针对农村的教育投资。大多数美国物流管理者都拥有高学历并受过专业的物流管理培训，法国、德国等欧洲国家开设了物流专业课程，培养新一代物流专业人才。随着物流行业的高速发展，物流人才已经成为市场急需资源，我国各地的高等院校与专科院校纷纷设立了相关的物流专业，甚至一些物流专业的综合性培训机构也迅速发展。但对目前物流从业人员的判断发现，我国物流行业依旧缺乏高等人才，受过大专及以上教育的人员不到十分之一。

2. 农产品物流设施与技术现代化水平的比较

中国的公路里程的总量在世界上属于前列，并且我国的高速公路里程居世界前列。但因为我国的人口密度很高，公路人均密度低，像美国这样的低人口密度、低公路密度国家的公路人均密度远远超过中国。

美国具有完善交通运输设施的同时，也建有完善的水陆空交通运输网络。网状铁路结构遍布农村和城市，基本可以实现门到门、户到户的物流要求，从而实现全面机械化的大规模农业。法国基于良好的地理位置优势，打造覆盖全欧洲的陆运、海运和空运平台。

近年来，由于我国人民对生鲜农产品的需求量正处于逐年稳步上升的状态，因此对冷链物流提出了更高的要求，冷链物流迅速发展起来。根据国家发展改革委发布的信息发现每年有大量的生鲜农产品进入市场，但依旧无法满足需求。因为我国地区之间的经济发展不平衡，以及物流基础设施有较大差别等原因，导致运输农产品的物流设备设施分布不一。有些经济发达的地区，相关的冷链设施较为完善，虽然我国的冷链运输水平逐年增长，但是整体的冷链运输储量还处于较低水平，与冷链运输发达的日本相比仍有较大差距。

3. 农产品物流体制现代化水平的比较

根据调查显示，市场的集中程度会从侧面反映出农产品的现代化水平。我国农产品在农贸市场的销量会比在超市的销量高出很多。而美国超市的生鲜农产品在总体农产品销售中占比较高。在美国大型零售集团中，以沃尔玛、克罗格为例，大型超市往往通过独立的配送中心来对产品的运输过程进行严格控制。政府通过颁布法律法规刺激农业发展，保持农业的积极运转，促使农产品运输环节各方面相协调，在一定程度上推动了农产品流通体系的现代化。美国政府通过出台法规政策，进一步促进市场体系的完善，在法律上保障农产品的安全与质量，规范市场的运营秩序，给农产品物流的发展提供了一个良好的成长环境。日本政府同样在《批发市场法》的基础上发布了一系列法规，致力于打造完整的关于农产品流通的法律体系。

我国在《中华人民共和国农业法》的基础上，颁布了子法律来支撑农产品法律。但由于法律在总体上不够完善，导致流通市场局面较复杂。针对此类情况，需要出台一部统领性法律，完善农产品物流体系等，为现代农产品的物流业营造健康的发展氛围。

2.3.4 新时代对我国农村物流的发展要求

党的十九大提出了乡村振兴计划，这是我国全面建设小康社会，建设社会主义现代化强国必不可少的关键性一步。落实推进乡村振兴战略，关键在于提高农民的生产积极性和主动创造性，因为农民是乡村振兴的主要受益者。"三农问题"的解决依旧是我国国民经济发展的重中之重。乡村振兴战略突出强调，城乡共同发展战略对推动农村经济发展具有重要作用，为了加快农村现代化发展步伐，急需完善城乡一体化发展体系。乡村振兴战略提出了一系列措施推动农村发展：进一步努力完善农村物流基础设施网络的构建，提倡邮政、快递、运输等相关性企业在农村地区布局设施网络；支持鼓励在部分经济富裕、交通便利的地区建设针对整个农村的共同配送中心。

自实施乡村振兴战略以来，主要形成了以下两种实施模式。

1. 丰信农业服务模式

（1）为种植者提供信息化服务支持。以种植者为中心，无论是种植大户或者小家农户，打造一套连接线上线下、便民利民的信息化平台。种植者只需在网站上注册账号，丰信农业就会根据种植者所设置的要求为其定制一对一的种植建议、意见指导、种植提醒等服务。种植者无需自己研究农产品，只需要通过简单系统指令完成步骤。这将大大降低种植的难度，使农产品种植变得更为便捷。

（2）打造线下服务体系。向农村创业者提供经营完善的线下组织，帮助农户在当地实现创业，共同为种植者提供优质服务。在丰信模式下，普通农户就足以胜任原本需要专业技术人员担任的职位，这在提高线下组织生产运作效率的同时，能够降低人员聘请的成本，实现二者之间的双赢。

2. 乡村振兴社员网模式

首先，社员网同各大县域合作，以"互联网＋精准扶贫＋农产品上行"为切入点，通过对接农产品上行促进种植大户、家庭农场、合作社等新型农业经营主体发展，给广大农民增加收入，帮助农民尽快脱贫，自力更生创收，这是乡村振兴战略"拓宽农业经营主体的多样性"和"努力为农民创收"的实践成果。

其次，在农产品的向上发展的同时要特别注重通过地区特色形成当地品牌，拓宽产业链所涉及的内容、增强农业资产、提供加工等服务业务，通过加大对农产品综合服务中心的建设，进一步推动现代农业三个体系的发展。这不仅可以提高农业创新水平，还可进一步发展农村产业，贯彻落实乡村振兴战略。

再次，在与乡镇合作中，结合"互联网＋"的思想和精准扶贫，针对农产品建立电子商务交易的平台，为欠缺系统知识的农民提供专业知识的培训，帮助具有发展基础的农户创立网络电商平台，把握区域提供的政策扶持，线上线下相结合，走创新开拓发展的道路，这是对乡村振兴战略"互联网＋农业"的践行。与此同时，通过对"农业部新型农业经营主体信息直报系统"的推广，进一步带动了经营主体的增加。

最后，通过实地安排衔接团队，与线上提供的供需信息匹配后，从验货到配车完成一站式服务，带动农户就业并提供现代化的社会性服务，通过帮助农户销售产品，积极推动扶贫脱困的落实。

2.3.5　县、乡、村三级物流模式的构建

2019 年 1 月交通运输部发布的《关于推进乡镇运输服务站建设加快完善农村物流网络节点体系的意见》中指出，要加快完善县、乡、村三级农村物流网络节点体系。农村物流网络节点是为农村地区提供仓储配送、中转分拨、车辆集散的公共基础设施，乡镇运输服务站是农村物流网络节点体系建设的重要内容。各县级交通运输主管部门要根据地方发展实际和特色优势，主动加强与农业、商务、供销、邮政等部门的联动协同，有效整合货源和运力资源，因地制宜地制定完善县、乡、村三级农村物流网络节点体系的工作方案。

县级农村物流中心包括三种类型：一是公路货运站场；二是升级改造、增设相关设施，拓展物流公共服务功能的公路客运站；三是交通运输企业与邮政、快递、供销等分拨中心开展业务合作，统筹组织县域内运输服务的物流站点。

乡镇运输服务站包括三种类型：一是新建具备集客运和物流服务功能的乡镇运输服务站；二是对既有乡镇客运站、交管站、公路养护站等站场设施进行改造升级的乡镇运输服务站；三是交通运输企业充分利用邮政、供销社、电商服务网点等设施资源，通过业务合作的方式统筹组织辖区内的农村物流服务的乡镇运输服务站。

村级农村物流服务点包括两种类型：一是充分利用乡村相关公共设施资源，为乡村物资集散提供服务的场所；二是以小卖店、超市、村邮站为载体，开展日用生活消费品、农资及快件接取送达服务的场所。

1. 县、乡、村三级概述

县，在我国属三级地方行政区、县级行政区。一般而言，县级行政区人口多、面积大、管理压力大，因此，县级行政区下设乡级行政区进行分级管理，便于行政工作的实施和农村工作的开展。

乡，在我国是县和县级市以下的行政区域单位，与镇同级，都属于乡科级，乡与镇的区别在于，乡的区域面积小、人口规模少、经济发展弱，并以农业人口为主。

村，又叫乡村、农村、乡下、村庄等，有的媒体又称为自然村或行政村，它是群众性自治单位，聚居的处所，是乡、镇以下的村级行政区划单位，依据《中华人民共和国村民委员会组织法》设立的村民委员会进行村民自治管理范围，是中国基层群众性自治单位。

就发展程度而言，县级行政区发展是不平衡的，其中，县城往往发展较好，与市辖区同时发展或更快发展，有农业、工业和服务业多产业协调发展；乡镇级行政单位由于交通、人文、行政职能、基础设施、资源禀赋等方面的因素，发展较慢，以第一产业为主，且大多地区进行农产品生产。村级行政区是群众性自治单位，随着城市化的不断加深，农村人口逐渐向城市流动，农村成为人口密度最小的行政区域。村级主要以农产品生产为主，且现阶段我国农村农产品生产科技含量降低，生产效率还有待改善，农产品受自然天气的影响较大，导致村级行政单位发展程度低。

2. 县、乡、村三级物流模式

县城区域发展程度较高，县城到各乡镇的交通干线基本全面铺设，随着互联网时代的到来，"互联网＋物流"模式在我国县级行政区域的应用是完全可行的，在县级行政区应用"互联网＋物流"能够解决县城中同城配送问题和县城到乡级行政区的干线物流问题。

乡级行政区介于县级行政区和村级行政区之间，除了对辖区进行日常行政管理外，还需要接受县级行政区的领导，根据县级行政区工作内容来指导村级行政区的工作。因此，乡级行政区需要作为农村的中心，进行双向沟通，双向物流供应链模式是我国乡级行政区域的必然选择，在乡级行政区应用双向物流供应链模式能够解决乡镇到县城、村的干线物流问题。

村级行政区是我国最小的行政区域，是基层群众性自治单位。受村级地形、环境、风俗和人文等因素的影响，村级行政区基础设施较差，人口较少，物流发展程度较低，物流费用较高，为此，可以在村级行政区试行众包物流模式，在村级行政区应用众包物流模式能够解决村级行政区"最初一公里"和"最后一公里"问题。

有关"互联网＋物流"模式、双向物流供应链模式、众包物流模式和一体化物流模式的理论、研究动态、生成机理和运作模式将在第3～6章中具体分析。

第 3 章
县级"互联网 + 物流"模式

3.1 县级"互联网 + 物流"模式的文献综述

3.1.1 互联网技术在农村物流的应用研究

1. 云计算在农村物流的应用研究

李晓静（2018）提出可以根据农村电商物流配送的特点，利用云计算构建县、乡、村三级农村物流网络电商云配送模式。刘子玉（2018）基于云计算技术构建了农村的 O2O 电商模式，并对其信息流、物流、资金流提出了优化方案。黄丽华（2017）以贵州省的农村为例，分析了互联网技术（大数据、云计算等）在促进农村电商物流发展方面的优势，并提出了优化方案。张亚成（2017）指出在互联网背景下农村电商发展可能会遇到的问题，并从互联网、物联网、电商、物流四个主体协同方面提出了优化方案。孙华（2017）利用云计算技术，构建了一种整合资金流、信息流、物流的农村电商模式。张玲（2016）以重庆市农村为研究对象，指出利用云计算搭建物流信息平台，可以避免农村物流资源浪费、物流信息不共享等劣势。张士华（2016）基于"供应链云"提出了供应链集成服务提供商主导的农产品集成服务模式，构建了一种新型农产品电商物流模式。沈超等（2017）以发展智慧农业为研究对象，提出可以构建农产品互联网平台，利用云计算实现农产品供应链的全流程管理、信息的实时共享及农产品数据的"智慧化"，为企业和个人提供按需服务的信息化模式。

2. 大数据技术在农村物流的应用研究

陶君成等（2016）提出可以利用大数据技术重构县、乡、村物流网络体系，并且可以根据大数据技术分析物流重要节点，进而改善农村流通网络，以达到促进城乡物流发展的目的。李梓元等（2017）分析了大数据在实现城乡商贸物流网络资源集成、信息整合方面的功能，提出大数据时代城乡商贸流通网络重构路径。陈婉婷（2017）指出可以利用大数据强大的数据分析处理功能，实时对配送路线进行监控，并且不断地及时优化配送线路，来达成准时将货物运送到消费者手中的目标。马丽亚（2017）分析了大数据技术对传统物流企业带来的优势、劣势、机会、威胁，并提出了相应的改善措施。初叶萍等（2018）从物流组织网络、物流信息网络、多级配送网络这三个层面实证研究了大数据影响农村居民参加农村物流的因素，并根据重要影响因素提出了改进对策。丰佳栋（2018）研究了大数据技术在提高农村物流服务质量方面的作用，并提出了相应的改革农村物流服务质量的措施。

3.1.2 "互联网＋"农村物流问题与对策研究

林琳（2018）指出，农业组织物流模式存在相应技术缺乏、物流资源分布散乱等问题，是导致其在"互联网＋"发展的新兴环境中缺乏竞争优势的主要原因。潘珠（2018）分析了农产品物流发展中成本高、基础设施不足、信息化程度低、专业人才缺失等问题，并从农产品网络化平台构建、优秀员工深造、购买硬件设备、优化农产品供应链等方面有针对性地提出了保障方案。张玥等（2017）以黑水县作为研究对象，分析了偏远地区农村存在的基础设施缺乏和信息传递落后的现象。余茂军等（2018）分析了农村物流基础设施不完善、农村道路参差不齐、快递整合不够完善、物流运输环节无法得到保障等问题，并制定了强化物流顶层规划、提升信息化服务的水平、引入先进的农村物流设备等措施。濮海坤（2018）研究了农村物流体系不健全、配送网点少、配送速度慢、信息系统待完善等问题，并提出完善农村物流基础设施、完善农村物流信息平台、健全农村物流体系、重视农村物流人才的培养、完善农村物流的末端网点、组建专业配送公司等措施解决农村物流"最初一公里"和"最后一公里"问题。姜鹏（2017）指出国家对于农村废旧家电的回收制度还不健全，相应的逆向物流网络结构混乱，存在物流信息不通畅、物流配送资源重复浪费、逆向物流发展缓慢、大量废旧家电处理不当、配送中心选址不科学、物流配送成本增加等不足，并提出建立"新零售"时代下的多主体共同参与的网上交易平台、多种技术的综合应用、健全相关法律法规、加强政府引导、"互联网+"环境下开展专业逆向物流等对策建议。王煜洲（2017）就农村物流设施配置不足、道路通行服务水平不高，运输安全水平低，大型物流市场主体缺乏，农村物流"小、散、乱、弱、差"的局面未完全改观，物流服务尚不适应"互联网+"下的物流需求等问题，提出实行"精准扶贫"，增加在农村物流设施设备上的投入，造就农村大型流通市场，进而推动物流业在农村进驻和发展，从而方便采取有用的措施将农村分散的物流资源集中起来，进行统一调度，加快农村的信息化、网络化的建设步伐，引导农村物流与农村电商进行耦合，改进优秀人才培养方式。潘国兵（2017）针对城乡物资流动费用居高不下的问题，提出可以通过使用"互联网+"平台，对农产品物流和农村日需品物流进行有效整合的方式，有效化解农村流通与生产、生活的矛盾。孙嘉慧（2017）根据农村物流公司稀缺、发展滞后、物流渠道和基本设施不完善、物流相关信息更新存在偏差、物流仓储管理水平不够专业等问题，提出"互联网+智慧物流""互联网+便捷配送""互联网+高效物流""互联网+智能仓储"等发展策略。刘晗兵（2017）从我国农业仓储物流的视角出发，认为在"互联网+"背景下，农业仓储物流的互联网技术采用少、信息资源网络化程度低是阻碍农业仓储物流适应"互联网+"环境进行发展的主要因素。杨斌（2017）指出农村物流由于无法配套信息网络、冷运方面设备不够完善、普遍缺乏过程监督与质量检测等配套服务项目，导致农村的物流快件出现配送服务偏差和物资丢失等问题，可以通过强化物流顶层规划、强化信息化服务水平等发展策略来改善。王鲁欣等（2016）针对农村快递业务量分布散乱、配送效率低、价格高、网点运营成本高等问题，提出政府出台优惠政策、扶持农村快递市场、民营快递企业完善网点布局、民营快递企业与交通运输业形成配送联盟、降低运输成本等对策建议。罗书林（2016）实证分析了阻碍农村物流向互联网化发展的主要因素，提出全面规划县、乡、村的农村物流设施设备网络，在县内物流量、物资量汇合较多的地段设立管理制度健全的县级物流中心，吸收外界有利的物流技术资源，是促进"互联网+农村流通业"发展的有效对策。严圣艳等（2016）指出物流产业发展处于粗放式竞争阶段，应树立"互联网+"思维，以消费者需求为导向，依托当地的资源基础，进行组织创新的探索和合理的产业定位。

3.1.3 "互联网+"农村电商物流相关研究

刘呈隆（2019）就农村电商物流需求分散、需求能力不足，物流配送体系发展迟缓等问题，提出加大宣传力度、提高农村电商认可度、高科技配送与人工配送相结合等发展建议。鲍婷（2019）指出十堰市农村电商物流面临的诸多挑战，认为农村电商虽然拓展了农产品的销售渠道及销售模式，但其服务质量和物流模式还存在不少问题，并从构建适合地方发展的"互联网+农村物流"模式，强化农村电商与物流人才培训、提高农民的网络意识等方面提出建议。左晓芬（2018）就农村电商物流"最后一公里"问题，提出实行共同配送，因地制宜的构建特色化配送模式，培养本地物流服务人员等建议。刘靖等（2018）认为湖北农村地区大多为山地，整体电子商务物流运输路线较长，前期投入较多，但仍达不到农村电商的发展需求，并提出创新电子商务服务模式，完善电子商务与物流行业协调发展机制等发展路径。谢雨虹（2018）以江西修水县为例，指出其农村的新型电子商务供应链还不完善，农村网络资源利用率不高，可以通过与农村邮政共同发展的模式促进农村电商物流的发展。周芳（2018）就农村物流市场主体不匹配等问题，提出基于"互联网+"的农村物流众包等模式创新。施建华（2018）指出可以通过应用"互联网+"手段，优化农村电商组织系统，增加农村快递配送人员等方式，解决电商"最后一公里"物流配送的不足。叶景等（2018）就村民对互联网的认知不足、乡镇代理点经营业绩不佳、经营收益低等问题，提出平台推广、代村民下单、建立综合管理信息系统等发展策略。汪璟等（2017）以甘肃省为研究对象，指出造成农村电子商务物流发展水平较低、发展速度较慢可能由于交通不发达、物流节点少、互联网普及程度低、农村物流服务信息不健全等。柳萌（2017）指出我国农村物流发展的模式较为简单，还不能支持农村电商发展，并对"互联网+"背景下的农村电商发展模式进行了探索，提出了创新物流支撑体系。倪小丹等（2017）构建了一种基于"互联网+"的云服务平台，这种平台具有整合信息、为农村电商提供现代化服务的功能。瞿万军（2017）以十堰地区为例，指出我国农村物流交通问题限制了物流龙头企业入驻，而中小企业存在的技术、管理、服务的不足也不能满足农村电商的需求，所以，提出构建适合十堰特点的新型"互联网+农村物流"模式和十堰农村电商物流的O2O物流模式。张勇（2016）提出唐山市农村电子商务物流的健康良性发展必须充分借助"互联网+"思维，走农村电商物流与生态融合发展道路，合理布局农村电子商务物流产业链的各个环节，围绕现代农村电子商务产业链的重要环节和行业痛点构建彼此功能互补、业务相互支撑和良性生态循环的农村电子商务物流生态圈。柏冬梅等（2016）以农村电子商务和农村物流发展之间的关联为研究对象，对它们之间的协同模式进行深入分析，并且提出了每种协同模式的具体发展路径。赵静等（2015）指出农村电商存在的问题可以通过与农村物流的互联互通、信息共享、战略合作等方式解决。

3.2 县级"互联网+物流"概述

3.2.1 "互联网+"的概念

1. "互联网+"的提出

根据阿里研究院有关"互联网+"的研究显示："互联网+"慢慢地成为人们生活中必不可少的一部分，无论是休闲、娱乐、学习还是工作，"互联网+"都融入其中，并对人们的生产生活十分重要。

物流业也正在慢慢地探索"互联网+"背景下的发展道路。经过多年的发展，国内在水路、铁路、公路货物运输量、营业额、吞吐量等方面都位居世界前列，航空货运量和快递量同样居于世界前列。物流业对我国国民经济的发展非常重要，并且对我国现代服务业的影响也不容小觑。但是，从整体而言，我国现有物流业的发展方式依旧处于非精细化状态，整体的发展水平落后于社会经济发展。在"互联网+"的促进作用下，企业需要利用云计算、大数据、区块链等技术优化自身发展体系，逐步向"互联网+物流"模式发展。

2012年易观国际集团董事长兼首席执行官于扬首次提出"互联网+"理

念，即由于互联网的发展及各个信息平台的相互结合，会给绝大多数产业的产品和服务都带来变化。2015 年 3 月，在十二届全国人大三次会议上，李克强总理第一次从国家政策层面提出了"互联网＋"发展计划。众多学者和管理实践者对"互联网＋"领域的理论、主要观点及实践应用进行研究和探索，形成了百家争鸣的局面。具有代表性的理念见表 3 – 1。

表 3 – 1 "互联网＋"相关理念

提出者	互联网观点	来源
曹磊	"互联网＋"的 7 个比喻：鱼和水、连接器、零件、生态、浪潮、电、信息孤岛	《互联网＋：产业风口》，机械工业出版社，2016 年
马化腾	"互联网＋"不仅仅是一种工具，更是一种新的能力，新的 DNA，当其与各行各业结合之后，能够赋予后者新的力量和再生的能力	《互联网＋：国家战略行动路线图》，中信出版社，2015 年
阿里研究院	"互联网＋"的本质是传统产业的在线化、数字化。商品、人和交易行为迁移在互联网上，实现"在线化"。形成"活的"随时被调用和挖掘。在线数据随时可以在产业上下游、协作主体之间以最低的成本流动和交换	《互联网＋研究报告》，阿里研究院发布，2015 年
马化腾	"互联网＋"是指利用互联网的平台，信息通信技术把互联网和包括传统行业在内的各行各业结合起来，从而在新领域创造一种新生态	《以融合创新的"互联网＋"模式为驱动，全面推进我国信息经济的发展》，2015 年两会提案
刘润	"互联网＋"的商业环境下，小米是"达尔文雀"。它通过充分利用互联网，实现了创造价值和传递价值的改变，成为"互联网＋"的标杆企业	《互联网＋（小米案例版）》，北京联合出版公司，2015 年
曹磊、陈灿、郭勤贵等	"互联网＋"被传统企业掌握之后，其本质还是所在行业的本质。"互联网＋"把这种供需的模式以一种更有效率、更有经济规模的方式实现，互联网是工具，每个企业应该通过"互联网＋"找到自己的立足点	《互联网＋：跨界与融合》，机械工业出版社，2015 年
王吉斌、彭盾	"互联网＋"将互联网、移动互联网、云计算、大数据等信息技术的创新成果与传统产业融合，改造和提升传统产业创造出物联网工业互联网这样新的巨大市场，而传统产业是接受改造的对象和其发挥威力的基础	《互联网＋：传统企业的自我颠覆、组织重构、管理进化与互联网转型》，机械工业出版社，2015 年

资料来源：周兴建，蔡丽华. 现代物流管理概论 ［M］. 北京：中国纺织出版社，2016.

从现有研究来看，"互联网＋"理论与应用尚处于初级阶段，各行业领域对"互联网＋"还处在论证与探讨过程中。但毫无疑问，"互联网＋"正逐步渗透、扩展和应用到第三产业，形成了如互联网金融、互联网教育等新的行业形态，并开始推动如物流等传统业进行转型升级，给传统企业带来不一样的发展机遇与创新空间。

2. "互联网＋"的概念

"互联网＋"的意思是指将互联网与以往的各个传统行业进行融合发展，当然"互联网＋"并不代表着普通的模式相加减，而是意味着，将用互联网构建的信息平台为载体，以互联网技术为工具，与传统的各行各业进行协同发展，用来达到推动各个行业创新发展，共同进步的目的。"互联网＋"带来了一个全新的经济发展形态，即全面利用互联网技术以达到整合资源、优化资源分配等作用，将互联网带来的创新性成果与社会经济融合，以提高经济发展潜力，形成一种以互联网为基础的社会经济新形态。"互联网＋"具有以下特征。

（1）跨界融合。"＋"代表的就是跨越边界、改革、开放。"互联网＋"就是通过跨越行业界限的整合及重构，形成新的发展模式。

（2）重构体系。大数据时代的到来，改变了原有的社会体系、经济体系及文化体系，"互联网＋"的出现能够将以上体系进行重构。

（3）开放生态。推进"互联网＋"的一个必然的要求是，利用互联网技术等信息沟通手段将过去独立的、单打独斗的创新活动整合起来，进行统一开发，进而驱动市场需求，以实现创新者的价值。

（4）价值创造。"互联网＋"的目标就是价值创造，"互联网＋"其他传统行业的目的就是创造出比原有行业更多的价值。

3. "互联网＋"的动力与模式

（1）"互联网＋"的动力。

"互联网＋"的推动力源泉主要有两个方面，即硬件基础设施建设和软件服务体系建设。硬件基础设施建设是"互联网＋"的硬件支撑，主要包括互联网覆盖、运营商服务能力、移动基站建设、客户终端等，基础设施的建设从根本上制约了"互联网＋"发展的上限，而计算机和移动智能终端对客户体验和数据使用至关重要。新的设施建设主要包括大数据、云计算、物联网三个方面。大数据代表着一个数据集合，该集合既包括不能用一般统计软件收集、加工、处理的数据，也包括为各行业提高融通程度和信息沟通能力而提供的丰富资源。云计算是通过利用互联网为企业提供额外的服务，如通过为企业提供动态变化的、易延伸的资源，能够极大地增加计算速率，以便进行市场模拟、气候预测等工作，也使得资源应用的共享度进一步提升，突破大型企业计算能力垄断，为各行业与互联网的结合提供机遇。

（2）"互联网 +"的模式。

①"互联网 +"制造业。2015 年，中国政府工作报告中提出"中国制造2025"的概念，即伴随"互联网 +"的发展潮流来全方位促进信息业和制造业协同发展，实现智能制造和绿色制造。制造业不仅仅是我国工业发展的主体，同样也是国民经济的重要支撑，通常情况下，制造业的增加值占我国国民生产总值的比例超过三成。在经济全球化和新科技革命中，各国纷纷提出新思想、新举措，如德国"工业 4.0"、美国"工业互联网联盟"都积极利用互联网优势提升制造业的价值创造功能。

②"互联网 +"外贸。受国际市场需求减弱及国内经济发展放缓等因素影响，我国进出口总值呈下降趋势。但自 2013 年年末我国开始试行跨境电子商务贸易以来，跨境电子商务逐渐变成进出口贸易的主力军，2015 年我国跨境电子商务贸易额达 5.4 万亿人民币。作为新兴事物，跨境电子商务是互联网与外贸融合的产物，较传统贸易而言，跨境电子商务具有更多优势，如严格的监管体制使得产品质量更有保障。再如国家颁布了许多有与关税有关的战略大力帮助跨境电子商务进步与发展。目前，我国跨境电子商务主要采取保税进口模式，企业将大批进口货物囤放在国内保税区，有消费者购买商品时再以个人物品清关，且这些商品可以通过个人带入或者邮寄物品的名义缴纳行邮税。

③"互联网 +"农业。我国是一个农业大国，"十三五"规划提出要建设"智慧农业"，即利用"互联网 + 现代农业"，对农产品行业、林业、牧业、渔业等生产进行物联网改造，同时支持和鼓励电子商务、物流行业、金融业等加入到与农业相关的互联网平台搭建中。互联网与农业的融合将重新整合农业产业链的各个环节。首先，互联网通过大数据、云服务等现代化信息手段分析和解决在农业生产过程中的技术问题、农产品质量及安全等问题。在互联网技术的帮助下，农民可在第一时间了解种植、养殖过程中病虫害的预防和挽救方法，将损失降到最低。在互联网相关技术的监管下，农产品的种植和销售过程也将透明化，消费者可以通过相关的技术随时对农产品的质量进行检查，以便购买到质量满意的农产品。其次，由于互联网与其他产业的融合发展影响了农

贸市场的发展，进而变革着农资企业与农民之间的关系，尤其是电商的进入，促进了农民与外界的信息交流。最后，借助互联网金融平台为农业相关企业和个人提供融资服务，缓解了因资金问题带来的发展滞后。

④"互联网+"金融。互联网与金融业的融合发展能够在很大程度上强有力地促进我国社会经济的进步，"互联网+"金融的协同发展主要离不开以下这些因素的强有力推动：首先，是整个社会的数字化。目前我们所使用的智能手机已嵌入复杂的传输设备，从掌上阅读到互联网购物，很多日常生活已从线下转到线上，个人和企业信息将越来越习惯于将信息存储在互联网上，这为互联网在金融领域发展开辟了道路。其次资金筹集难、融资贵等问题一直阻碍着"三农"问题的彻底解决，与发达国家相比，我国的资本行业体系发展不够健全，现有IPO（Initial Public Offering，首次公开发行）运行体制尚不能充分满足企业的股权、债权融资需求。因此，基于互联网平台的融资方式不但方便迅速，而且能够充分地使用社会分散资源，提高资金利用率、降低企业在融资上的费用。最后，金融体系本身不断创新和发展也要求互联网的参与和融合，如证券、基金、保险等产品的销售越来越离不开互联网。

3.2.2　县级"互联网+物流"的概念

1. 县级"互联网+物流"的概念

"互联网+"大大缩小信息传递的空间距离的同时，提高了信息的时效性，对整合物流资源、提高物流效率起的作用越来越大。传统物流业以劳动密集型为特点，以人工作业为主，偏好于物流硬件设施及设备的投入，但随着物流活动由制造业驱动向电商行业驱动转变，小批量、大批次的物流需求在慢慢地代替传统的大批量物流需求。伴随着消费者对产品的配送要求逐步增加，物流愈来愈具有批量小、批次多、频率高的特征，传统农村的粗放式物流运营模式越来越跟不上市场需求的步伐，服务内容同质化、恶性价格竞争、服务水平低下、忽视客户投诉等问题越来越多。要解决这些"痛点"，"互联网+物流"是一条可行之道。

因此，可以将县级"互联网+物流"描述为在农村县级的物流相关行业与移动互联网协同发展下的一种全新的物流形态，县级的相关利益群体通过全面的利用互联网，在整合物流资源并进行有效分配的同时，重构物流价值链，通过供应链上下游信息共享、资源共享和流程可视等举措，从而深度参与农产品的整合、运输、储存、配送等物流的全过程。县级"互联网＋物流"通过深刻了解客户需求，实时调度运输、仓储、配送等中间物流环节的资源，达到增强客户满意度和提升物流服务效率的目标。

2. 县级"互联网＋物流"发展趋势

在互联网思维和"互联网＋"理念的不断发展下，"互联网＋物流"的模式将逐步向细分化、个性化、多样化演进，形成百花齐放的局面。具体而言，基于对"互联网＋物流"内涵的分析，"互联网＋物流"有 5 种发展趋势，具体见表 3 - 2。

表 3 - 2　　　　　　　　　"互联网＋物流"的发展趋势

"互联网＋物流"的发展	主要特征或代表	"互联网＋物流"的内涵
物流平台互联网化	基于互联网思维构建物流平台："互联网＋物流"的阿里巴巴生态模式；"互联网＋物流"的小米模式；"互联网＋物流"的 360 模式	物流资源整合价值链重构
物流运营大数据化	基于互联网进行物流大数据运营："互联网＋物流"整合物流客户资源；"互联网＋物流"催生新营销；"互联网＋物流"平台辅助决策	价值链重构
物流信息扁平化	基于互联网进行物流信息高效共享	去中介化功能价值链重构
物流资源众筹化	基于互联网的资源众筹："互联网＋物流"为物流运营资本和物流设施设备提供基础平台	物流资源整合价值链重构
物流生态立体化	基于互联网的物流价值链网络，构成物流的立体生态经济模式	价值链重构

资料来源：周兴建，蔡丽华. 现代物流管理概论［M］. 北京：中国纺织出版社，2016.

（1）物流平台互联网化趋势。基于互联网理念搭建物流信息平台，其代表有以下几种。

①"互联网＋物流"的阿里巴巴生态模式。此模式的主要盈利点是从物流平台的角度延伸出数据、金融、流量营销等商业价值，并带动和帮助更多的中小物流企业发展。

②"互联网＋物流"的小米模式。物流平台是上游、下游整合的模式，主要盈利点不在基础物流服务上，而在由此带来的新服务与服务价值增值方面。

③"互联网＋物流"的360模式。此模式是物流平台的免费模式，通过吸收大量的用户，从而带来另一种商业升级。

（2）物流运营大数据化趋势。基于互联网进行物流大数据运营，其主要具有以下特征。

①"互联网＋物流"整合物流客户资源，利用良好的客户体验汇集大量的客户人群，应用客户信息进行精准营销。

②"互联网＋物流"催生新营销、物流末端数据通过物流延伸整个供应链，催生出新的营销功能。

③"互联网＋物流"平台辅助决策，通过将各个消费者对产品的想法，以及他们对服务评价的主要关注点进行整合，然后将这些整合的信息进行统一的规范与管理，进而为公司的高层管理人员进行决策的时候提供依据。

（3）物流信息扁平化趋势。基于"互联网＋物流"构建的网络信息平台能够将物流业的各个独立企业及他们客户的供求信息实现高效共享，以便进一步地达到实现物流服务供需双方的交易关系扁平化，物流企业运行监管过程可视化的目的。并且将各个物流园区、配送中心的平台进行有效的信息整合，能够提高他们对物流人才供求信息的透明度。

（4）物流资源众筹化趋势。基于互联网的物流资源众筹。"互联网＋物流"为物流运营资本和物流设施设备的众筹提供基础平台，通过整合资本来整合物流资源进而整合物流运营能力，形成高效的物流运营环境和物流运营模式。

（5）物流生态立体化趋势。基于互联网的物流价值链网络。"互联网＋物流"使得物流企业可以将作业层面的配送、仓储、信息平台、数据、金融等服务，延伸到商贸、生产制造等领域，形成庞大的价值链网络体系，构成物流的立体生态经济模式。

3.2.3　县级"互联网＋物流"的内涵

1. 县级"互联网＋物流"的价值内涵

互联网的核心价值在于通过改变信息传递方式使得供应链上的协作更加紧

密。通过与互联网深度融合，县级"互联网 + 物流"的价值体现在借助于互联网实时、高效地整合农村物流供应链资源，根据市场和客户需求重构物流价值链，并且利用相关互联网技术去除供应链中过多的中介环节，达到降低农村物流成本、提高物流效率的目的。

（1）物流资源整合。互联网对农村传统物流业变革起促进作用的一条主要途径是整合资源。根据资源的第三定律，增强县、乡、村和城市的连通性是县级"互联网 + 物流"的一个极大优势，它通过采用有效信息化通信技术推动了县级物流系统的广化和深化。互联网在对物流资源的连接功能上的作用是史无前例的，在整合资源上的作用也是无比强大的。

为量化描述这种整合作用，假设互联网节点集合为 V，xv 为 V 上的特征函数，则 r 在 V 上的积分 $\int xvdv = \sum v \in Vm(\{v\})$，其中 $m(\{v\})$ 为节点 V 的资源强度的测度。当 $m(\{v\})$ 具有可加性时，$\int xvdr = m(V)$；当 $m(\{v\})$ 不具可加性时，$m(V) \neq \sum v \in Vm(\{v\})$。在不连通的情况下，$\int xvdr = \sum v \in Vm(\{v\}) = m(v)$；在完全连通的情况下，$\int xvdr = \sum v \in Vm(\{v\}) = N \cdot m(v)$，$N$ 为互联网节点数。结论：$m(V) \leqslant \int xvdr \leqslant N \cdot m(r)$，差值 $[N \cdot m(v) - m(V)]$ 为连通性导致的系统效应。

互联网的这种资源整合功能创造了一个新的社会和经济环境，从而迫使农村的传统物流企业打破自我封闭，同时也为县级传统物流企业加强同乡、村和城市的沟通与联系提供了一条方便、快速、经济的途径，是打破传统封闭系统，整合外部资源的有效平台和工具。

（2）价值链重构。县级"互联网 + 物流"是农村物流业与互联网的深度融合，这一过程必然要求变革传统物流模式，重新组织物流流程。从本质上讲，"互联网 + 物流"为物流价值链的重构从根源上提供了巨大的驱动力。

①表层重构。物流价值链的表层重构建立在传统互联网基础上，它的意思是在 Web 1.0、Web 2.0 技术的基础上，对现有的物流相关资源的整合和分配的方法进行重新规划设计。如通过门户网站、企业资源计划（Enterprise Resource Plan，ERP）、物流信息系统、手机 APP 等在信息层上对传统物流行业进行的重构。此时，获取物流信息（信息聚合）或传播信息（信息分发）的

方式由报纸、期刊、电视等改变为 PC、手机或博客、微信，信息传播速度也不可同日而语。

②深度重构。物流价值链的深度重构建立在移动互联网基础上，以 Web 3.0 技术为标志，将物流流程中的各个物流环节按照步骤进行分析和流程重组，再通过互联网来减少烦琐的信息传递环节，利用互联网的特质对传统物流行业的供应链进行重构。

③去中介化功能。从表征上看，县级"互联网+物流"为去除农村物流的烦琐中间环节、节省中间费用等去中介化功能提供了直接驱动力。首先，在物流活动过程中，通过互联网平台将物流资源供求方与物流资源需求方之间进行对接，进而节约了双方在时间调整、交易方式沟通等方面所花费的费用。其次，由于大大减少了交易的环节，防止了大量的人员介入，并且可以通过手机或者电脑网页直接登录互联网平台检查交易信息，这种方式能够有效地保证交易透明度，有助于物流行业整体水平的提升。最后，"互联网+物流"带动了交易链条的变革，改进了物流业务模式，能够提高物流效率和物流服务水平。通过去中介化之后，县内的企业可以直接通过"互联网+物流"平台接收相关的数据反馈，并且通过大数据技术对行业的未来发展进行合理的预测，为企业决策提供参考。

2. 县级"互联网+物流"的理论内涵

从理论渊源上，县级"互联网+物流"的价值源于"互联网+"的 7 个理论内涵。其中，物流资源整合源自资源基础依赖理论、长尾理论、市场均衡理论；价值链重构源自委托代理理论、消费主权理论、价值链理论；去中介化功能源自交易成本理论等。具体而言，县级"互联网+物流"的价值内涵与理论内涵之间的关系，见表 3-3。

表 3-3　　　　　"互联网+物流"价值内涵与理论内涵之间的关系

理论基础	"互联网+物流"的价值内涵	"互联网+物流"的理论内涵
资源基础/依赖理论	物流资源整合价值链重构	"互联网+物流"为企业内部和外部的沟通提供了一条高效的通道，物流资源在这条通道中得以合理流动和充分调配，实现"互联网+物流"下的资源整合

理论基础	"互联网＋物流"的价值内涵	"互联网＋物流"的理论内涵
交易成本理论	去中介化功能	"互联网＋物流"的形成，降低了物流服务的搜寻成本、信息成本、议价成本、决策成本、事后交易成本及约束成本
委托代理理论	价值链重构	"互联网＋物流"下，物流服务的委托人和代理人可以保持确定的关系，实现帕累托一阶最优风险分担和激励
长尾理论	物流资源整合价值链重构	"互联网＋物流"使众多小市场汇聚成一股可与主流市场相匹敌的能量
市场均衡理论	物流资源整合	"互联网＋物流"提供了"完全竞争"的均衡条件，消费者可以获得最大效用，物流活动可以获得最大利润，并形成新的市场均衡状态
消费主权理论	价值链重构	"互联网＋物流"下，客户对物流服务具有定价权选择权评价权、对物流方案的设计具有参与权、主导权、引领权，最终形成客户在物流全价值链活动中的话语权
价值链理论	去中介化功能价值链重构	"互联网＋物流"下，物流价值链可以进行分解与整合，从对整个价值链分析中，放弃或增加某些增值环节。从自身优势出发选择若干环节培养并增强其核心竞争力，利用市场寻求合作伙伴，共同完成整个价值链的全过程

（1）资源基础依赖理论。哈佛大学的工商管理博士伯格·沃纳菲尔特于 1984 年在《企业基础资源理论》中提到，一个体系完整的企业是由与生产资料相关的信息、设施设备、管理制度等构成的，企业的发展与进步在一定程度上跟企业对剩余资源使用情况的管理有着很大的关系。企业基础资源理论主要关注与分析企业现有的可利用的资源和能力，企业需要不断依靠自身的吸收能力对外界的有利因素进行吸收，以达到依据现有资源与能力形成自身竞争优势的目的。而在 2006 年由杰弗里·普费弗与萨兰奇克出版的《组织的外部控制：对组织资源依赖分析》中分析到：企业外界的市场环境同样重要，一个企业与其周边环境中的其他企业及组织密切相关，这一企业的成功和生存要依赖于周边别的企业和组织向其提供必需的资源，且要积极地管理或控制资源流。农村周边的物流企业普遍处于规模小、企业分散的状态。县内通过搭建信息平台，可以为各个企业内部和外部的沟通提供了一条高效的通道，物流资源在这条通

道中得以合理的流动和充分的调配，实现物流资源的高效整合。

（2）交易成本理论。根据威廉姆森在 20 世纪 80 年代中期对交易成本的概念，交易成本是达成一笔交易所不得不产生的成本，既包括在交易过程中所产生的金钱，同样包括因此而产生的时间成本。普遍来说，传统物流业中提到的交易成本，包括在收集并整理交易双方信息上产生的金钱与时间成本，针对物流合同、物流服务价格、物流服务水平进行价格确定而产生的议价成本，在最终确定决策并且签署物流合同所产生的决策成本，对物流服务交易进行监督以保障其与合同内容无差异的成本，以及为取信于对方所需的约束成本等。而农村物流信息传递本身就困难，再加上环节多，对物流发展造成了极大的障碍。

（3）委托代理理论。依据伦德纳和罗宾斯泰英的委托代理动态模型，综合利用互联网技术，增强物流委托方和物流代理方的联系强度。首先，根据大数定理理论，外生的不确定是能够删除的，代理人对委托人任务的努力程度可以通过委托人可观察到的潜变量体现出来。其次，在长期合同上包括为代理人提供了可以减少风险的保险服务，即通过"互联网 + 物流"可以达到风险分担和利益共享最优化的目的。

（4）长尾理论。长尾理论是克里斯·安德森将统计学里面的幂律和帕累托分布两个理论进行整合并且进一步发展而提出的。在互联网环境中，因为成本与效率的因素，物流服务的成本下降得非常快，以至通过个人就可以提供这些服务，并且当物流销售成本大幅降低时，那些需求非常低的服务都可以出售。物流服务的销售量不在传统需求曲线上代表"热门线路""畅销项目"的头部，而是在代表"冷门市场"经常被人遗忘的尾部。借助于互联网，县、乡、村这些产品销售量不高或者对物流需求量不足的物流服务，通过互联网结合成一个整体而带来的物流服务需求，以至能够与大型物流服务需求市场相比拟。即"互联网 + 物流"能够有效地聚集许多小型市场使他们具有与龙头市场匹敌的能力。

（5）市场均衡理论。根据瓦尔拉斯在 1874 年提出的一般均衡理论，当整个经济体系处于均衡状态的时候，一切产品价格会有一个固定的平衡值，由于"互联网 + 物流"为整个经济体系的参与主体提供了"完全竞争"的均衡条件，客户可以获得最大效用，物流活动可以获得最大利润。此时，不仅物流服务提供者更容易实现规模经济效应，需求者通过消费规模经济使得交易成本降低，导致供给方成本和价格进一步降低，这又加强了自身的规模经济效应，进而形成供需方之间的良性循环，产生正反馈效应，进一步使供需双方成本降低、效益提高，形成了新的市场均衡状态。

（6）消费主权理论。根据哈耶克提出的消费者主权理论，在互联网环境下，消费者可以通过使用自己的电子通信设备连接互联网平台将自己所需要的产品信息发送给制造商，然后制造商根据消费者需求进行生产制作，为消费者提供满意的产品。互联网技术使得客户在物流服务交易谈判中的作用开始超过物流服务商并获得支配地位，进而大大提升了客户在物流经营中的作用，形成消费者主权论。"互联网＋物流"下的消费者主权理论主要体现在客户的物流服务定价权、选择权和评价权上，并且客户有权参与、领导和引导物流解决方案的设计，最终形成客户在物流的全价值链活动中的话语权。

（7）价值链理论。迈克尔·波特指出，每一个企业都是在设计、生产、销售、发送和辅助其产品的生产过程进行种种活动的集合体。所有这些活动可以用一个价值链来表明。企业的价值创造是通过一系列活动构成的，这些活动可分为基本活动和辅助活动两类，基本活动包括内部后勤、生产作业、外部后勤、市场和销售、服务等；而辅助活动则包括采购、技术开发、人力资源管理和企业基础设施等。这些互不相同但又相互关联的生产经营活动，构成了一个创造价值的动态过程，即价值链。

3.2.4 县级"互联网＋物流"的特征

1. 物流产业运行方式的变化

（1）仓储智能化。仓储是评价社会物流的一个重要指标，其水平的高低对于物流行业的发展具有重要的影响，仓储水平提高可以有效促进物流市场的发展。农村物流企业仓储设施设备较少，普遍仅在县内建立一个仓储基地，较少遍布到乡、村级，且传统仓储物流业为劳动力密集型，机械化程度低、工作效率低，不仅使得管理成本高居不下，管理质量也达不到要求，同时特殊商品的实时监控也难以实现。然而，在"互联网＋"的时代背景下，以云计算、区块链、大数据等为标志的互联网技术与传统的物流模式相结合所产生的物流新常态，为县、乡、村物流网络体系的发展提供了解决方案，从而实现了物流向智能化方向转变。在县级"互联网＋"环境下，仓储中心、配送中心等通过采用机器人、无线射频识别（Radio Frequency Identification Devices，RFID）

等设备，通过相关控制和路径规划来保证机器人准确地将货物运输到下一个处理区，从而实现仓储的自动化操作。针对特殊品的监管问题，通过应用感知技术，可以实现特殊产品仓库的自动化监控。

（2）配送高效化。农村的物流运输业规模化、集约化程度低，运输小、散、乱的市场格局造成了物流运输成本高、效率低的现状，管理更是难上加难。由于运输过程无法监督，使得货损货差的情况时有发生。而县级"互联网+物流"成为破解运输业发展困局的重要方式，物联网、大数据、云计算等技术的应用为传统物流运输业的转变提供了足够的动力。

县级"互联网+"环境下通过互联网交易平台，货主与车主可以直接互联，从而解决了信息不对称的问题，降低运输车辆的空载率及运输成本。通过平台的档案模块可以实现货主对车主的监管，从而降低交易风险。在运输配送过程中，联合使用全球定位系统（Global Positioning System，GPS）或全球分销系统（Global Distribution System，GDS）、互联网技术、移动监控系统等，可以实时掌握车辆状态的相关信息及货物的全过程位置监控，从而实现配送过程的可视化，同时又可以保障配送任务的及时完成。在全球定位系统和地理信息系统的帮助下，物流运输的效果可以得到很好地改善，尤其是在路径的选择、运输时间和成本控制等方面。可以看出通过对互联网及信息通信技术的使用，县级物流配送在逐步由低效率向高效率转变，实现物流运输的网络化、现代化。

（3）服务个性化。在以客户为核心的市场上，客户的需求也变得越来越个性化，需求的个性化决定了企业要提供的服务也必须要满足个性化，只有这样才能占据市场，得到客户的青睐。从根源来看，为客户提供个性化服务亦成为当今社会的营销思想的体现，为县、乡、村的物流服务需求方提供个性化的服务，是营销思想在物流中发展的结果。在以顾客为中心的思想下，必须要将客户的个性化需求作为企业服务的第一要务，但是在物流基础设施和市场观念较为落后的县、乡、村，要很好地实现个性化有着一定的难度。随着营销观念的成熟，个性化服务成为发展趋势，而县级"互联网+"的出现，更是为其奠定了基础。运用大数据分析方法和工具，分析客户的偏好，制定适合客户的个性化物流服务，如当日达、次日达、夜间配等。总的来说，县级"互联网+"环境下，云计算、大数据、区块链等技术在物流中的应用是县级物流企业为需求方提供个性化物流服务的坚实基础，也是必要保证。

（4）业务多元化。近来随着电子商务的发展，物流的需求越来越呈现小批量、多频率的发展新局面，传统 B2B 物流的波动性在逐步加大，这个过程让物流企业陷入困境，进而不得不放弃碎片业务，着力于更稳定的业务。而对于互联网来说，利用长尾、碎片信息正是其擅长的地方，可以通过从海量的信息中识别并提取有用信息，从而形成新的服务模式，这是行业发展的新特点，也是体现互联网之下物流潜能的地方。利用互联网及其他方式可以将县、乡、村较为分散的物流需求与难以预测的需求进行组合，形成一定的集合优势并可以推出相应的服务模式，然后对模式进一步优化设计，最终满足对不同客户的物流需求，从而获得或创造出广阔的物流服务市场规模。或许物流本身不能给企业创造大量的利润，但通过整合资源及优化组合，从而衍生不同服务，就能发现更多的利润创造空间。所以，对于数据网络化发展较为缓慢的县级物流企业来说，一旦拥有客户大数据，就能够根据分析出来的客户喜好，为其提供专门的定制化的服务。

2. 物流产业组织结构的变化

（1）物流与电子商务相互促进发展。物流和农产品电子商务之间的关系可以说是休戚相关的。而这两者之间相互促进的形式主要有两种：一是电子商务的繁荣促进了物流市场规模的迅速扩大；二是物流能力的提高可以使电子商务更加便捷高效。许多电子商务企业已经开始建立自己的物流平台，如阿里巴巴的"菜鸟物流"等。此外，很多物流公司也开始尝试与电子商务进行结合，如顺丰推出"顺丰优选"，京东推出"极速达""限时达"等服务，实现规定时间配送；苏宁云商部署"物流云"项目。这些企业都利用自身优势将电子商务与物流融合在一起发展。如阿里巴巴的"农村淘宝"通过将农村物流与电子商务融合，不仅能够消除冗余环节，同时能够共享信息资源，使产品的整条供应链都便于管理。

（2）综合型物流中心将与大型配送中心形成一个整体。综合物流中心集铁路、公路货站于一处，形成铁路、公路运输的无缝结合，物流中心通过采用相关的物流设备，制定合理的物流流程，从而减少传统物流系统中的多次装卸的浪费，为不落地装运提供条件。有一定经济规模的县级市综合物流中心的配送方式可以选择直达列车，无须再采用传统的转运形式。县级是连通农村与城市的通道，在县一级布局中转站可实现货物的快速转运，并且对铁路与公路线路进行优势互补，完成联运，从而降低城市物流的成本费用。综合物流中心与配送中心相结合，就能够利用汽车运输解决整个城市配送问题。而这些过程中信息的传递及数据的处理都需要先进的互联网等技术来支撑，这也是互联网技术的发展给物流行业带来的转变。

（3）物流管理去中心化。县级"互联网＋物流"将从战略、策略、运营、组织等方面全面改变传统物流管理，这种改变是逐步进行的。从战略层面上，"互联网＋"之下物流变化更快，必须根据市场变化调整战略布局才更有价值。从策略上看，只关注已有市场很难持久下去，需着眼于市场变化才有更多市场选择，整合物流资源，创造丰富的物流服务，树立关键优势成为物流企业核心策略。从运营上看，实行标准化、系统化、动态自我管理成为物流运营管理方式的选择。

3. 物流产业的未来发展趋势变化

在县级"互联网＋"形态下的物流服务正在得到不断的改善和优化，尤其是现如今大数据、区块链的新型技术的推进，更使以前的众多构想成为可能。在供应链的整合上，可从上、下游的不同企业进行延伸为构建更加智慧、更加生态的物流网络体系来服务；在协同化发展上，提供新的思路和道路方向。通过县级"互联网＋"的不断拓展，为物流业的发展带来了很大的空间。

（1）"互联网＋"的发展拓宽了物流的服务面。由于网络支付的出现，商务活动也向信息化方向过渡，市场简化成只有物流操作和实物化工作。生产商及供应商不再负责向顾客进行实物对接，转由物流企业负责，县级"互联网＋"的发展促进了物流服务面的扩张。

（2）县级"互联网＋物流"可以通过实时监控更好地来完成物流作业任务。以前物流中都是注重实体物品的流动，其他的活动都是在此基础上来进行的；而在现在更为关注如何及时了解商品物流的实时情况，也就是信息流。通过对所获得的信息进行分析，然后来规划下一步的任务具体该怎么来实施。在物流运作过程中，通过信息流的走向，达到随时监控的目的，从而保证物流配送的高效化、准确化。

（3）县级"互联网＋"促使传统物流企业组织改革，减少冗余的流通环节。通过利用互联网技术直接在信息网络平台通信，减少了不必要的沟通环节。如农村日需品下乡时，不需要县级各环节收集它们的需求信息，在网络上，农村居民可以直接在线上与经销商交流并获取所需服务和产品。而在农产品进城过程中，不需要按照村、乡、县的顺序逐步地统计农村物流所需的物流能力，直接通过大数据搜集就能得到准确的数据，进而进行合理的物流调度安排。所以传统的物流企业需要进行组织变革，减掉无用的流通环节，增加满足互联网时代交易需求的相关环节。

3.3 县级"互联网+物流"模式的生成机理

3.3.1 价值共创机理

1. 县级"互联网+物流"价值共创机理分析

以服务为主导的逻辑看来，所有经济都可以看作是服务经济，服务所能够创造的价值都是由参与到服务中的各个主体一起来完成的。现在，我国政府非常重视"互联网+"的发展，社会各界也都在思考着如何可以将之运用到自己所处的领域，以达到意想不到的结果。在物流业，如果可以很好地将"互联网+"融合进来，则物流服务所能创造的价值内涵将会更加丰富。在物流价值的创造过程中，以前基本上货主都只提供货物，并不参与其他的程序，但在价值共创理念的驱动下，不仅有因物流服务商的请求而参与到物流服务的过程，还有许多的顾客自发主动地与物流服务商联系来共同创造价值。同时，"互联网+"的兴起，不断涌现出新的理念、新的思维，顾客需求的个性化使各个服务的参与方的合作亦是更加密集，在服务的模式上也不得不进行调整和创新。通过研究发现，县级"互联网+"有着自己独特的内在逻辑和发展的模式。

从价值共创角度分析出发，利用互联网平台，服务之间的各个利益相关者都有着千丝万缕的联系。由于顾客之间有着不同的知识和信息等，自身所需要的产品也大不相同，每个顾客都提出自己的价值主张，服务者按其标准安排任务，并且在服务的过程中顾客和服务商之间还会有着比较多的沟通联系，通过不断地反馈来完善服务的质量，这样服务各方就可以实现与顾客之间的价值共创过程。其中，县级"互联网+物流"的平台体系为价值共创的实现提供了很好的技术支撑作用，具体的县级"互联网+物流"服务价值共创的机理分析如图3-1所示。

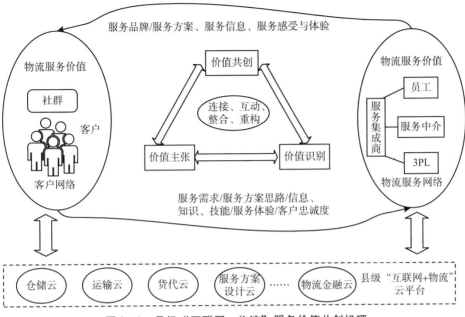

图3-1 县级"互联网+物流"服务价值共创机理

（1）连接。在互联网的时代万物皆可产生联系，只是所通过的媒介方式会有所差异。只有事物之间连接起来，县级"互联网+"的概念才能够实现。要将"互联网+"与物流产业进行融合发展，也只有在联系的前提条件下，才能同时实现物流服务过程的数据化和可视化。以前的县级物流服务模式中，服务提供商仅仅是简单地充当着城乡消费者的中介角色，也就是在有物流需要的时候，根据顾客的要求完成相应任务并获得相应的报酬，在此过程中完全是以交易为中心，并无其他烦琐的环节，如信息交流等。而如今在大数据和云计算的支持下，互联网和物流产业结合变得越来越紧密，无论是在县、乡、村的网络化建设还是平台的建设都可以得到很好的完善。在物联网的支持下，物—物之间的连接更加准确，服务的质量也有所提升。

互联网平台，已不仅仅只是一个交易的中介，更是个交互的空间。各方参与者（顾客、平台提供者、物流服务者等）都向互联网平台靠拢形成了一个广泛的社群组织和物流服务网络，顾客也将不再只是一个单独的参与者，而是作为一个社群的一员，变成了网络中不可替代的一部分。在此物流服务平台上，实现了各方人员信息的可视化，在充分分析数据的基础上进行抉择，并且配套的资源都可以在平台上进行共享。同时，负责物流行业的相关机构都可以通过互联网平台上的相互接口来管理各方的参与者。价值共同创造也可以在互联网平台上得到相应的支撑。

（2）互动。在互联网平台上各方参与者之间的互动就是通过联系来相互学习。在互动的过程中，顾客反映其需要而服务者接受反馈并接受其需求，付诸相应的行动来满足顾客的需求。

①拥有相同价值主张的群体在一个社群中进行交流，将各自对物流服务价值的体会和经验在互联网平台上进行分享和互动，以此来使得社群可以不断地成长和进步。在互联网时代，物流价值创造的互动是时刻都存在的，正如上面顾客在社群里的讨论交流。顾客与其相关的物流公司之间的联系沟通更为频繁，这样双方在价值创造过程中更加便捷和高效。

②为顾客提供服务的供应商也都汇集到了互联网平台上，其中有平台本身的中介商、第三方物流及服务的集成商等，他们都是在顾客的各种需求下进行相应的完善，为了更高效地满足顾客物流服务需求，各方积极合作、充分交流、共享资源，在统一的思想下完成价值共创过程。

③物流服务的供应商直接与顾客交流沟通。顾客通过直接参与到价值创造的过程中，根据自己所能了解的知识及社会目前发展的趋势，不断地完善自己的诉求，使其尽可能地符合自己的意愿。在此过程中，价值创造的各方都以顾客的主张为核心，利用自身所能达到的技术水平和确实可行的方式来完成任务。同时信息技术的支持也是必不可少的，必须全过程都是在可监控的状态，实现强烈的可交互的物流服务体验。

（3）整合。目前在农村发展物流服务体系中，必须得克服资源限制的困难，分散的、无效的资源对农村物流的发展是个很大的限制。因此在全面发展乡村物流之前必须整合农村的资源及各种物流关系等，然后才能利用现代先进技术对农村的物流进行革新，使其焕发出生机活力，为价值共创提供坚实的基础。

①在交易成本理论的指导下，将物流资源和各种物流关系进行研究整合以便可以更好地达成价值共创的思想，这时新的物流服务模式和战略协同理论就会很快取代之前老旧的物流模式。在新的物流模式运转下，所有的关系都将会被改变，通过互联网平台的支持，提供物流服务的各方主体及顾客之间都将会是一种协同、互惠的发展关系。

②应用企业资源基础观和动态能力观的理论来进行分析，将会发现在物流

云平台的促进下，有着海量的资源通过互联网渠道汇聚在平台，物流集成商可以很方便地利用这些资源为顾客的个性化需求提供服务。

③通过各方的整合，就可以建成一个强大的物流服务网络。如今，将不会有时间和空间的诸多限制，通过可视化和数据化将供应链的上、下游进行整合，增强各方的物流服务能力、凝聚能力和协同能力，实现服务的价值共创。

④重构。新时代、新技术、新发展不断地改变着以前较为落后的创造价值的方法，而在顾客就是上帝、服务为王的新思想下，顾客已经不再只是提出需求、独立的、置身事外的个体，更多的是参与到价值共创的过程中。现在的互联网时代，物流将会从观念、组织和流程等方面重构价值创造。

首先，从创造价值理念来看，越来越多 B2C 模式中物流服务类型的设计和实施都有顾客的参与，并且还是全过程的参与其中。同时，随着现在众包物流和社会化物流模式的发展，顾客物流服务需求向个性化发展，在互联网的环境下网络化、社会化、社区化已是物流服务价值创造的新的特征。其次，从组织层面来分析价值共创的模式。以前的科层制的结构变得越来越少，都是基于互联网的"云+网+端"新发展模式，即"云端制"的组织方式。由于互联网平台的存在，众多的小微企业组织都将可以利用其自身的优势为某些人群提供服务，而且还可以让顾客参与价值共创过程。最后，观念和组织结构的转变必将会使服务的流程重新构建。互联网时代，顾客的角色发生了重大的改变，开始以全程参与的方式进行物流价值的创造。在互联网平台的基础上，物流服务的流程向高度集成化、网络化发展，正逐步摆脱简单、线性的服务流程。在经过连接、互动、整合及重构的环节，以前物流服务价值创造正向价值共创的模式发展。尤其是在互联网等新技术的带动下，服务交易模式、流程创新集成建立起了物流服务发展生态系统。

3.3.2　耦合机理

1. 县级"互联网+"与物流耦合动因分析

（1）云生态系统是"互联网+"与县级物流耦合的基础。云生态系统不仅仅是一个繁杂、自组织、自适应系统，而且还是一个通过与外部环境持续进行有形资源（物质）和无形资源（信息资源）交换，以达到维持动态平台的协作共生系统。它为县级"互联网+"与物流耦合发展奠定了基础。

伴随着互联网相关技术在信息化大环境下的飞速发展，物流的运营环境也发生了相应的变化，由稳定的相对静止状态变成了持续的动态变化状态。传统物流商通过整合自身固有资源而形成的竞争优势逐渐消失，从农户生产商到农村合作社聚集或到零售商、消费者与整个物流供应链的紧密合作运营模式逐步形成。云生态系统理论完全打碎了农村传统物流企业单独行动的落后观念，各个利益相关者开始追求协同创新，并开始进行密切合作，以期通过协同创新谋求共同进步，通过密切合作以形成资源共享，这一切都是在云生态系统理论的支撑下完成。

（2）县级"互联网＋"技术与物流耦合动因。物流企业创新不仅需要集成系统内部的物质、人力、信息等资源，更需要集成系统外界的有用资源，如整个供应链体系上的利益相关者、与外界大环境的行业协会、政府资源等。通过"互联网＋"耦合的这种措施能够将各个相关者的资源聚集到一起，采用多方力量共同促进物流发展。

县级"互联网＋"技术与物流的耦合动因分为内在动因和外在动因。内在动因包括县级物流企业自身的发展创新意愿、战略部署、自身资源等；外在动因包括政府政策支撑、相关法律条文法规的完善、信息通信技术的迅速发展、外界竞争压力越来越大等。其中，物流技术创新、物流服务创新都属于"互联网＋物流"耦合系统的内容，它们的耦合关系都受到内外在动因中的各种要素的影响。从内在动因层面来说，是为了通过"互联网＋"达到县级物流可持续发展的目的。当物流技术开始创新时，为了实现利润最大化的目标，物流服务也需要开展相对应的创新活动，由此"互联网＋物流"的耦合关系形成。从外在动因层面来说，在物流的外界环境发生变化时，物流企业一定会促使云生态系统的各个部分形成密切协作关系，以构建技术与服务创新的耦合关系。"互联网＋"技术通过整合物流系统的内外部资源，以达到完成服务创新与技术创新的目的，通过耦合发展，形成"1＋1＞2"的协作效用。

2. 县级"互联网＋物流"技术与物流服务协同创新的耦合机理

（1）县级"互联网＋"耦合系统下的技术创新与服务创新。

从县级"互联网＋物流"生态系统的形成角度来说，县级"互联网＋物流"生态系统主要由服务模式创新和技术创新两个子系统组成。县级"互联网＋物流"生态系统是旨在推动物流企业的技术与服务创新协同发展，以达到获得竞争优势、增加自身核心竞争能力为目的的一种开放性的耦合系统。

耦合的定义来自物流学领域，它是说两个或大于两个以上的非静止状态的物体之间相互作用、相互影响、相互渗透融合为一个有机的、系统化的、整体的状态。县级"互联网＋物流"耦合下形成的物流技术创新与服务创新的子系统并不是独立运行的，它们是一个相互融合、相互促进的，并且在"互联网＋物流"体系中分别有不同的资源，发挥着不同作用的系统。其中，技术创新是县级"互联网＋物流"创新的驱动力，是形成竞争优势的重要战略；而服务创新是县级"互联网＋物流"系统创造双边或者多边用户价值，以实现经济与社会价值双重增值目的的有效保障。在飞速发展、迅速变化的物流运营环境下，保持与时俱进、与时同步是增强物流企业可持续核心竞争力的有效手段。在县级"互联网＋物流"系统中，技术创新系统与服务创新系统之间保持着非静止的、非线性的、复杂的协同关系，它们通过耦合发展，在外界激烈的市场竞争中共同创造价值。

（2）县级"互联网＋"下的物流技术与物流服务耦合机理。

①耦合要素分析。根据生态系统的协同发展规律，县级"互联网＋物流"系统下的技术创新系统与服务创新系统是一个非静止的、发展进步的、自适应系统，它们可以分别与系统外界环境进行资源、信息的交换，以保障整个系统可持续地从错乱到有序发展、由动乱向稳定发展。技术与服务作用的方式由原来的比例关系逐步向非线性关系发展。内外部环境的诸多因素都会影响到"互联网＋物流"系统，而有些因素对技术和服务创新都会产生影响，那些因素称为耦合要素。它们主要包括顾客诉求推动、科学技术推动、利益相关者、市场竞争环境、资源要素等。

②技术创新与服务模式创新的"推—拉"耦合。通常情况下，物流技术创新和服务模式创新的驱动因素包括市场需求拉动和技术进步的推动，所以，探索"互联网＋物流"下技术和服务协同耦合机理一般从推力因素和拉力因素出发，其耦合机理如图3－2所示。

a. 县级"互联网＋"的环境下进行关于物流技术创新是开展服务创新的重要推动力。首先，在创新的技术向商业化发展进程中，服务模式是其发展的基础。服务模式创新必须能够跟上技术创新的步伐，以保证充分实现技术创新的价值。而且，在技术创新商业化进程中，根据新技术的市场定位、成本组成、价值主张等要求创新服务模式，有利于使物流企业在技术发展中实现最大

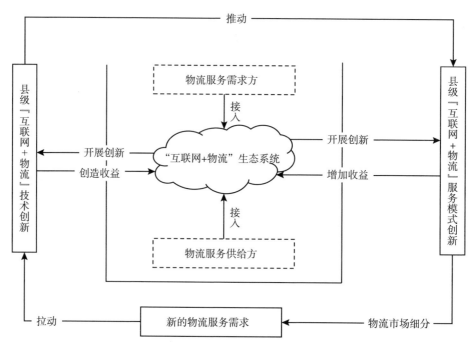

图 3 – 2　县级"互联网 + 物流"下的服务模式和技术创新耦合机理

化的利益。其次，服务模式创新是不断获得技术创新的巨大利润的必然要求。给消费者带来差异化和个性化的服务是技术创新的主要作用，而技术创新达到商业化的目标则是服务模式创新的主要功能。而且，与服务创新相比，县级"互联网 + 物流"技术创新更具有扩散性，当技术成果商业化时，将会很容易被模仿，因其带来的利润就会逐渐消失。然而，县级"互联网 + 物流"下的服务创新更具有特异性，不易被模仿，为了保证能够持续不断的获取由技术创新带来的收益，县级"互联网 + 物流"下必须进行服务创新。最后，在物流技术创新的推动下，不断地刺激消费者产生新的消费需求，给物流企业带来了新的市场机会。因此，服务创新是保证县级"互联网 + 物流"系统上的利益主体利用自身优势、抓住发展机会以达到合作共赢目的的必然要求。与此同时，县级"互联网 + 物流"生态系统上的各个相关成员都可以通过耦合合作，利用技术创新，给自己带来更多的利益，进而由更多的资源推动服务创新，从而推动云生态系统不断地发展与演化。纵使技术创新能够为物流企业带来超额利润，但是它并不能确保顾客能够对其服务满意。只有当技术创新利用服务创新逐渐达到商业化程度时，才能创造真正的价值。

b. 县级"互联网+"环境下物流服务模式创新是技术创新的重要拉动力。首先，物流服务模式创新能够加快技术创新在县级"互联网+物流"中的应用。对于中国县级物流企业来说，它们在技术和资源方面都存在不足，可以通过引入新的有效技术，并且优化自身的服务模式来为消费者提供个性化、差异化的产品，进而提高客户满意度。其次，县级"互联网+物流"可以对面向的消费者市场进行细分，给消费者提供更加满意合适的服务，以创造更多的价值，进而为技术创新提供资源、信息、能力。最后，县级在"互联网+物流"中，服务模式创新通过拉动技术创新来推动整个县级"互联网+"生态系统的演化能力。县级"互联网+物流"企业在通过利用自身优势挖掘潜在创新能力的同时，需要花费一定的精力关注云生态系统上其他利益相关者的优势，并进行充分借鉴吸收，以满足消费者日益增长的需求，进而推动整个云生态系统的发展。所以，县级"互联网+物流"通过不断创新物流服务模式，进而带动技术创新，以实现增强核心竞争力的目标。

3.3.3 信息技术驱动机理

大数据、云计算、区块链等技术正逐步加快与物流行业的深度融合，为"互联网+物流"下各种模式的产生提供了驱动力。

1. 大数据技术驱动机理

（1）大数据的含义。

大数据指在社会生活和经济社会发展的过程中所产生的各种数据、视频、文字、图片等具有多样化特征的有价值信息的集合。在维克多和肯尼思撰写的编写的 *Big data：A revolution that will transform how we live，work，and think* 指出，通过大数据技术能够对可检测到的一切数据进行整合分析，已经脱离了传统抽样调查方式对样本数据的限制。大数据具有大量化、高速化、多样性、价值密度、真实性5个特征。

用于大数据的信息资料通常来源于信息交互网站、平台或是企业自身网站等运营数据。通过利用现代先进的技术方法将这些数据进行一定的处理，使其变为有规律、有价值的信息，然后利用有关的数据分析软件对提取出的有用信息进行转换、归纳、分析，然后用来辅助企业的市场运营与决策。大数据处理技术包括数据有效抓取、数据高效存储、高速计算处理、完整数据分析及应用信息展示五个环节。

伴随着大数据时代的到来，人们改变了看待数据的思维方式，具体有以下变化。

①人们所需要经手的数据量变得十分庞大，从普通的抽样调查变为了海量数据。

②数据中可能混淆大量无关数据，数据有用性与准确性评估难度加大。

③任何与研究对象相关的数据，全部都需要通过大数据进行收集、整理、分析。

其中，大数据思维最重要的一步就是可以运用智能思考的方式来考虑问题，摆脱普遍自然模式，这样才让大数据可以拥有像人一样的生命力，并可以像人的大脑一样来高速运转。目前，大数据已逐渐成为行业竞争的核心力量，欧美日等发达国家均把数据资产上升到国家信息战略高度。许多大型物流公司也通过大数据应用解决自身存在的各类问题，亚马逊公司率先采用大数据技术对客户的购买行为进行预测，在区域内不同的仓库提前备货，大大减少了货物的送达时间。UPS 公司率先将地理位置数据化，通过积累大量行车路径，寻找最佳行车路线，其研发的猎户（Orion）系统可在 3 秒内从 20 万种可能路线中找出最佳路径。

（2）大数据技术在县级物流中的应用。

①县级物流企业应用大数据的优势。在处理庞大的数据时，县级物流企业不能仅仅将大数据当成一个简单的用于数据搜寻、处理的工具，而需要将其放在战略性发展地位，充分重视大数据的重要性，以充分获得大数据带来的竞争优势。

a. 在信息对接方面，物流企业过去分散式的信息、数据收集和分析处理的方式，已经不再适用于现代社会形势的快速发展。要想有效掌握企业经营的各种信息资源，物流企业应该积极采用大数据技术，县、乡、村各个物流网络节点的数据都非常重要，需要对其进行搜集处理，并且通过数据挖掘等相关操作发现有利的信息，从而使物流企业能够全面地掌握整体运作情况。

b. 为企业制定决策提供数据支持。只依靠从市场上进行抽样分析，然后再利用决策者或调查者相关的经验来判断的方式根本不适用于充满着数据的社会中，唯有通过现实中确实存在的海量数据才能反映确定的需求情况。利用先进的技术对市场上的各种数据进行收集分析，了解真实且具体的需求，然后企业才能够作出正确可靠的决策，集中优势资源促成自身的核心竞争力，这样还可以获得更为高额的利润。在此过程中，还可以掌握实时的情况，并随时根据市场变化转变自己的业务方向，实现价值和企业的高效经营。

c. 提高客户满意度，增加客户忠诚度。电子商务的发展，网络销售额不断增加，客户也越来越重视物流服务的体验，希望物流企业能够提供最好的服务，甚至希望了解商品配送过程中的所有信息。这就需要物流企业以大数据技术为支撑，通过对数据挖掘和分析，真实了解客户的需求，加强客户与服务之间的联系程度，不断提高客户满意度，增加客户的忠诚度，减少客户的损失。

d. 实现数据增值。在物流企业运营的每个环节中，只有部分的数据是可以直接分析利用的，绝大部分数据必须要经过合适的处理才能转化为有用数据来储存分析。这就造成了并不是所有的数据都是准确的、有效的，很大一部分数据具有拖延性、时效性。物流企业的数据中心必须要对这些数据进行更进一步的分析，从而得出对企业发展具有作用的信息，最后才能实现数据的增值功能。

②大数据在物流企业中的运用。

a. 能够帮助企业高层更有效地管理员工。首先，利用大数据技术能够方便物流企业根据员工的个人发展趋势来选择合适的员工，并将其安排在恰当的岗位上，并且在对员工评价和培训上，大数据都会发挥重要作用。此外，大数据在分析配送车辆耗油量、分析驾驶员开车习惯、物流路线的周边交通路况等事情都具有一定的成效。而且，利用大数据能够有效地对员工的效率进行评判，以提高奖惩的公平性。

b. 能够给物流企业在进行相关决策时提供具体的数据支撑。众所周知，企业进行决策时需要大量的数据、文件、图片等进行支撑，缺乏相关信息支撑的决策是不可靠的，是不能推动企业朝着更好的方向发展的。然而，对物流企业来说，它们每天产生的数据量无比巨大，包括货源分配信息、交通路况等，企业要想从中抽取到有用的信息，借助大数据工具是必不可少的。

c. 优化配送线路。优化县、乡、村的物流配送线路是物流企业一直关注的问题，有效地进行路线规划能够大幅度降低物流成本、提高配送速度。首先，大数据技术能够为企业迅速、快捷地分析客户对产品在配送时效上的要求，为企业能够及时地设计和优化配送线路奠定基础。其次，利用大数据技术对运输线路进行监控，能够有效避免物流配送过程中的常见事故，如车祸、堵车、交通管制等。

d. 仓库储位优化。合理安排设计货物的仓储场地是增加仓储空间有效利用率与提高拣选订单货物速度的有效途径。配送中心的产品种类众多，出货频繁，仓储位置分配是提高工作效率与效益的重要保证。大数据的数据挖掘分析功能能够及时地给仓储中心提供货物需求与预测量，以方便将货物放在合理、合适的位置。如出货量多的货物分配在距离出口较近的地方。此外，利用产品的相关性来规划关联产品的储位，能够达到最大化利用库存空间，达到提高配送效率的目标。

2. 云计算技术驱动机理

（1）云计算的含义。

云计算（Cloud Computing）是分布式计算的一种，指的是通过网络"云"将巨大的数据计算处理程序分解成无数个小程序，然后通过多部服务器组成的系统进行处理和分析这些小程序得到结果并返回给用户。

根据云计算的概念可以看出，云计算是一种能够为使用者提供灵活的、不受时间和空间限制的、可随时随地访问的信息资源共享式网络模式。进一步说，就是通过把访问端口设置在大量的分布式计算机上，使用者可以依据自身的需求对信息存储系统进行查询访问计算机和存储系统，进而获得自己想要的资源。

（2）云计算的特点。

①快速部署资源或获得服务。"云"是指为使用者供给所需的数据、信息、图片等资源的网络，利用专业化的技术构建具有信息存储、数据计算、网页直接登录访问的大型数据存储和数据服务的平台。

②按需扩展和使用。在用户看来"云"中的数据、图片等资源是可以无限扩充的，而且不受时间与地点的限制，能够随取随用。

③按使用者需求量付费。在云计算网络里，使用者仅仅只需要对自己有帮助的相关资源付出一定费用。

④需要通过互联网平台才能访问服务。对于云计算来说，互联网就是一个"池塘"，这个"池塘"里面储存着无限量的信息数据资源，使用者只需利用手机或者电脑连接互联网就可以登录进入云计算平台，获取所需要的信息、数据、图片等资源。

（3）云计算在物流中的应用。

①降低运营风险，优化物流效益。现代物流在提高物流信息化效率的同时，也不可避免地为县、乡、村的物流利益相关者带来了许多风险。首先，与

传统物流相比，现代物流在信息化建设方面的投入风险较大。如果信息化建设失败，相关软件不能再次利用，企业需要承担很大的投资损失。其次，在信息化环境建设过程中，可能存在系统漏洞与系统维护程序不完善等问题，使系统在运行过程中存在很大的信息泄露风险。而且，由于技术标准和接口协议的不同，企业信息化平台的可扩展能力有限，不能在企业需要时与其他信息平台进行端口对接，可能造成信息失真，降低物流运行效率。

云计算平台可以利用云端计算将数据进行有效整合，解决数据接口、标准、共享等问题，为企业提供高可靠性、强拓展性、好交互性的数据服务。企业只需向云计算运营商提供少量的资金就能享受到服务，从而大大降低了基础设施投入和系统维护管理的成本。

②协同物流节点，实现数据共享，降低安全风险。在传统的分布式环境中，企业的物流信息都分散存储在各个物流节点当中，企业在有需要时对数据进行存取、传输、应用等，但是在操作过程中往往会引发信息安全问题。云计算可以利用云端实时存储物流信息，通过自身强大的计算能力，随时感知物流动态，向物流节点和企业提供用户导向、需求导向、任务导向的计算服务，并且能够根据物流环境的变化，自主协调各个业务模块共同完成任务，真正做到面向任务、按需分配，从而有效保障了各个物流环节之间、物流企业之间的协同作业。

③提高物流企业在面对突发性状况时的迅速应对能力。随着物流运营环境的复杂化，如果企业不能及时全面地掌握各种基本信息和动态信息，那么就会影响其对突发事件的快速响应能力，从而导致无法应对突如其来的各种变化，最终给企业造成无法挽回的损失。云计算通过将计算、存储、协同等任务交给云端，可有效降低终端系统、传感器及信息采集设备的计算任务。通过这种方式，可以增加企业信息采集渠道的快捷性、多样性、灵活性，有效提高企业获取实时动态信息的能力和效率，能够让企业具备在困难的市场环境中发现威胁并且迅速作出应对措施的能力，也能够在较复杂的环境下探知各种安全威胁，以对突发事件作出快速响应。

3. 区块链技术驱动机理

（1）区块链技术的含义及优势。

区块链技术（Blockchain Technology，BT），又称为分布式账本技术，是一种由集体共同维护的可靠数据库的技术。该技术以参与系统中的任意多个节点，把一段时间内系统全部信息交流的数据，通过密码学算法计算和记录到一个数据块中，并生成该数据块的指纹用于链接下个数据块和校验，系统所有参与节点来共同认定记录是否为真。根据区块链技术的特征，并将其与以往的数据库技术相比较，可以很容易地发现，区块链具有以下优势。

①去中心化趋势。现有区块链技术的数据传输网络不再与过去一样依靠某个中心环节主导，而供应链上的利益相关者可以通过签订统一的资源共享合同，在区块里面进行自由的数据上传、下载。

②具有公开性好、透明度高的优势。除了在区块中采用特殊手段加密过的、不可被他人观测的信息以外，区块中的一切信息消费者都可以通过相对应的登录入口查找。

③具有绝对不能被修改的优势。与传统的数据加密方式相比，区块链技术的密码设置具有非对称性，大大加强了其对数据的保护能力，防止了数据被修改、伪造的风险。此外，与以往数据库技术相比，区块链技术在处理和存储使用频率低、数据量小的数据方面更加具有可靠性。

（2）区块链技术在物流中的应用。

①区块链保证物流过程信息的安全性。由于物流环节众多，经手的利益相关者也众多，在传输过程中容易面临泄露风险，而数字签名和公私密钥机制是一个有效保障数据安全与货物安全的手段。如配送员和快递站点都拥有自身的私钥，在货物签收过程中对比区块链中的信息即可确认双方身份的真实可靠性。因为快递员无法仿造顾客签名，就能在很大程度上减少货物冒领、丢失等造成的损失。

②区块链降低物流成本、提升物流效率。与普通的国内货运物流相比较，国际物流的货运距离更加长，处理环节更加复杂。因此，提高物流配送效率对于物流企业来说是一个巨大的难题。如一批从国内运输到非洲的生鲜农产品，其要历经数十个国家，并且要与超过 100 个关卡的负责人进行沟通，长此以往，用于运输文件和沟通交流的成本占了整个物流成本的大多数。但是利用区块链技术，可以将整个环节上任何相关的企业、海关、银行等组织连接起来，将这些组织的信息实时录入到区块链中，企业、货主、海关、银行等可以随时查询相关信息，减少重复申报与查验，提高了供应链的透明度，提升了数据的可信任度，实现办公过程信息化。另外还可以帮助企业项目申报、费用自报自缴，货物放行后审核，提高通关率。

③区块链强化危险品监管。危险物品储存和运输不仅要考虑成本和效率，而且还需要考虑安全问题。应用区块链技术不可更改特性能实时、无误、有效地监控危险品的流向和状态，方便监管部门进行事前监管而不是出事后再问责。区块链中会永久保存供应链中的分销商、供应商、运输商等信息，一旦发生问题，可以及时、迅速地查询和追责。

④区块链协助物流企业融资。物流企业资金流是制约企业发展的重大难题，国外可以通过仓单质押获得银行贷款。而中国虽然也有仓单质押，但缺乏一个有效的仓单信息管理系统，导致金融机构不能确定仓单的真实性。因此确保存货和仓单真实性是仓单质押中需要解决的现实问题，而区块链在这方面有天然的优势。只需把全过程的信息录入区块链中，银行等金融机构就可以实时准确地查询到仓单的真实性，然后对仓单进行估价，为物流企业提供贷款。此外，区块链帮助物流企业积累运营数据，便于金融机构识别潜在用户。

⑤终端消费品追溯。消费者希望自己购买的产品能够追溯到完整的来历，如消费者能够清楚地知道牛奶来自哪个农场，甚至是（通过牛的耳标）哪头牛，由哪家物流公司运输，哪个分销商、零售商销售。目前，我国消费者基本不能了解这些信息，只能通过广告、品牌效应来选择购买的商品，甚至靠选择进口牛奶来规避食品安全风险。而不良生产者、销售者也是钻这个空子进行违法生产和销售。如果将该产品链条中所有信息写进区块链中，就能解决防伪溯源难的问题。

3.4　县级"互联网+物流"运作模式

3.4.1　基于"互联网+"的县级云配送物流运作模式

1. 县级云配送物流运作模式的概念和特征

（1）县级云配送物流模式的概念。

随着社会经济的进步，消费者用于购买产品的可支配收入越来越多，进而造成了电商企业剧烈竞争的环境。由于农村技术及管理的落后，大量物流资源无法集中统一协调运作，这样不仅造成了许多资源浪费，而且难以降低物流成本，不能满足现阶段消费者多变的产品配送需求。如何解决县级的农村物流配送环节的瓶颈，以达到整合和优化物流资源、提高配送效率、降低配送成本是当下面临的问题。

针对这些问题，已经有一些解决方案，如第四方物流、物流联盟等，在一定范围内已经发挥了作用。但他们在组织模式、管理模式、运作模式上都存在一些难以解决的问题，无法取得更进一步的效果。在组织模式上，无法形成一个长期的配送共同体，且形成组织的过程较为不易，无法有效地立即发挥各自的配送优势与能力。在管理模式上，无法做到动态合理的分配物流任务，无法统一规划、充分利用闲置资源，以此保障配送的及时性与准确性。特别是在运作模式方面，由于农村互联网发展缓慢，不能有效地对信息进行集成，进而达到全方位监控各个环节的目的。综合以上分析，已有的物流配送模式无法适应县、乡、村各级别物流资源需求方对物流配送的需求，且电子商务与云计算互为需求、相互促进，基于"互联网+"背景下云配送物流模式给出了解决物流配送问题的新思路。以下是基于"互联网+"的县级云配送物流模式的含义。

在"互联网+"基础上发展起来的县级云配送物流模式是将云计算技术运用到县、乡、村的整个物流网络体系中，整合优化现有的配送资源，并且依据用户的需要提供个性化、订制化配送服务的新物流模式。通过采用云计算技术，可以达成物流配送软件、硬件资源的组织、管理、监控与共享的目标。并且，依靠虚拟化技术可以让整个县内的物流配送资源互联互通、相互感知，将县内零散的物流资源转变成一个虚拟的网络云配送资源池，进而形成一个具有自治的、动态扩展特征的配送服务云网络系统，根据整个县内物流资源需求方的要求进行物流任务分派、动态连接与分散，以达到配送网络线路最优化的目的，进而为云配送的最终消费者提供满意的物流服务。云配送物流模式能发挥整合物流企业的分散物流资源的作用，帮助农产品销售从受物流限制的困境中脱离出来，为保障农产品特别是生鲜农产品及时地送达到客户手中提供了可靠的支持。

（2）县级云配送物流模式的特征。

①资源共享。在云配送物流模式下，云计算是保障该模式顺利实施的必要条件，首先利用云计算技术可以将农村各个县现有的、分散的、缺乏统一调度的物流资源与物流能力进行集成，方便县级建立一个统一的、虚拟配送资源

池，按用户需要动态组合配送资源提供配送服务。

②合作配送。云配送不是由一家企业完成配送服务，而是将县内所有的配送资源以网络的形式组织起来，根据需要调用各部分配送资源，由几家企业合作完成配送，以便尽可能地充分利用现有资源，达到节约物流资源、提高物流效率的目的。

③用户参与。云配送将资源与能力整合到一起，发挥集中优势，无论是农产品进城还是农村日用品下乡，都可以全程监控。配送服务结束后，客户根据服务质量进行评价，以此对合作成员进行考评。这样就能够促进各个参与主体共同努力，进而提高服务质量，高度关注且尽可能满足消费者需求，构成一个优秀的循环体系。

（3）县级物流资源需求方对云配送的需求分析。

云配送的功能及技术实现直接决定着物流的运作效率和效益。下面分别从物流需求方的目标和技术两个层面对云配送物流模式进行需求分析。

①县级云配送的目标层需求。

a. 高时效。农村农产品网上买卖行为对农村物流的反应速度有很高的要求，且农产品具有易腐败的特性，对物流的要求更高。而且，与在便利店、超市购买相比，大部分消费者选择网上购买是出于对产品物流速度和购买方便性的考虑，所以农产品推出反应迅速的物流服务是促进农产品销售的必然要求，特别是生鲜农产品物流速度越快越能吸引消费者购买，提高其销量。

b. 低成本。农村物流的多环节，导致了高成本。电子商务活动中，一方面，网络使得信息的获取成本降低；另一方面，由于减少了中间环节，参与交易的双方可直接联系，减少了交易成本。同时电子的服务模式使得管理费用降低，通过互联网平台使各个参与者实现无纸化沟通，减少资源浪费。

c. 柔性化。柔性化最开始出现在产品生产环节，主要是为满足"以顾客为中心"的营销理念而提出的，它主要是通过调整自身的生产步骤与生产工艺以满足顾客需求。进一步来说，由于农产品企业为了将农产品销售出去，需要与各个区域的购买者打交道，由于个人性格不同，它们对物流的要求存在差异。同时，购买者对产品具有自己个性化的要求，所以物流企业的服务能力与消费者的多样化要求相互匹配是极其重要的。

在农村物流配送中采用云配送，可以加快物流的信息化水平，使物流企业与时俱进，同时可以降低物流运作成本，提升行业的整体水平。与农村以往的物流模式相比，基于"互联网＋"发展起来的县级云配送模式在促进共同配送上，以及在物流服务环节设计和物流资源最优化分配上都具有它自身独特的优势。

②县级云配送的技术层需求。

互联网的出现使物流运作打破了传统的企业在地域的界限，催生了电子商务这种新的交易方式，并且电子商务具有集成性、高效性、便捷性、安全性、协同性、社会性、虚拟性等特点。电子商务环境下，农村居民可以在线上直接购买日用品，城市居民也可以利用电商平台购买农产品。然而农产品电商具有的优势对物流的速度和订单整合分派的能力造成了考验，为了将农产品匹配到适合它们自身特性的物流服务，县级政府必须要发挥其号召力，提供统一的技术支持。

云配送对县级物流资源需求方主要有以下影响。

a. 云计算能使县级的物流资源需求方节省大量成本。云计算技术能够为物流资源需求方提供虚拟的计算服务，由于云计算能够对资源进行自我保护，它逐渐替代了原本存在于农村电商公司的计算资源。云中不仅包含网络，还包含各种软件、服务等。用户可以做到自助式的网络化访问，并按资源使用计费，从而减少了企业对信息系统的建设投入。

b. 云配送提升县级物流资源需求方的发展空间。云配送物流模式下，通过云计算技术使得农村居民不受地区环境限制，可以直接利用互联网技术在云配送平台上从事电子商务交易，并通过异地协同物流完成客户需求和物流任务。可完成电子商务的空间范围大大增加，时间上也更加高效。电子商务方便、快捷的优势被发挥出来，形成更强大的竞争力，提升了电子商务企业的发展空间。

c. 云配送为县级物流资源需求方的信息处理提供支撑和安全保障。伴随着县、乡、村社会化电子商务的发展，它们的相关信息资源开始呈现爆炸式增长趋势。云计算技术使得信息的处理能力大大增强，云配送物流模式下对物流资源信息的智能信息查询和智能任务分配等信息共享行为实现了物流配送资源的最优组合，快捷高效地完成物流配送任务。此外，由于云计算将所有的信息都存储在安全的网络化平台上，相关用户能够查询可见的、想要的所有信息，进而可以规避由于交易方隐瞒信息所带来的风险。当前制约农村物流发展的主要是物流规模较小、物流企业较分散、管理落后等问题,其中最重要的是物流配送系统的落后。云配送的出现使得县、乡、村物流配送问题有了更好的解决方式,给农村物流的快速发展提供了新的增长点。

2. 县级"互联网+"云配送物流运作模式的含义与特点

(1)县级"互联网+"云配送物流运作模式的含义。

云配送下的物流运作模式指县内具有影响力的龙头企业利用互联网技术与其自身强大的影响力,通过整合物流资源、构建信息平台等手段,将农户、农村合作社、农企、为农村消费者进行产品配送的个人或企业等所需的物流资源在云配送平台中整合起来,进行统一的分配管理。通过该模式能够实现提高消费者对物流资源提供方的服务质量的评价,减少物流服务成本的目标。此外,县内的云配送物流模式主导企业不仅仅需要对整个云配送的物流流程及信息活动进行控制,同样需要对其产生的资金信息与商流信息进行统一的计划、安排和掌控,从而为客户提供所需全部物流服务。

(2)县级"互联网+"云配送物流运作模式的特点。

①信息化。在基于"互联网+"构建的云配送物流运作模式中,大数据与云计算等互联网技术的使用,完全替代了传统的信息处理方式,并且能够对整个过程进行全面的监管。

②网络化。通过在购买基本硬件设施设备的基础上,搭建自身的网络平台,进而将农村的物流资源进行集中,给消费者提供满意的服务。

③集成化。与传统的分散式布局和管理相比,云配送物流模式能够利用其基于互联网技术构建的云平台将整个物流环节整合成一个整体,进而基于整体的眼光对整个过程中的不合理环节进行重新设计、删除、增加,以达到集成化管理的目的。

3. 基于"互联网+"的县级云配送物流运作模式分析

(1)宏观运作模式。

云配送物流模式通过云服务配送平台能够很好地沟通配送县内分散的物流企业和小批量、多批次的农产品供应商,即县、乡、村物流资源需求方之间的联系,促进零散的物流资源共享,减少物流能力浪费,减少在农村空驶的不合理物流配送路线,进而实现整个县、乡、村三级物流网络体系优化。县级"互联网+"云配送物流宏观运作模式如图3-3所示。

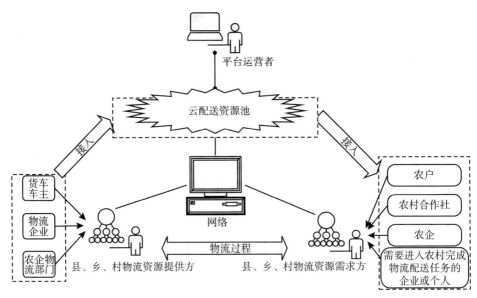

图 3 - 3 县级"互联网 +"云配送物流宏观运作模式

在县级云配送平台中，县、乡、村物流资源提供方、服务需求方和平台运营方全部都需要通过统一的网络云才能得到相应的服务支撑。

（2）微观运作模式。

在县级"互联网 +"云配送物流运作模式中，云配送平台能将整个体系中的配送资源进行重新分配再利用。当县、乡、村区域内用户对配送资源提出需求并向云配送平台提出请求时，云配送根据现有的资源情况作出判断和处理，给出一组最佳的组合方案，以最快的方式、最少的投入完成此次物流配送服务。此过程可能并非由一家物流企业完成，而是各自提供部分服务，县级"互联网 +"云配送微观结构如图 3 - 4 所示。

①横向结构。横向结构包括县级的统一云配送过程中的作业流程、服务流程、信息流程、管理流程，即与物流活动相关的全过程。

a. 云配送作业流程，它包括从接收货物订单、货物运输、货物存储、拣选配送等货物从货主到消费者手中的整个过程。

b. 云配送服务流程，主要是指为县、乡、村对物流资源有需求的企业或者农户、农村合作社等供给物流过程规划、物流过程咨询等配送服务组成的基本流程。

c. 云配送信息流程，主要包含农户、农村合作社等物流资源需求方与货车

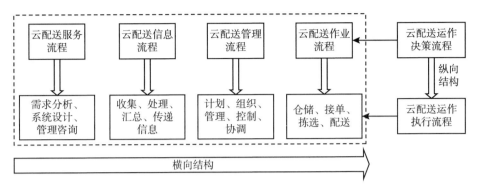

图 3-4 县级"互联网+"云配送物流模式微观结构

车主、物流企业、企业物流部门等物流资源供给方产生的信息进行汇集、整合、共享等操作。

d. 云配送管理流程,主要包括以优化整个县、乡、村的物流资源集成,进而实现整个县级物流网络的效率提升为目的而开展的一系列管理活动。

②纵向结构。纵向结构是指从云配送运作决策到云配送运作执行的过程。主要包括以下内容。

a. 云配送运作决策流程,即由整个运作过程的高层管理人员制定,由底层工作人员实施的决策过程,其主要目的是促进云配送网络体系正常、高效地运行。

b. 云配送运作执行流程,其中,战略层制定市场开发计划与战略规划,职能层包括系统设计、运作安排、过程监管,运作层包括配送任务执行。

3.4.2 基于"互联网+"的县级无车承运人运作模式

1. 无车承运人的含义和特点

(1) 无车承运人的含义。

近年我国公路运输业出现"多、小、散、乱"的局面。绝大多数物流市场被小企业或者个人车主所占领,并且货物位置与车辆位置存在严重的分布不均匀现象。特别是在县、乡、村级地区,其物流货源信息传递通道阻塞,农村物流难以发展。为有效解决这些问题,我国借鉴国外的物流发展经验,将"无车承运人"这种模式引入,以解决"车找货难、货找车难"的问题。"无车承运人"最初是由美国的"货车代理人"这个概念演化来的,是根据水运中的

"无船承运人"这个概念变化过来的。"无车承运人"的意思是指个人或者企业在不具备车辆等物流资源的情况下，通过对不属于他们私有的物流资源进行调度而从事物流方面的业务。"无车承运人"不负责货物的位移，他们仅仅只从事规划货物批次、设计运输路线等业务，通过这些方式为物流交易双方降低成本，从而获得中介收益。其具体内容见表 3 - 4。

表 3 - 4   县级无车承运人的具体内容

项目	具体内容
服务范围	货运组织、货物分拨、货运方式和货运线路的选择等
收入来源	整合货运产品的服务费用
服务对象	委托人、接货人、有车承运人
服务流程	委托书—运单调度—装车—在途—签收—回单
管理重点	依托互联网平台整合零散的货源、货运车辆、站场

（2）无车承运人的特点。

①虚拟实体间相互结合，提升货运效率。无车承运人依靠互联网技术，构建了自己的无车承运平台，并且采用相应的激励手段，吸引物流资源需求方与物流资源供给方入驻，以方便将多数的车辆信息和货物信息收集到一起，使实体的资源进行整合，并结合虚拟和实体网络，提升物流货运过程的整体效率。

②以轻资产模式运营，有助于提升竞争力。"无车承运人"顾名思义是"没有车辆"，即不需要购买用来进行货物运输的车辆，轻资产的运营模式不但使企业规模扩展而投入的成本有所降低，这样无车承运企业能够将自身的资源最大化地用于车源、货源信息的收集与分派，扩展无车承运的营运和服务范围，从而使企业的核心竞争力提升。

③技术理念较为领先，可随机顺应变化。"无车承运"理念是从国外借鉴而来，在战略制定和业务处理经验上具有先进性，能够十分及时地感知到市场环境的变化，可以按照市场供求变化实时转变发展策略，具备较高的抗风险能力，这就为目前物流发展打下了坚实的基础。

（3）无车承运人的核心价值分析。

国外无车承运模式的发展较为迅速，且已经形成一个较为成熟的物流体系，但是对于物流发展起步较晚的中国，特别是中国农村来说，依旧处于摸索阶段，所以采取合理的手段进行有效的运行规划十分重要，必须对其核心要素进行深层面的分析，才能保障县级无车承运模式顺利实施和健康发展。

首先，无车承运平台是支撑无车承运模式顺利开展的必要基础。作为担当中介人角色的无车承运人模式，其基本运作模式是为物流资源需求方提供车源，为车主提供合适的货源，并且可以通过有效的路线规划与货源分配达到降低物流成本的目的。所以，必须要搭建一个承运平台，才能发挥无车承运人连接货源和车源的作用，从而提高物流业整体效率。信息管理系统是县级无车承运人平台顺利运行的重要保障。无车承运人模式之所以可以无障碍地运行，除了具有实现货主与车主的无缝对接的功能外，打造能够将货源方和车主方的信息顺利沟通的手机 APP 或者电脑网页同样是必不可少的。

其次，建立有限的用户监管体制是降低风险的必要保障。由于无车承运模式不需要大量的硬件资源设施设备和长期的仓储空间等固定资源，仅仅需要将绝大部分资金用于信息系统即无车承运平台的建设。但是由于货主、车主较为分散，物流需求方的地区分布比较广，为了更方便地对货源方、货车方和平台方进行对接沟通，所以建立一个管理系统是必不可少的。

最后，风险防止和控制有利于保障整个运营模式的顺利进行。无车承运模式的首要工作流程是通过利用网络平台在线上完成交易，然后利用车主的车辆进行线下运输，与传统模式相似，无车承运模式涉及物流运输和货运安全保障。在"互联网＋"背景下，无车承运模式还与财产支付安全、用户信息安全和用户诚信保障有关。因此，通过试运营的方式探查该模式可能存在的所有风险，并且建立合理有效的风险保障制度，是进行风险防控，保障运营安全的有效举措。

2. 县级无车承运人运作模式分析

县级无车承运人平台的运作模式是在供应链管理的模式下，以建立信息化平台为目标，将整个物流的所有过程作为出发点，整合县内的上下级物流企业、货车车主等具有物流资源的相关利益主体，为农户、农村合作社、农企等县、乡、村各个物流资源需求方提供一体化、个性化的物流解决策略，使得平台用户能够达到供应链效益最大化。县级无车承运人运作模式结构如图 3 - 5 所示。

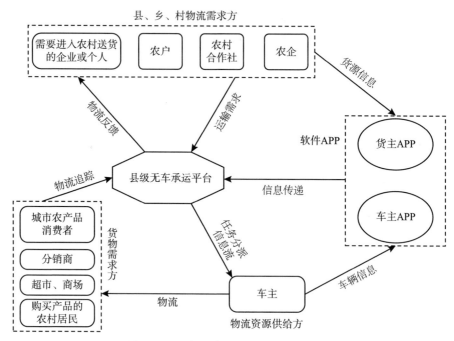

图 3－5　县级无车承运人运作模式结构

（1）"一站式"货运服务的建立。县内在建立统一的无车承运人物流信息平台后，除了将提供采集的货源、车源信息资源共享给车主方与货主方外，下游的消费者、分销商等货物需求方也能够利用平台获得相应信息资源，构成将物流信息平台作为核心的无车承运物流供应链。以整个供应链管理角度作为出发点，整合上下级物流企业，进行"一站式"的货运服务，与物流资源需求方、物流资源供给方、货物需求方三方之间构成一个坚实的物流战略性同盟，这样有助于对供应链上的信息资源进行共享，提升县、乡、村物流体系的竞争优势。

（2）增值服务。对将从原有的"价格战"慢慢向"服务战"变化的未来物流行业来说，特别是对于本身存在物流劣势的县、乡、村级区域利益相关主体来说，无车承运人运营模式除了基本的货运服务之外，应该拓展包含物流策略咨询、货运信息、物流金融及物流保险等在内的增值服务。对于物流保险服务，物流资源供给方和货主可在平台上签订电子货运合同文件，若货品在货运过程中有所损伤，平台将会给予合法赔偿，对物流要求较高的农产品来说，相应的赔偿能够减少平台用户对此的感知风险。

3. 县级无车承运平台相关主体分析

无车承运人物流信息平台，将货运需求方、货运供给方、通信商、银行、保险等货运支持方、货运监管方等多方联合起来形成了物流网，并建立统一的操作规范和运作规则。参与主体不是简单的信息输入方和被动接受方，其成为货运服务的直接参与者。平台主要参与者如图3-6所示。

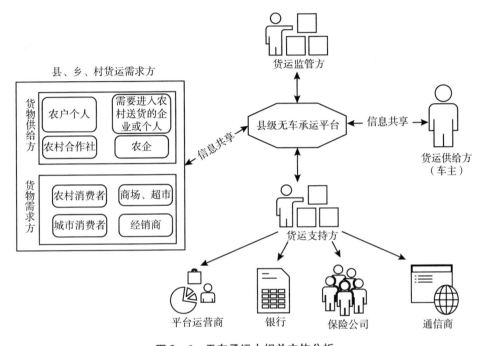

图3-6 无车承运人相关主体分析

（1）货运需求方。县级无车承运人模式中的货运需求方是指货物销售与购买的参与主体，主要包含有城乡消费者、经销商、超市等需求货物的企业及个人，以及货源方、货主供应商及需要向下游消费者或者零售商供货的接包方，如农户、农村合作社、农企等。货运需求方在整个物流货运过程中承担货物托运人的身份，当然，为了体验到物流服务，付出一定的运输成本是必不可少的操作。

（2）货运供给方。货运供给方是指提供运输、配送、装卸、搬运和物流解决方案等活动的物流货运服务参与主体，是拥有专业车队的物流公司或者拥有货车车辆的车主。在物流货运活动中作为承运人的角色，通过货物运输服务，向托运人（货运需求方）收取相应的运输费用。

（3）货运监管方。货运监管方主要包含政府及相关管理部门和平台管理者。一般平台管理者主要负责的日常工作是对整个无车承运平台进行维护，为其顺利运行提供保障。政府部门和县级的物流行业协会等主要的工作是负责对参与平台货运的货运供给方进行监督和管理，同时可以按照平台中采集到的数据进行统计分析，从而获得物流业相关运营报告及其他政府资源信息，通过有效地收集市场环境中的相关信息，进而在县级政府进行决策的时候为其提供数据支撑。

（4）货运支持方。货运支持方主要包含金融保险机构、银行、工商管理机构、税务、科研单位、通信机构等。金融保险机构供给用户金融交易业务、融资贷款、货运保险等业务；工商管理机构发放营业执照、注册商标等；检验检疫部门提供检疫服务给运输生鲜食品、动植物类货品的用户；银行及税务部门提供在线支付业务；科研单位为物流业发展的情况及相关信息进行研究，提供最前沿的物流资讯；通信机构为货运信息的及时沟通提供支持。

3.4.3　基于"互联网+"县级旅游物流运作模式

1. "互联网+旅游物流"的含义

（1）"互联网+"时代下的旅游产业革新。现今越来越多的农村居民将自己生活地区的风俗文化、地理地貌作为载体，来吸引城市居民前来农村旅游和消费。伴随着城市发展水平的迅速提升，农村的基本设施设备也在逐渐的完善，为农村旅游的发展提供了基本的物质与经济保障。从现有趋势分析，乡村旅游的发展前景一片大好。农村一直是国家重点关注的对象，而农村旅游作为提高农村居民收入、带动农村经济发展的有效模式，受到了国家的大力支持，近几年中央一号文件中也连续提到要大力推广农村旅游。由于中国农村地域广阔，不同的农村有自身的风俗特色，因此，农村旅游已经逐渐成为中国的特色产业，其在旅游业中的占比越来越高。据《2018—2024年中国休闲农业和乡村旅游产业竞争现状及未来发展趋势报告》显示，近几年来农村旅游游客越来越多，从2012年的7.2亿人，增加到2017年的28亿左右人次，年均复合增长率高达31.2%。

农村旅游需要与互联网进行高度融合才能承受住由互联网带来的技术冲

击，发展"互联网 + 旅游"是顺应互联网时代发展的必然要求。农村旅游业只有与互联网进行深度融合才能发挥农村在吸引城市旅游群体方面的独特优势，形成自身的旅游文化，通过旅游互联网化，增加农村旅游的影响范围，提高其知名度。近年来，越来越多的旅游企业意识到"互联网 + 旅游"在吸引顾客群体、整合顾客资源方面的优势，并依托互联网技术将企业发展得越来越好，比较典型的例子包括携程、同程等大型电商旅游企业。总之，"互联网 +"为旅游业带来了新的机遇与挑战，农村旅游企业必须与"互联网 +"深度融合发展，探索出自身的农村旅游创新之路，才能在激烈的市场竞争中存活并不断成长。

（2）旅游产业与现代物流的融合。除了吸引城市居民到农村的各个景点旅游以外，发展特色农村旅游产品也是增加农村收入的重要手段。《国务院关于促进旅游业改革发展的若干意见（2014）》指出，发展农村旅游业，能够有效带动当地特色旅游产品的发展。应该以县级行政区为代表，根据当地的地理地貌、资源特产、风俗习惯，并通过互联网技术深入挖掘城市居民的个性化需求，进而打造出具有当地鲜明特色的旅游产品。

（3）农村"互联网 + 物流"模式下的新旅游。在国家政策的支持下，农村旅游和农产品物流逐渐融合发展，带动了农村经济的进步。然而，城市旅游者对农村特色旅游产品的要求越来越高，并且周边的市场竞争越来越大，因此，利用"互联网 + 旅游 + 物流"的新旅游产品营销手段来提高农村旅游业的竞争能力越来越重要。在"互联网 + 物流"运营模式下，农村开发出的旅游产品在销售过程中，产品物流路线、产品位移等从开发者到旅游者手中的整个信息流动都趋向于体现一种网络化的特征。并且，互联网平台为旅游产品开发者提供了一个不受地域、空间、时间限制的产品展示交易平台，旅游者可以直接通过平台下单，利用物流送货上门，提高了购买积极性。截至目前，"互联网 + 旅游 + 物流"为促进农村旅游业的发展、增加农村旅游产品的销量提供了新的途径。

2. 县级"互联网 + 旅游 + 物流"运作模式分析

构建县级旅游物流网络的主要目的就是将两个本身缺乏发展动力的行业整合起来，集中发挥其自身优势。首先，物流行业为旅游产品顺利完成交易，进入消费者手中提供支持；其次，完善的、规模化的物流配送流程能够增加消费者心中对旅游产品的可靠度，提高购买量；最后，旅游产品的销量增加能够提高物流企业的业务量，为物流业在农村发展提供货源支持。为此，可以选择一些专业的旅游论坛、物流论坛进行宣传和培训，加强对物流活动供给双方的诚信、能力、财产安全、服务质量等的监督。

"互联网 + 旅游 + 物流"的发展（见图 3 - 7），需要旅游产品业与物流业共同合作，共同发力。对旅游产品企业来说，与物流企业的合作应该公开、量化、并且制定合适的价格策略。作为物流相关企业或社会参与者，必须根据自身能力去参与任务，以实现旅游物流参与者利益最大化。

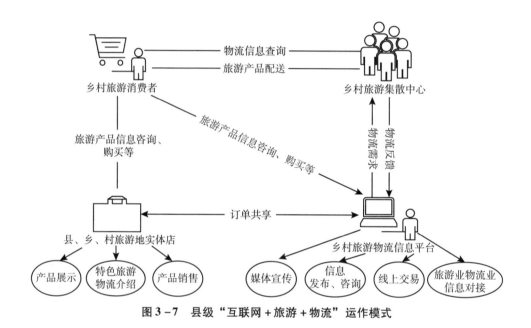

图 3 - 7　县级"互联网 + 旅游 + 物流"运作模式

（1）线下实体店。县政府可以与周边相关企业联合开设实体店，以便客户体验和消费。与此同时，应积极洽谈与旅游行业相关的周边商家和周边物流企业合作，形成行业联盟，这种行业联盟的运作方式实际上是通过在实体店为客户进行旅游产品的展示，在实体店直接消费的客户可以采取邮寄的方式将旅游特色产品寄回相应的目的地。这种行业联盟为物流公司和农村旅游产品开发商家开拓了更多的流量入口、为客户提供了具有本地特色的食物和产品等一系列服务，同时将消费锁定在联盟之内。通过促进"互联网 +"下的旅游物流的运营，形成从采购、仓储、配送、门店销售、售后服务等环节于一体并协同相关行业共同完善"互联网旅游 + 物流"流程化、标准化运营模式，有利于推动农村经济与农村物流协同发展。

（2）乡村旅游物流信息平台。在县、乡、村各级政府机关及相关部门、组织的支持和协调下，开发建设出旅游物流信息平台能够为乡村提供便利，政府应该在基础设施建设、资源分配和招商引资上提供明确的指导性政策建议，有管制力、有规范的行业标准也是保障农村旅游物流发展必不可少的措施。在旅游物流信息平台的功能规划上，采用会员分级优惠的制度，为会员人群提供优惠的旅游项目、免费的旅游商品的信息资讯，适度的免费信息发布；这样能够通过为会员人群提供更加快捷、更加方便、更加及时的物流服务而促进旅游产品的销售。此外，在县级"互联网＋旅游＋物流"信息平台构建完善且相对稳定时，可以尝试与全国各个区域的信息平台进行互联互通，以方便各地旅游产品的交流，吸引到更多的用户浏览，从而为它们提供增值服务。为吸纳更多的社会资源加入到旅游物流的队伍中，可借助网络媒介的传播作用，通过微信公众平台等开放接口，任何一台智能移动终端即可实现线上线下的信息交互和交易。

（3）乡村旅游物流集散中心。在县、乡、村旅游地重新规划确定客源地物流集散中心，在旅游景点规划确定"目的地物流集散中心""客源地物流集散中心"，能够增强物流节点间竞合关系，可以为城市游客提供包裹寄放、代为保管等服务，方便它们出行，并且提高旅游产品购买量，进而还能促进当地物流的发展。"目的地物流集散中心"可以为旅游者提供旅游产品快递服务，当游客想要购买旅游产品，但是因为不方便收藏保管或者影响下一趟行程等原因犹豫时，当地的物流企业就有了用武之地。

此外，一些特殊商品应在低温甚至冷冻状态下运输，如生鲜农产品、水产品等；可以根据客户需求，为他们提供定制化的物流服务，保证产品能够及时、准确、无损耗的送到旅游者要求的地方。

3.5　县级"互联网＋物流"模式实施的保障措施

3.5.1　建立县级"互联网＋物流"信息平台，提高农民用网意识

县级"互联网＋物流"模式必须要打破信息壁垒、实现数据和资料的共

享，如果个体农户缺乏及时、准确的信息资源，那么其农产品就很难在众多的特色农产品中取得优势地位。农村物流的规模化经营必然需要以农民专业合作组织作为载体。通过建设专业化的农民合作组织，能够获得广泛的信息资源，促进个体农业经营者以更高层次合作组织的形式，向外进行交易，弥补个体农民在知识储备、信息的及时性、准确性及对网络的认知模糊等方面的不足，有效抵御市场风险，并满足"互联网＋"农村物流发展的组织需要。

一是要通过加快建设农业专业合作信息共享平台，提升个体农民对互联网的认识，利用已经初步形成规模的农村组织合作社作为教导农户等独立农产品生产者用网技术、公布买卖信息的桥梁，是增加农村居民提高使用互联网积极性的有效手段。此外，以周边发展较好的合作社为引导，能够大大减少农村个体户对互联网的抵触。

二是要通过农业专业合作社的群众影响力不断提高农村居民"互联网＋物流"的意识，了解先进技术为农民带来的益处，并提供相应的培训，包括如何对信息进行收集整理、如何在网络平台上销售等，并给予必要的资金和技术的支持等。

3.5.2　把握"互联网＋"机遇，完善农村物流体系

"互联网＋"对于现在和未来农村物流的发展来说既是一种机遇，也是一种严峻的挑战。如果能够紧紧抓住机遇并且平稳地迎接挑战，那么农村物流一定可以得到极好的发展。机遇即农村物流可以从"互联网＋"中汲取有利且有助于其实现发展的方面，进而对经济发展和社会进步产生积极影响；而挑战即农村物流的快速发展必须要有相应健全的物流体系支撑，否则农村物流的发展将受到极大的抑制。农村物流的季节性，使得农产品的保存时间和流动效率直接影响着农村物流的发展。在农村由于各种条件的限制，如最基本的设备设施不齐全，最主要的是农村并没有相对较为健全的物流体系，造成农民在销售时质量难以保证且周期还较长。特别是对生鲜农产品而言，这类产品对于时效性的要求更加高，怎样通过高效的物流网络体系将农产品运送到城市，是目前较为紧迫的难题。所以，必须加大对农村基础设施的建设力度，进一步地完善农村物流体系。

一是在原有的物流网络体系上面，不断地加入新的要素，要进一步建设物

流节点和相关基础设施。同时还可以与龙头企业进行合作，共同来进行配送及物流体系的建设，将农村个体经营的产品实行统一的运输。

二是当地政府可以提出优惠政策，使得其他社会物流企业有动力加入到农村物流中来，并可以自己组建物流网络、服务网点和基础设施等，实现农村物流的积极循环发展。

3.5.3　加快农村物流专业人才培养

农村物流竞争的实质就是人才的竞争。农村物流跨越式发展必须依靠创新性物流人才，提升农村物流业的核心竞争力关键是培育创新型人才，因此物流业要优化配置现有人力资源，实现物流行业人尽其才，同时对能力较弱的人员进行培训，必要的时候还得投入更多的资源进行培养。目前，可综合利用政府、高校、企业资源进行农村物流人才培养。政府可以出台相关政策，给予高校政策资金支持，帮助高校培养、吸引优秀教师资源，组建精干的物流教学师资队伍；高校和政府物流主管部门共同选派相关领域的学者出访发达国家进行学习，了解他们在农村物流建设方面所采取的措施方法；在我国不同级别高校可根据自身实力制订不同层次的物流人才培养计划，比如大学开设农村物流研究生和农村物流专业，通过不同层级的院校培养使相关学生应用在农村物流的不同层次。同时通过劳动部门、人事部门要加强农村物流人才技能培训，发挥职业资格认证在物流人才培养上的监管导向作用。农村物流发展所面临的尴尬问题之一便是农村物流人才缺乏，所以，从全局的角度来说，引导且督促农村物流相关技术人才的培养的是"互联网+"农村物流发展必不可少的措施。要培养高技术的农村物流人才，农产品企业和农民专业合作社应聘请专家，举办农村物流人才培训班，培养高水平、技术精湛人才，更好地将"互联网+物流"应用到农村物流中去。

3.5.4　加强农村组织化程度

农村村民的组织化问题也是目前农村物流建设中较为重要的一个方面。农村合作社取得成功的先例也说明了在一个松散的农村组织中很难集中优势资源进行农村市场的推进，高度集中的组织才能够更好地应对农村物流中出现的一系列问题。所以无论是社会还是政府都在如何提升农村组织化上下了很大的工夫，但由于我国国情和农村发展现实情况，快速地完成农村组织化还不太现实。因而，必须逐步对农村组织能力的进行提高，并根据我国各地区的实情，在全国范围内传播成功的经验。充分关注发展农村物流的利益相关者。除了对农村物流主体进行建设，还应该激励发展"龙头企业＋农户"和"生产基地＋农户"，以及"配送中心＋农户"等几种模式，进而实现农村物流的规模化。此外，还可以将农村的物流业务集中起来外包给当地的农村组织，如农协等。积极鼓励每个农村都建立各自的农村组织。然后，利用这个组织就可以作为农村与城市市场的中介平台，使之更有效地推动农村物流进步。

3.5.5　统筹规划农村物流基础设施网络

在县级构建"互联网＋物流"主要是为了扩大农村产品的销售圈，达到促进县、乡、村地区农产品高效流通的目的。而要想让传统农产品利用互联网发展，怎么从农村走向城镇至关重要。首先，健全和完善县、乡、村各级的交通道路建设显然是不可或缺的，为了拉动农村经济发展，给农产品走出去提供可行之道，我国政府提出了"万村千乡"的政策，并且各级政府为了响应国家的政策号召，都就它们所在区域的具体经济、交通、地理、气候等状况，提出了相匹配的政策建议，各级政府都出台了相应政策配套实施该工程，确保县、乡、村的整个交通路网形成一个统一完善的体系。然后，由于受到种种因素影响，且农村特别是村、镇级别的道路设施建设的基础特别不牢固，各个相关者的关系错综复杂，这样就造成了农村现有的道路设施建设不完善，所以，县级政府对整个县、乡、村的交通路网建设进行高度重视是十分必要的。此外，与县级的发展相呼应的政府措施是急需要被制定并且严格颁布的，只有这样才能在提高互联网在农村的普及度、使用度的同时，保持其发展速度不受农村道路的制约。

首先，有关运输的基础设施建设由国家政府统一布局规划，提供相匹配的资金支持，在促进农村电子商务的同时也带动物流市场的扩展。根据县、乡、村三级的物流交通路网布局设计，分别按照不同的标准进行推行政策。此外，通过采用"分散站点统一管理、物流资源共同使用"等方式来建立健全整个物流网络体系也是优化基础设备的可行之径。其次，采用强有力的激励措施，引导物流企业和农户、农村合作社、农企等农产品经营商合作是吸引物流企业进驻农村的有效手段。最后，在农村农产品物流运输工具的作用也是绝不可以忽视的。在运输工具上进行必要的投入是必不可少的，因为不同的农产品具有自身独特的性质，如易腐烂的瓜果、需要强保鲜手段的生鲜，这些都需要根据它们自身的运输需求进行运输工具的设计。

3.5.6　加大政府支持力度

政府在农村的"互联网＋物流"发展的全流程提供支撑、全方位的战略进行规划及无死角的监控方面有着不可或缺的作用。要想为"互联网＋物流"发展吸引资本，就必须要利用市场手段，号召社会各行各业参与到农村物流互联网化的建设中去，达到促进发展现代农村的目的，然后农产品才能有较好的网络销售环境，实现农村经济的增长和农民收入的增加。同时，也可以通过互联网信息技术帮助物流企业优化自身结构，打造一批互联网优势企业，还能鼓励农民自主创业，并帮助他们建设自己的农产品平台，利用本土特色来打造当地特色的农产品，从而让农户自己深入到"互联网＋"的第一线，直接与市场对接，这样就促进了农产品物流发展，拓宽了农产品的销售渠道，从而增加农产品销量，促进农民增收。政府对农村电子商务发展方面的支持主要表现如下：首先，在宏观层面进行有力地指导，并提出相关的优惠措施，实施农业电子商务示范工程，发挥局部带动整体的作用，推进整个农村物流创新体系发展；其次，要对农村电子商务的外部环境进行优化，在信用、金融、物流等领域都要有相应的补充支持，同时鼓励现有的电子商务企业开展农村电子商务业务，支持农产品在线交易，促进农村电商与农村物流协同发展。

第4章
乡级双向物流供应链模式

4.1 乡级双向物流供应链研究现状

4.1.1 物流供应链研究现状

20世纪80年代初,供应链(Supply Chain)概念被提出来。在莎莉(Schary)和拉森(Skjott – Larsen)看来,供应链是以最高效、最合理的手段进行原料处理和控制产品制造,确保最终能够将产品交付到消费者手中。史蒂文斯(Stevens)认为"供应链以生产供应为起点,到销售消费为终点,其中包括了在系列活动中逐渐上升的价值、分产及分销,将产品经过供应商(或者供应商的供应商)送到顾客(或者是分销商的客户)的手中。"哈里森(Harrison,1999)认为"供应链是以原材料采购为基础,通过将其扭转为中间品和产成品,最终将产成品传送给消费者的功能网络链"。从20世纪后期开始,众多国内外著名的学者对农产品供应链的模型和概念及农村物流供应链进行了深入的研究。

1. 农产品物流供应链

随着对供应链研究的不断深入,其定义也在与时俱进。1996年,舒彼昂(Zuurbier)等学者提出了农产品供应链这一概念。他们指出农产品供应链管理旨在减少物流费用,改善农产品物流的服务和质量。多尼(Downey,1996)

指出农产品供应链是一个自上而下的垂直链条。它包含了农产品的产出、包装、打标、分销等一系列流程。莉莎霍尔和瑞安（Liz. Hall & Ryan，1998）指出农产品供应链管理的核心是满足最终的消费者，因此管理者应该着手于消费者的需求，持续改进和调整供应链上各节点的问题，增强协调和信息传递。伍兹（Woods，2003）对农产品供应链管理提出了自己的看法，农产品供应链管理的终极目标是确保各环节上的节点企业都可以获得最大利益，因此，有必要妥善处理好各个节点企业的利益关系。英国学者阿鲁马（Aruoma，2006）认为，农产品供应链创新包含了初始生产、中间加工及最终销售三个阶段，而这三个阶段都要求进行不断的技术创新。李晓锦（2003）指出应该建立一种信息传递式的农产品供应链模式。贝伦等（Beulens et al.，2005）学者在研究农产品供应链透明度的基础上，提出了供应链所需的相关保障，同时指明通过供应链网络合作来解决实现农产品质量安全和透明性过程中面临的诸多挑战。斯金格和霍尔（Stringer & Hall，2006）认为应搭建一种创新模型，这种模型是与农产品供应链模型相关的，该模型不仅能够分析各时期农产品供应链可能发生的不同情况，还可以通过层级分解的方法对其中存在的问题进行了分析。程云行（2010）通过进行动态博弈分析，得出想要实现农户和加工企业之间长期的和稳定的合作，必须要形成农产品的供应链，并不是只按照订单等形式进行合作（具有很高的违约风险），而是需要整合供应链上的各节点企业（如生产地和分销商等）的资金流、信息流及物流，确保其运作顺利。侯玉梅（2010）主要对河北省生鲜农产品当前运作情况进行研究，她提出了一种"龙头企业＋终端消费市场"农产品供应链模式，来适合当地实践发展。张瑜、姜方桃（2010）根据调查发现，江苏的大型连锁超市中，农产品间的竞争已经扩展到农产品供应链之间，而供应链的合作伙伴实力强弱是农产品供应链间的竞争力的关键。高金霞（2016）依据目前的实际情况，得出目前我国连锁超市的生鲜农产品配送模式包含了自建配送中心、供应商物流和第三方模式，当前的超市农产品供应链模式需要对模型进行深入的研究和优化，并对机制进行改进。党永斌（2016）将"互联网＋农产品批发"的概念引入以传统农批市场为主导的供应链模式设计中，通过对新兴电商群体进行了仔细分析，发现生鲜电商与传统农产品批发市场之间的连接点。崔涛（2017）在城乡一体化视角下，提出了我国生鲜农产品应该积极发展"供应链＋电商"模式。

2. 农村物流供应链

上官绪明（2012）根据当前我国农村物流发展的实际情况和今后的经济

发展走向，提出了三种适合我国新农村现代物流供应链发展的模式：第一种，农村现代网络直销型物流模式；第二种，农村现代契约型物流模式；第三种，农村现代第三方物流模式。

钟茂林（2008）认为农村商业连锁企业应该从不同的角度出发，对不同的连锁经营模式进行研究分析，增加对农村物流配送中心基础建设的投入，创新和完善农村供应链配送模式，促进农村市场的平稳健康的发展。张迎新等（2008）认为可以将"新合作"的农村连锁超市配送划分为四个层次：公司配送中心、县级配送中心、区域配送中心，以及县级以下加盟店。同时分别介绍了四个等级配送中心的主要作用和职能，从而初步建立了一个能够纵向发展的农村配送供应链体系。刘丽（2010）提出要建立一种新型的模型，该模型与农村物流动态联盟相关。通过研究，详细描述了建立新模式的原则、新模式的构成要素，以及新模式合作伙伴的选择等；同时，刘丽还指出了保障我国农村物流供应链体系实施的具体手段。

4.1.2 双向物流供应链研究现状

根据学术界的普遍看法，双向物流体系是一个统一体，它整合了农村生产和消费各环节，以及强化了物流相关因素间的相互作用和联系。现在，国内外学者对双向物流的研究还处于探索的初期阶段，大量的研究工作都处于定性分析的层面。因为农业产业化时间早、组织整合度高，以及农产品物流发展不断成熟，所以大多数的发达国家已经为现代化农产品开发了完善的双向物流供应链模式体系。但是，我国现代双向物流供应链研究仍然处于起步发展阶段，同发达国家相比差距较大。

辛纳（Sinner，1965）指出在一定程度上，小型的农村展会与城乡双向物流供应链之间存在关联，在统筹城乡双向物流系统运行中愈发重要。杰宇（Chieh-Yu，1997）将轴辐式网络理论应用到美国航空货运的系统规划，建立了一个高效率的多枢纽轴辐式的物流系统，从而可以为建立城乡双向物流供应链的网络体系作参考。王新利（2004）认为在当今社会背景下，受到信息技术的影响，电子商务和网络化运营模式是现代物流企业组织结构的主要特征。而农村物流组织结构的扁平化则进一步推动我国乡级双向物流供应链的构建。秦星红等（2011）通过 SWOT 分析了重庆的城乡物流模式，得出了以加工企业或者连锁超市为中心的两种不同的双向物流模式。卢美丽（2012）通过研究城乡物流一体化，结合其建设目标，提出要构建一个双向网络优化的模型，用来指导如何合理选择配送中心和农产品收购中心。宋宇（2011）提出应着眼于公共服务均等化，从物流设施、物流基地建设、市场整合等多方面构建城乡双向物流系统。陈君（2015）分析了农村消费升级和城乡流通的作用机理，为了更好地推动农村双向物流体系的构建提出了现代化、信息化、商业化等经营模式。彭永涛等（2016）提出了要建立集最短配送距离和时间，最低污染、最少运营及建设费用等多目标为一体的城乡物流网络优化模型。陶君成等（2016）通过分析大数据技术，研究得出大数据是如何影响城乡物流网络的运作，提出城乡物流网络重构的逻辑结构和实现路径。

国内外学者在物流供应链、农产品双向物流供应链、城乡双向物流供应链等方面进行了许多的研究，积累了较丰富的成果。从现有的研究成果可以得出，构建双向物流的供应链，在一定程度上，推动了农村物流模式的改善，加快了农村物流发展进程，促进了农产品经营水平和农村组织化程度的提升，从而保障了农村现代物流的发展，并且也增加了城乡的紧密互动。在此基础上，城乡良性互动一定程度上能够促进国民经济水平的平稳发展。

新时期，在"乡村振兴"战略背景下，我国现阶段面临的一个新课题就是农村物流如何适应时代的变化，迎接新挑战，通过建立乡级双向物流供应链模式，完善农村现代物流体系，从而有效地促进城乡一体化发展。

4.2 乡级双向物流供应链概述

4.2.1 双向物流的概念与内涵

1. 双向物流的概念

双向物流在一定程度上减少了物流运作费用。其核心就是发挥正向物流和逆向物流的集成作用，以便有效地减少配送车辆的空载率，从而节约物流企业的运营成本，最终使企业的经济效益提高。双向物流不仅是农村物流的主要特征，也是农村物流要实现的主要功能。双向物流是将在农村进行生产加工的农业、林业、畜牧业等产品，从农村运输到城市，然后再将农村需要的农资和日用品从城市运回到农村，从而实现了农畜产品、农资及农村日用品在城乡间双向互通的物流输送。

首先，双向物流指的是物流配送的双向流动，即城市零售企业使用运输车辆在农村销售网点进行工业品配送后，再将农村销售网点的农副产品装进配送车辆一起带回城市，最后再送货到城市中有需求的零售商或者个人，因此需要运输车辆在往返的过程中必须装载物品。当下，我国农村工业品的配送中，大多数流通企业采取的是单向物流配送，同时农副产品进城配送需要通过农副产品批发市场、农户等多渠道，因此在一定程度上，使得农产品的物流服务质量不能得到保证，并且在运输和存储的环节，很容易导致较高的产品损耗率。由此可以得出，工业品的单程配送及农副产品的多环节配送中，高损耗率是直接导致运输成本高的重要原因。特别是瓜果蔬菜等农副产品，其物流环节的损耗率高达25%～30%。但是，城市和农村市场的流通企业借助双向流通就可以减少物流成本，从而既提高了企业效益，也方便了农民生活。它主要体现为流通企业为了增强企业的核心竞争力，增加利润，往往提高收购价格，由此给农民带来利润，也提高了农民的收入。

其次，双向流通是指产品供应与产品市场需求信息之间存在的双向联系，主要目的是解决市场上的产品需求问题和农民生产过程中的一系列问题。即作为终端销售商的零售企业，要结合自身的物流通路直接参与到农副产品的流通中，零售企业不仅要向农民提供市场行情，同时在了解消费者偏好的基础上，引导农民生产出可以获取最大收益的农副产品。并且零售企业要与当地农民就农副产品的品种、数量和价格达成协议，支持农产品实行先下单再采摘，从而避免了当地农民盲目采摘，最终造成农产品损失浪费的问题；同时零售企业也可以对农民进行专业的技术培训或生产指导，从而使农民能够根据规定的标准开展农产品的生产和加工工作，促进农产品的质量提升，最终确保农产品质量合格。

最后，双向流通也能够表示品牌的"双向"渗透，主要用于解决农产品的供销不稳定问题。连锁零售企业，尤其是大型连锁零售企业拥有完整的企业管理模式和完善的物流配送系统。这些模式和体系之所以能得到社会的认可，关键是确保了商品质量体系的完整性、安全性和稳定性。总而言之，这类连锁销售企业拥有符合自己企业的营销体系，即将部分特色产品作为自有品牌商品进行销售。一方面，零售企业订购的农副产品可以得到零售企业品牌的支持；另一方面，品牌的发展也保证了地方特色产业的发展，尤其是对区域农业经济的发展发挥着不可或缺的作用。显而易见，通过零售连锁企业的品牌效应可以使农副产品流通到城市市场，而且零售企业也通过支持当地农村经济的发展，从而巩固和扩大了本品牌在乡村集镇的地位。不管是作为农产品的供应者或者是经营者，零售企业都可以获得极高的经济效益。

现在，不管是农村连锁零售企业，还是城市连锁零售企业，绝大多数的企业都属于单向流通体系，也就是一般的"工业品下乡型"或者是"农产品进城型"。着眼于物流的角度，很少有企业将"农产品进城"和"工业品下乡"的双向流通模式融合在一起；能够进一步传播和交流农产品、工业品的信息，以及可以打造产品品牌的企业更少。长期以来，单向流通一直存在不少问题。一方面，导致了农村流通企业高成本、低利润，企业因为缺乏资金积累，所以无法得到扩展；另一方面，由于生产商、流通渠道及零售企业所形成的利益链也没有形成长久稳固的联系，间接增加了农副产品流通的环节。而这些原因最终都会对农民的收入和产业的稳定运行产生影响。

总的来说，积极探索构建城乡市场双向流通模式已经刻不容缓。

2. 双向物流的内涵

结合以往专家学者的观点，双向物流是指根据制订好的配送计划，运输车辆按照客户的订单，从配送中心出发，到达客户点后，车辆在完成卸货后，还需要将农产品和消费者退回的产品运回配送中心。也就是说，在一个客户点需要将送货和取货的任务同时完成。当车辆将此线路上每个客户都访问结束时，就需要返回到配送中心，所以此时也就完成了该条线路上的配送任务。这里的"双向"是指通过农产品的流通渠道，在将农村的日用品和农资运送到农村后，在返程时配送车辆将农产品同时运回城市，即为双向集成。

4.2.2　乡级双向物流供应链的概念、内涵及应用的障碍

1. 乡级双向物流供应链的概念

乡级双向物流供应链既包括农村输入物流，也包括输出物流。其中，将农用物资和农村生活用品从城市配送到农村称为农村输入物流，从农村向城市配送农产品是农村输出物流，即农产品物流。乡级双向物流供应链，一方面，主

要是农产品上行，即农产品（生鲜农产品、农副产品）从农民或农场向城市消费市场的转移，农产品的属性对其的流通过程中具有重要影响。另一方面主要是工业品下行，即工业品（农资品、医药品、日用品）从城市的多级批发市场或分销中心转移到农村消费市场。当然，工业品的属性也在其流通过程中具有重要的影响。

乡级双向物流供应链具有以下特征。

（1）双向流动。注重的是农资物流和农产品物流的双向集成，并不是仅仅把这两个正向物流看作是一个"单独"的物流过程。"双向"指的是通过农产品流通渠道，向农村配送农资和农村生活必需品后，然后在返程时将农产品带回城市，即双向集成。

（2）优势互补。农村双向物流不仅确保了城市居民的日常需求，而且也保障了农村居民的生活。它不但可以解决农产品供需不平衡及菜贱伤农的问题，同时还可以促进农民消费，拓展消费市场，从而达到共赢。

（3）良性循环。借助农村双向物流，能够确保供需市场信息进行"双向对接"。在了解顾客对农产品的需求后，农民在农产品生产中可以更有针对性，进而减少不必要的浪费，同时也可以对生产资料的整合和利用进行优化；在了解农村的市场需求后，城市农资和生活必需品供应商也可以有计划地向农村生产产品和提供产品。在一定程度上，这种城乡供需市场间的无缝对接，实现了农产品、农资和消费品产销的良性循环，不仅确保了农村经济的健康发展，而且也对城市经济的有效可持续发展提供了一定的保障。

乡级双向流动的供应链体系由一般要素和支撑要素组成。而一般要素主要是以下三点：①人。人不仅是主体，也是乡级双向流动供应链体系的主要因素，更是这一体系的关键主导因素。如果没有人这一主体的活动，那么双向物流供应链就无法顺利形成。②商品。乡级双向物流供应链的对象是商品。从根本上看，物流实际上就是商品的流通，在这里主要指农产品的流通。③物流信息。物流信息是以特定方法处理的数据，对物流的管理运作和物流规划有着指导性作用。对于信息接收者而言，这种数据也有着重要意义。乡级双向物流通过政策法规、生产、市场、运输、库存和不同运输工具的技术信息等对农产品的流通进行引导。

支撑要素是构建和运行乡级双向物流供应链体系的物质基础。它主要包括：①物流设施。物流设施是发展物流行业的基本前提。物流运输网点，产品保管设备和交通条件等都是必需的物流基础设施，而农产品加工和配送中心及批发市场则是更重要的物流设施。②物流设备水平。我国物流设备水平的发展促进了乡级双向物流供应链效率的提高，尤其是自动化的物流设备推进了物流系统的高效率运作。③物流工具。包装机器和运输工具等物流工具对物流流程起到良好的辅助作用。④网络设备及物流信息体系。因为双向物流供应链的深入发展，消费者对于物流速度、服务水平的要求逐渐升高，所以要充分利用先进的互联网设备，完善和发展物流信息基础设施。

首先，二元经济社会结构造成了城市与乡村市场的细分，引发了城乡市场的断层，最终导致了在很长一段时间中乡村市场都是供应不良的状态，而且也影响了消费者对农产品物流的满意度。所以，从改善社会总需求来看，就必须构建乡级双向物流供应链，并且激活农村消费需求，最终拓展了内需总量市场。

其次，只有构建起乡级双向物流供应链体系，才能从根本上满足城乡之间生产、交换，以及消费等多方面的需要，并且顺利地促进工农的强强结合，从而在形成良好的互动关系的同时，也可以把城乡市场有机结合。同时，会从根本上促进城乡各类物资和产品之间的双向流通，最终真正实现城乡市场一体化和融合化。

再次，构建完善的乡级双向物流系统，不仅能够保障城市和农村物资和日常用品供应的正常需要，而且还可以支持农村的消费需求，将我国的城市市场与农村市场进行有机结合，从而能够在根本上把市场作为一个整体进行统筹考虑，把农村市场作为城市消费的一部分，便于提高农村市场的地位，这样就可以不断降低农村市场和城市市场间的差距，实现城乡统筹发展，进而使得农村落后的消费环境和理念发生改变。

最后，构建我国乡级双向物流供应链体系，能够降低市场运作的不确定性和盲目性。换而言之，通过建设与推广城乡双向物流供应链体系，不仅能够增加农业生产的科学性，降低生产的盲目性，还能够降低市场供求和延误供货所造成的风险，最终会降低农民生产的风险和促进乡村经济的建设。

2. 乡级双向物流供应链的内涵

供应链（Supply Chain）在不断推广应用下逐渐成为现代物流管理理论和企业管理模式的重要部分。在马士华教授看来："供应链是围绕核心企业，通过对信息流、物流、资金流的控制，从采购原材料开始，制成中间产品以及最终产品，最后由销售网络把产品送到消费者手中的将供应商、制造商、分销商、零售商，直到最终用户连成一个整体的功能网链结构模式。"

目前，国外学者普遍将农产品供应链的概念表述为："Agricultural Supply Chain"和"Agri-supply Chain"，而国内学者则称农产品供应链为"食品供应链"和"农业供应链"。实际上，其字面意思几乎相同：农产品供应链是以农产品为基础的供应链。

张明玉教授对国内外的农产品供应链研究情况做了具体分析，发现大部分供应链以核心企业作为中心来对农产品资金管理、信息管理和物流管理进行控制，使得农产品的农资采购、生产、加工、包装、储存和运输相互独立，将生产者、核心企业、分销商还有最终客户四个元素组成一个功能网链结构。在国外，很多学者将这种供应链模式比作"种子—食品"，而在中国，这种模式被比喻为"田头—餐桌"。

从上文可知，农产品供应链还包括书中提到的双向物流：一是农产品物流，从农村流向城市的物流模式；二是使用农资的采购物流，从城市流向农村的物流模式。但在农产品供应链的定义里，并没有包含农村居民日用品的采购物流。所以本书将农用物资品物流认为是农村输入物流，从农产品供应链的定义能够得出，它仅仅包括农村输入物流的一部分，更为最重要的是农产品供应链的定义中没有强调农资物流和农产品物流的双向集成，并且只将两个正向物流认为是"单独"的物流过程。

在将两个正向的物流过程合并的基础上，形成了双向模式，从而有效地减少了农村物流的运输成本以及农用车的空载率。综合以往专家学者观点，笔者认为乡级双向物流供应链是：围绕核心企业，通过正向物流的方式，将农资产品和农村生活必需品运送到城市市场，通过协调控制资金流、信息流和物流，能够将农用物资供应商、核心企业、分销商、零售商和城市顾客甚至是农民一起构成一个具有整体功能的乡级双向物流网络结构。

3. 乡级双向物流供应链应用的障碍

然而，我国乡级双向物流供应链在应用的过程中尚存在一些不足。

（1）城乡物流体系分割。受城乡二元经济体制和农村生产力水平低下的影响，我国存在城乡发展失衡问题。而城市与农村之间的差距，也导致了城乡物流各自为战。因为城市中的现代物流体系较好，但在农村地区的发展缓慢，这不可避免地导致了城市和农村地区之间的农业物流脱节，造成物流成本居高不下，物流作业效率低下。

（2）农村物流基础建设落后。农村物流的顺利发展必须拥有较为齐全的基础设施。物流产业发展的关键问题之一就是物流设施和物流装备标准化缺乏，而且，在我国绝大多数农村的实际情况是基础设施非常落后，这样不仅致使企业运作不畅，管理也不到位。再者，配套装备和信息服务等方面的条件也无法满足物流体系发展的需要，所以大部分农村生产企业只能选择自营物流。

（3）缺乏有效的制度实施机制。现在，中国农村物流的发展基本处于初始阶段，物流市场体制还不健全，物流行业的创新思维能力较弱，物流运作缺乏一个完整的网络平台，信息链的阻断和分散导致各物流节点之间的信息流通不畅。农业物流标准化建设仍然处于起步阶段，物流秩序不规范，行业内各企业水平差别大，农业信息化建设不完善，各种农产品相关信息推送不及时，影响了城乡物流体系的发展。绝大多数的地区不仅没有制定出区域性的农业物流发展战略规划，而且还没有出台相关的城乡物流发展的产业政策和强有力的制度实施机制，导致乡级物流发展滞后。

4.3　乡级双向物流供应链模式的生成机理

影响我国乡级双向物流模式形成的原因有很多，包括了内部动力机制和外部因素。首先，城乡统筹发展是我国乡级双向物流供应链模式形成的主要原因之一；其次，乡级双向物流供应链模式有其内在运行机理，促使城乡双向物流系统不断演化发展；最后，乡级双向物流供应链模式是市场机制下，农村经济利益催生的产物，这一发展模式下的企业主动选择双向供应链流通方式，必然有其强烈的经济动机。以下是我国乡级双向物流供应链模式的形成机理。

4.3.1　轴辐网络机理

轴辐网络指的是由许多节点组成的集合中有一个起点和一个终点，也就是始发地和目的地，从始发地出发到目的地的途中需要经过许多个节点，或者直接从始发地发往目的地，借助始发地经过的节点集散与中转，可以减少最终抵达目的地时所花费的物流成本。链条组织在这样一系列的串行过程中可以被称为轴辐网络系统。在轴辐网络系统中有"轴心"和"辐网",分别称为"核心节点"和"非核心节点"。其中,核心节点起着中转和集散的作用,而非核心节点则担负着流通的作用。通过连接核心节点组成干线,连接核心节点与非核心节点构成支线,此时的轴辐网络系统可以在某一核心节点上人和物进行集散,进而产生物流的规模经济,减少物流系统的运营成本。

目前,轴辐式网络主要可分为树状网络、路径网络、星状网络和环状网络。该网络通过点(一级物流中心、二级物流中心或者三级物流中心)和线(支线通道或者干线通道)组成了轴辐式网络,从而产生物流的规模经济,减少单位距离运输费用。轴辐式物流网络的核心是枢纽节点,轴线道路通常可以整合大型物流量,形成规模经济效应。轴线道路旨在对物流资源进行归纳、整理。在很大程度上,使用轴线道路可以减少网络运输费用,加快物流运输的效率。由于枢纽节点强大的辐射力,便于对网络资源进行优化配置。然而因为轴线道路的出现和绕行造成的运输成本提高,所以构建轴辐式物流网络要求物流中心具有极高的经济能力。物流中心的稳定性不仅会影响轴辐网络,而且也会增加系统的物流风险。通过该原理,可以建立一种新型的乡级物流模式。该模型需要完善我国农村物流基础设施,其次是搭建由物流中心和交通干线组成轴辐式网络,以实现降低物流运输费用的目标。

4.3.2 市场互动机理

城乡经济一体化是市场经济客观规律发展的产物。当生产力水平发展到特定的阶段时,就必然会出现社会城乡一体化。市场化机制是城乡商贸双向流动的动力和功能机制,可借助市场带领和产业集散的方式进行。市场经济以产业流通经济为基石,市场机制的运行机理由价格、竞争、风险、供求要素及其有机联系组成。

市场互动机理主要体现在两个方面:一方面,城市和乡村地区之间的互动主要由自由流动的要素来决定;另一方面,通过比较优势,充分发挥城乡互动作用。比较优势能够使城乡进行合理分工,取得最大的利益,这也是城乡互动进行相互结合和相互作用的基础。然而,城乡互动指的是把城市与乡村相结合,使农村与城市之间保持着互相依赖、联系及合作的关系,城市引领乡村,乡村促进城市。因为城市与农村作为彼此市场的重要组成部分,两者的相互结合能够促使城乡共同发展。

城乡商贸流通中的市场互动机制不仅要符合市场经济的运行规律，同时它也是市场经济条件下的内生过程。这种机制的本质就是重新优化城乡资源配置，主要体现在除城市自身的发展外，还可以吸引农村的剩余劳动力到城市进行就业。

4.3.3 聚集扩散机理

通过构建城乡市场一体化的新格局，可以在城乡双向流动中实现商贸流通，这种新格局的组成是因为通过集聚与扩散的协同效应共同促进城乡经济社会结构转型而形成的。这种转型不仅仅是由城市向农村扩散的过程，更是工业发展推动农村要素向城镇积聚。

因为工业化进程的不断推进，经济发展中心一直以来都是由经济基础好、创新能力强的城市集群构建的。这些城市被命名为商业中心是因为在这些城市区域内资源充沛、机械工业化程度高，同时这些地区承载着各种经济文化交流。

这些商业中心区一般分布在交通便利、人流量大、环境好的地段。且这些商业区表现为层次性和网络性的特征。因为商业中心发展先进，所以中心城市的产业结构能够带动乡镇产业的发展，并且商业中心借助技术扩散，可以将部分生产要素和管理职能向城镇扩散。这种双向流动不仅能调整城市、中心城镇和农村间的功能布局结构，而且还可以建立具有各种资源优势的高效合作体系。

大力推行城乡经济一体化，可以实现城乡共同进步，使城市与乡村逐渐发展为强力合作的社会联系体。由于工业化的稳固发展，城市化水平逐渐上升，居民生活水平的持续上升和社会财富的不断增多，这些是城乡经济一体发展带来的优势。因此，要针对城市面临的各种困难和障碍，找到适当的解决方法。只有释放压力，才能加速城市化进程，而这种压力释放在一定程度上是不同城乡生产要素所产生的新资源配置的空间结构及产业形态。

当城乡之间的相互依存度达到一定程度时，城乡之间的良性互动就转变为促进经济社会发展的直接动力。显然，城乡之间的互动推动了农村产业向城镇产业靠拢。城乡扩散过程不仅是城乡一体化进程的标志，也是促进城乡双向流动的一大催化剂。

4.3.4 规模经济机理

随着企业组织投入生产的力度加大，并且科学技术的迅猛发展，以及在各行各业中专业化程度的增强，企业在组织生产过程中会随着经营规模的增加而所花费的单位成本反而会出现下降的趋势；企业如果经过较长时间的经营，其平均成本也会由于生产经营规模的增加而降低。

在会计学理论中，一般在计算因配送而产生的成本时，往往会将之归集到销售费用中去，并不会单独核算，同时销售费用科目将当做利润的抵减科目。因此，企业在保持服务水平不变的状况下，同时想要获得更多的收益，只能通过降低配送过程中的费用来实现。在以前的物流配送模式中，各个物流服务商都是利用自身所拥有的物流网络来进行配送的。这样，就会不可避免地产生不少问题，如每个运输车辆回程时的空载率较高、配送过程中所配送的路线次数变多等，如此发展就会使得社会上各种资源浪费，同时在配送过程中的费用变得更高，企业在市场上就会丢失较多的竞争优势。一般而言，城市共同配送都是以联盟的形式进行，在许多家企业组织的共同配合情况下完成，以此来实现在配送业务中的统一调度，最后才能实现企业组织的规模化发展。如将该机制应用于乡级双向物流供应链中，将减少单位产品所造成的成本费用和处理废弃物所造成的成本，同时也会降低因企业对环境的破坏而受到惩罚的力度。

4.4 乡级双向物流供应链模式构建

4.4.1 乡级双向物流供应链模式的总体拓扑结构

乡级双向物流供应链模式大多是将乡村物流供应链上各部分主体组织个人、农产品和日用品的提供商及需求商、农村的连锁店和物流中心集中在一起，以物流中心为主导，以农家店连锁为经营方式的一种供应链模式。通过引导农村建立电子商务平台，在物流中心可以将各种所需产品的采购、生产、包装、仓储、运输和销售等各个环节交付给相对应的负责企业来完成。以下是乡级双向物流供应链模式的总体拓扑结构设计。

1. 链状结构设计

如图4-1所示，在链状结构中乡级双向物流供应链模式的网络结构尚处于初级发展阶段。乡级双向物流供应链系统中的输出是农村里的各种农产品，从农村农户或其他的供应商到农产品的需求方，在这个输出的过程中主要是农产品从农村到城市的转移；而系统中的输入则是农村所需的各种农资和日用品，从农产品的供应商、物流中心、为农户供给日用品的商家、农村日用品运输物流中心到供应链的末端农村消费者，即产品从城市最终传递到有需求的农户手中。一般来说，整个双向物流过程不单单能够实现农产品、日用品等的整合，并且能够实现农产品在仓储、加工、运输等流程中的价值增值。目前，在我国大部分配送网络不发达的农村地区依旧存在互联网基础设施落后问题，所以可以先通过打造具有农村物流特色的链型结构乡级双向物流供应链模式，在其获得一定发展的基础上，采取合适的手段来对农村双向物流供应链模式的网络结构进行全方位的完善。链状结构也考验各个节点企业间的协同运作程度，各个节点利用相关的技术构成信息联盟，促进信息资源全方位共享，以便促进整个链状结构的全部功能实现。

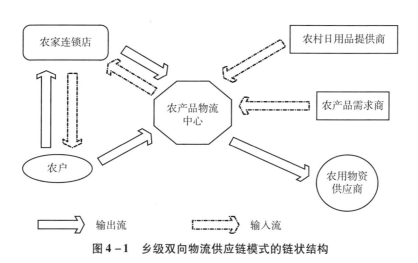

图4-1 乡级双向物流供应链模式的链状结构

2. 网状结构设计

通常情况下，在整个供应链利益相关者的相互作用下，农村双向物流供应链模式的最终路径是朝着网络结构发展，它主要包括水平层面、垂直层面，以及具有核心竞争优势的企业与整个供应链末端之间的水平层面。

（1）水平层面。在整个双向供应链体系中，农户与物流中心的联系相对来说较为稳定，所以乡级双向物流供应链的变化相对而言比较少。但从城市的角度来说，从物流中心到农用物资提供商或是农产品需求商的过程，是整个供应链体系中较为散乱的环节，进而造成了乡级双向物流供应链的变化较大。

（2）垂直层面。对整个乡级双向供应链体系中的物流中心而言，通常情况下，农户扮演着两个角色，他们不仅扮演着供应链前端的农产品生产商角色，还扮演着城市产品消费者的角色，并且数量庞大。当物流中心面对多家农村连锁店、农产品需求商、农用物资提供商时，网状结构的形成是供应链体系中一定会经历的阶段，其涉及的相关企业各不相同，分布的区域也较为广泛，在整个供应链体系中扮演着不可或缺的角色。通常情况下，在供应链上的农业产品需求商和农用物资提供商在承担各自相应任务的同时，他们在单个产品的支链上也担任着重要角色，如农用物资提供商需要从其他分支供应链的供货商那里买进生产所必需的原材料，这样就导致了整个供应链体系从单纯的链状结构变成了具有一定层级的立体式网状构造。

4.4.2　乡级双向物流供应链模式的构成要素

1. 实体要素

我国乡级双向物流供应链模式的实体要素是各个节点企业，主要包括农户、农资品供应商、日用品供应商、农产品需求商、农家连锁店、物流中心和第三方物流企业。

（1）农户。在乡级双向物流供应链模式中，农户作为农产品的供应方和生产者，不单单在整个供应链体系中扮演着给农产品加工企业供给原料的角色，农户自身还是农产品的生产商，以及农村日需品的用户，从这一点来看，农户在供应链中的地位十分重要。由于家庭联产承包责任制的影响，目前我国农户主要采取小规模、分散生产为特点的家庭经营方式，这样的经营方式直接导致农户在整个乡级双向物流供应链体系中处于较低的地位。农户生产的大量农产品通常要先经过中间商才能到达批发市场，这不可避免地导致了在农产品的生产与运输流程中中介费用居高不下。所以，采取合适的手段并且紧跟政策发展的步伐，改变传统农村的过时、落后的经营思想，这对促进整个供应链体系完善发展十分重要。

（2）农用物资供应商。农资品供应商不仅为农户提供农药、饲料、化肥、农膜、种苗等生产资料，而且还提供农产品产出、流通加工、物流配送等各个方面的器材设施。农资品质量会不可避免地影响到农产品的绿色安全问题，所以要想从源头解决农产品安全问题，就需要对农资品供应商加强监管、控制农资品安全性。

（3）农村日用品供应商。日用品供应商向农村居民提供日常不可或缺的生活用品，如油、盐等厨房调料，空调、电视等家用电器，以及毛巾、牙膏等日常用品。向农户提供生活必需品有效保障了农户的基本生活需求，同时也有利于拉动农村消费，扩大市场需求。农资品供应商和日常品供应商都是农村消费的主要提供者。

（4）农产品需求商。农产品需求商包括大型连锁超市、餐饮类零售店、农产品交易市场等，他们利用供应链网络将农产品从农户最终传递到城市消费者手中，能够与消费者直接接触，从而能够更加敏锐地感知消费者需求变化，并且聘用专业营销人员来宣传，通过这些方式都能够为农户的生产提供帮助，起到一定的引导作用。另外，由于农产品需求商需要采购大量的农产品进行销售，所以稳定的农产品货源供给对他们来说十分重要。然而我国农产品生产商大多分散，因此与农村分散的农产品生产商联系较多的物流中心需要发挥带动作用，将农产品供应源进行整合，以促进农产品在整个供应链体系中顺畅流动。

（5）农家连锁店。在我国大部分的农村地区，部分农村居民在自家住宅地开设店铺，通过从城市里进货或者出售自家所生产的农产品，同时为当地的村民提供所需的配套服务，该类店铺即被称为农家店（Countryside Stores）。

在目前快速发展的农村环境下，农家店还具有以下作用：第一，后台自动实时更新各种与国家"三农"政策有关的信息及农业产品的市场价格；第二，推荐不同村庄的特色农产品。每个村都有自己的特色农产品，这些农产品不限数量，每个村也可以对自己需要的农产品发布购买信息。

（6）物流中心。对于在整个供应链体系中占据主导地位的物流企业来说，由于其为农产品和农用品的销售提供了必要的运输渠道，促进城乡沟通的连接线。为了促进农产品的生产过程形成一定的标准，以便于他们打造自己的农产品品牌，进而走向国际化市场，针对农村而言，需要建设产品运输所必备的物流中心。物流中心除了承担城乡之间的农产品、日用品聚集、货物运输等业务流程外，对农产品进行流通加工、包装等操作也是必不可少的。发展成熟的物流公司能通过物流资源集成与采用合理信息化技术为分配货物与车辆提供支持，并且其还能降低城乡货车的不合理运输比例，以实现规模效应。如货车在将农村日需品送往农户手中的同时，还可以将农户手中的农产品带给城市消费者。

一般而言，物流中心必须建立一个运作流程简单、运作速度高的组织结构体系才能为农产品生产商与城市消费者之间的沟通与联系提供保障。此外，完整的物流中心内各个子部门与城乡双向物流供应链各个利益相关者的联系同样十分重要。不可反驳的是，物流中心的首要任务就是要提升他们对农户与城市用户的物流服务质量，同时保证物流服务成本的降低。企业根据物流在货物运输过程中扮演的角色不同可将物流企业分为仓储类、转接类、流通加工类，以及最基本的直达类，并且由于不同的生鲜产品对物流过程中的温度都会存在差异，故一般可以将物流运输分为冷链运输和常温运输两大类。

（7）第三方物流企业。以前大多企业的物流都是自身来负责的，一般都会拥有车辆、运输人员和仓库等资产，而现在如果将物流服务外包第三方物流，那么企业就可以集中较多的资源发展自身的优势。同时第三方物流企业具有更强的灵活性，还拥有更加完善的物流技术，顾客对其物流服务更为满意，所以第三方物流企业为双向物流模式的开展提供了条件。

2. 流动要素

对于实体要素来说，必须要通过流动要素才能构成他们之间的联系，因此对供应链中的"三流"加以管控对促进整个供应链体系无障碍地流动具有十分重要的意义。乡级双向物流供应链与传统供应链之间存在较大的差异，它们的供需信息流在城乡主体之间双向流动，并且产品的物流及资金流也是双向流动的。

（1）物流。一般来说，企业经常提到的双向物流不仅仅简单地包括农产品到城市消费者手中的物流，同时也包含农村日需品从城市到农村的货物流动。

由于双向物流代表的是整个乡级双向供应链上农产品输出与日用品输入的

物流，这在很大程度上对物流系统的功能与服务要求更严格。他们不仅仅要保质保量地将农产品在指定的时间送到城市消费者指定的地点，也需要在恰当的时机将农村日需品送到农村居民的需求地。因此，保障整个乡级双向物流在运行过程中处于动态稳定状态，并且不断地完善整个流程对于实现降低运输费用、提高物流需求方满意度上具有极其重要的意义。

（2）信息流。信息流包括农产品和农村日需品的货物需求信息与货物供给信息，其中双向信息流包括各种订单各个节点间相互传递的信息、产品的需求信息、货物库存余量信息和已发生交易的交货信息。双向物流集成的关键要素基础是信息共享，信息共享在协调双向物流供应链的运转方面发挥着极其重要的作用。

（3）资金流。各种货物的流动都会带来资金流的产生，进而造成了资金的流动。因此，物流企业需要尽快地将农产品或者农村日需品送到城市消费者或者农村居民手中才能带来资金的回流，进而为企业产生利益。资金流是促进物流活动顺利进行的重要推手，其中，有效的产品合同和及时的资金支付对整个供应链上的利益相关者都是至关重要的。

3. 支撑要素

（1）电子商务交易信息平台。双向物流供应链之所以能够依靠网络进行信息传递得益于电子商务交易平台的支持，电子商务交易平台是双向物流供应链保持顺利进行的必不可少的支撑性手段。

通过电商交易平台，供应链上的各个参与主体都可以进行实时的信息交互并且能够有效沟通。此外，利用这个共用平台在供应链上的各个主体都可以很好地掌握各种所需的信息，为参与方开展工作实施管理提供方便。除了各个企业以外，相关政府部门也能借助平台来发布一些有用的政策，并且能够为农户提供技术指导，此外，政府对市场价格的宏观调控也可以在这个平台上进行展示，进而促进农村经济发展。

（2）农村双向物流追溯系统。由于农村物流的中间环节众多，各个相关主体带着自身的目的参与其中，进而造成了难以对整个物流体系进行完整的全方面监控。但是，保障农村物流的每一个环节的安全都十分重要，特别是农产品物流运输环节，对任何环节掉以轻心都可能导致物流运输的货物产生损失，如给农产品造成污染会给消费者带来不可弥补的伤害。因此，搭建全方面监控的双向物流追踪体系对包装货物的物流安全特别是食品运输安全就显得十分重要，各个利益相关者都可以利用该系统防止不良商贩制造劣质产品，打击违法的、损害用户利益的行为。

（3）冷链物流系统。农产品都有其自身的特点，一般情况下都是比较容易被损害的，故为了实现高质量运输和防止农户的权益受到损失，很多时候都会将农产品安排在一个适宜的温度下进行存储和运输，直到运送到消费者手中。在冷链物流体系当中，跟平常的物流过程都有着相似的环节，如供应、生产加工、存储、运输和销售等，只是这些过程都必须在低温或冷冻环境下进行。

（4）物流标准化体系。建设物流标准化体系可以实现物流系统的高效运作，当物流标准化建立完成之后，在物流过程中的成本和效益可以得到更好的管理。现在要使农村物流从以前的散乱变得有序高效、降低企业物流成本、提高企业的物流作业效率、保质保量地实现物流过程等都需要物流标准化的支持。乡村双向物流模式的标准化主要是有以下八个方面。

①农产品的销售要有相对应的质量检测标准及建立等级分类的标准。

②关于包装方面的标准化。只有实现包装标准化的情况下，才能为货物的运输配送提供便利。

③关于存储方面的标准化。主要涉及货架、仓储设施和仓库维护等标准。

④关于运输方面的标准化。包括各种必备的车辆设备和在物流过程中所需工具等的标准化。

⑤在物流信息化管理方面的标准化。针对物流各个过程中的信息，建立统一的标准体系来进行分析管理，使企业可以更快更好地获得自身所需要的信息资料。

⑥在物流服务质量管理方面。物流提供商在为客户服务时也要保障物流过程中的质量，保证物流服务质量达标，这其中需要客户进行评价打分，每一项服务都需要严格监管。

⑦在农产品物流服务监管方面。有效控制保证每个服务过程中的任何细节，每个过程都必须有关键的评分标准，保证服务的质量达标。

⑧针对农村物流服务企业方面。对在农村提供物流服务的企业进行资质审查，必须符合国家认证的相应要求。

4.4.3　乡级双向物流供应链模式的运行机制

现在，城市和农村物流业的发展呈现出极不平衡的情况，这也拖慢了我国农村双向物流的发展。在农村地区，农民的消费积极性较差，导致消费需求在一定程度上受到限制。故为了更好地发展乡村物流，必须从双向物流模式入手。通过分析目前双向物流的发展情况，深入研究乡级双向物流的运行机制，协调各节点企业，探讨推动双向物流的动力因子，从而推动双向物流供应链研究进程，为我国乡级双向物流开辟出一条发展之路。

1. 协同机制

只有将供应链上的各节点企业进行整合，形成联合统一的协同机制，才能够为乡级双向物流体系的建设提供更多的便利。通过协同机制将供应链上各节点企业进行联合而成为完整的体系，这样就可以将物流成本进一步减少，同时农村也能够实现更好的发展。故在乡村双向物流供应链上各个节点企业的目标就是减少农村物流的成本，并且还能够提升物流的服务水平，为农村经济的发展贡献力量。

必须关注供应链内部各个要素的协同配合。在乡级双向物流模型中不仅仅要注重相同或相似企业主体的横向协同，还要加强不同企业要素之间的纵向协同发展。在横向和纵向两个不同方面的共同作用下，乡级双向物流供应链的竞争力才会越来越强。在明确了协同的目标和各主体要素之间协同的内涵后，就需要从更深入的角度来分析乡级双向物流模式的协同机制，即从战略的高度来考虑协同的作用机制，包括信息和资源两个方向来实现。在信息的方向上，主要是国家政府机构管理监督、供应链各个要素所构建的电子商务信息平台。在供应链节点上的企业都可以利用该平台来达成实时信息沟通和共享的目的。在资源的方向上，对各种可利用的资源进行合理的规划设计，以达到实现共享的效果，最后可以不断地扩大乡级双向物流模式的市场规模。

2. 动力机制

（1）外部动力。

①市场机制。市场上的运行机制主要是有信用和监管。其中，我国关于信用机制的建设尚不能与发达国家相比，仍有许多问题存在，如缺少保障市场信用的法律制度、公共信用制度不健全，以及公众对信用方面的知识较为缺乏

等。市场信用机制对农村物流市场的稳定秩序具有很强的规范作用，可以更好地促进形成乡村物流网络。现在国家政府关于市场信用机制的建设可以在三个方面来下工夫：公众的诚信教育；信用机制相关的法律法规；对市场信用的管理。通过建立完整有效的法律法规，进一步规范公民的诚信，加强信用教育管理。从农产品的生产到销售的全过程都需要市场监管机制的作用，为农村物流供应链中农产品等相关产品提供必要的保障。而市场监管机制有国家政府的监管、供应链各个主体的诚信问题、自管问题、顾客的自我保护问题等。完善物流供应链模式对农村物流的发展具有极强的促进作用，协调供应链中各个要素之间的关系，最终形成良性发展的农村物流市场。

②产业政策。在发展农村物流产业上，国家政府在政策上都给予极大地支持。2002年，国务院就市场上物流设施提出了"菜篮子"工程，极大促进了城乡之间的物流基础设施的建设，为分配运输和仓储等提供强有力的支持。2003年，中共中央、国务院联合印发了《关于促进农民增加收入若干政策的意见》，在其中明确表示"加快对农产品按照超市模式来进行运输。加速生产场地建设、销售场地建设，以及物流配送企业监管，极大力度地配合物流企业发展，创造条件满足物流配送环节需要的各种条件，加强对农产品市场的持续监管，保证农产品的质量与企业的服务水平质量，保证农产品的新鲜，在全国各地建立运输线路，从根本上改变农产品运送的环境"。2008年，商务部印发《关于加快我国流通领域现代物流发展的指导意见》，其中着重突出了流通领域物流至关重要的地位，农业的生产过程要与物流服务联系起来，为物流各环节的服务提供保障；同时保证农村物流设施的建设和完善，进行城乡物流网络的建设。2012年，国务院发布的《关于深化流通体制改革加快流通产业发展的意见》中指出"鼓励大型流通企业向农村延伸经营网络，增加农村商业网点，拓展网点功能，积极培育和发展农村经纪人，提升农民专业合作社物流配送能力和营销服务水平。支持流通企业建立城乡一体化的营销网络，畅通农产品进城和工业品下乡的双向流通渠道。大力发展第三方物流，促进企业内部物流社会化。加强城际配送、城市配送、农村配送的有效衔接，推广公路不停车收费系统，规范货物装卸场站建设和作业标准"。通过国家系列政策的鼓励，为农村双向物流扫清多重障碍，可以实现稳步发展。

③物流技术。现阶段国内关于物流方面的技术方法与国外相比仍有一定的距离。物流技术作为我国乡村双向物流必不可少的支撑手段，必须要从信息

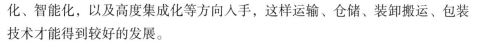

化、智能化，以及高度集成化等方向入手，这样运输、仓储、装卸搬运、包装技术才能得到较好的发展。

（2）内部动力。

①利益。利益的重要性是不言而喻的。在农产品双向物流模式的运作过程中会产生一定的附加值，为供应链各成员带来了利益来源。利益的分配是供应链上各个要素之间较为烦琐的任务，各个主体所期待的利益都是不同的，当出现利益矛盾的情况时，各个主体间的合作关系就会出现问题。故必须要形成一个稳定有效的利益分配契约，在契约的作用下各成员之间的利益可以实现较好的分配，实现物流供应链的长久经营，最后各方成员达到共赢的效果。

②竞争。在乡村物流供应链的运作下，每个企业组织都为获得更多的利益而努力，这必然会出现竞争的行为，这是由于市场自身的发展所决定的。在一定程度上，竞争会使供应链上的成员产生较多的压力，但同时更会促使企业进行不断地创新，发展新技术新模式，不至于被残酷的市场环境所淘汰。在竞争关系下，供应链各个成员之间的合作关系越来越紧密，各种资源得到优化利用，农村物流的发展更加健康。

③合作。在合作的基础上，不同企业的利益有可能得到较大程度的满足。现在社会各行各业都在追求更为精细化的分工，这样不同企业通过合作来满足顾客的个性化需求。合作分工的模式降低了在交易过程中的成本费用，同时也可以更好地为顾客的不同需求提供更为专业的服务。乡级物流供应链中各个成员通过合作，高效地实现产品在城乡间双向流通，从而获得被公众认可的竞争优势。

（3）核心动力。

供需的不平衡是形成乡级双向物流网状结构的核心动力。市场经过不断地演化，传统农村物流的链状结构越来越不能满足市场的需求，只有寻求新的发展动力。经过不断的探索发现，网状结构可以更好地解决农产品供需不平衡的问题。因此，乡级双向物流供应链模式正是因为农村市场的供需矛盾，才使得该模式不断地发展演化。

综上，乡村物流的双向物流模式演变过程中的驱动力主要有外部动力、内部动力和核心动力。其中，外部动力有市场大环境作用和产业政策的驱动；内部动力有利益、竞争与合作的作用；核心动力则是农村市场上的供需不平衡。正是有着供需矛盾的影响，乡级双向物流供应链模式中内部动力才能得到更好地激发，而外部动力起到了辅助性的作用。

4.5 乡级双向物流供应链模式的保障措施

4.5.1 加强农村公路网络建设

农村公路的发展状况是影响农村农产品运输配送的因素之一。农村中的特色农产品要销售到城市，需要一个较为便利的公路交通网络。便利的物流道路环境可以为农村的商品配送节约较多的成本，也是扩大农产品销售范围和市场占有率的前提条件。目前，我国城乡交通网络的建设正处于较为不均衡的情况，东部地区还较为完善，但在中西部的部分地区还处于交通网络较为落后的环境下，很难满足其物流运输的需求。此时，乡村公路网络的建设问题应是首要考虑的问题，在乡村的公路数量和质量得到满足后，乡村物流的发展才会更加迅速。

在不同的地区，建设公路所采取的方式会有所不同，在经济社会较为发达的东部区域，主要是利用市场的运行机制去完成，如建设—经营—转让（Build-Operate-Transfer，BOT）模式可以帮助东部经济发达地区解决农村公路问题，但在西部一些经济不发达并且所处位置偏远的地区，这种模式就很难解决农村公路问题，西部偏远地区很难享有类似的资金支持。

一般情况下，要建设和完善公路等基础设施都需要有较多的资金支持，但按现在农村的经济实力来说仍是不足以承担庞大的资金压力。然而，农村公路是保证农村发展的基本条件，在市场不断扩大的情况下，交通是否便利是影响市场开发的一大条件，在偏远地区农户自身不能承受资金压力的时候，就需要国家政府的支持与参与。为了使农村的经济得到发展，需打通农村到城市的交通网络，实现产地与市场之间的连接，加速农产品的流通，加速农业机械化程度的开发，切实加快城乡一体化建设，促进城市带动农村发展，将高质量农产品引入城市。

4.5.2 发展农产品物流运输与配送

1. 构建多层次的农产品物流配送体系

在探究农村物流配送模式方面，其中较为符合农村物流持续发展的物流服务方式是加大力度培养专业性人才，以及建设大批的农产品流通企业，建设企业配送中心，在物流企业的支撑下将农产品高效率运往所需要的地区，加速现有农产品物流企业的创新发展，实现企业的专业化发展，并且需要设计适合农村经济和农村物流发展的运营网络，加速推动物流企业又快又好的发展。

2. 发展农产品城乡电子商务物流运输

截至目前，农产品电子商务发展速度迅猛，已有较多的农产品信息发布网站，农村村民可以利用这些资源非常便利地得到所需要的信息，包括交易、质量控制、售后服务等。目前互联网技术迅猛发展，许多电子商务企业都可以利用互联网技术将物流中的供应、生产、加工和销售等各环节联系起来，进行统一的管理，节约成本费用。当前制约农产品电子商务发展的瓶颈问题是农产品物流企业能否提供安全、迅速的物流服务。如果能提高物流企业的服务质量及运输效率，就能有效建立农工商一体化流通体系。

3. 建设专业化的农产品物流企业

由于我国农村地区分散，现有的农产品运输缺乏专业化的运输模式。通常情况下，农产品从农村到城市的运输都采用非专业化的方式，这在一定程度上会阻碍我国农产品朝着产业化的方向发展。因此，在我国较为偏远的地域建设专业化的农产品物流公司是促进我国农村经济发展的手段之一。一般而言，专业化的农产品运输公司需要一系列完善的硬件设备，如仓库、停车场等，而且货运搬运工具、运输车辆等也是必不可少的。此外，具有能够为农产品货物运输设计合理配送策略的专业人员也同样重要。这是因为专业人员能够将自身的实践经验与当地地区特色相结合，规划出一套完善的将农产品运输到城市消费者手中的策略体系。综上所述，建设专业化的农产品物流企业是推动农产品进城至关重要的措施。

4. 对农产品的冷链物流进行管理

农产品的生产、加工、存储过程对环境的要求较为严格，尤其对温度有较高的要求。此时就需要购置保温、冷藏和冷冻的工具来保证环境满足要求。由于我国乡村地区已经拥有一些优势农产品生产基地和加工企业，所以这对于建立完整的农产品冷链物流体系具有较大帮助。基于此，并结合当下实际的市场环境，可以采取以下的措施来实现冷链运输：①要根据已有的优势条件在配送中心的基础上，不断地往外扩展，最后在物流网络中都能实现冷链运输；②要充分发挥农村加工企业的作用，然后发展一系列周边附带产业，实现供销一体化；③通过第三方物流企业，保证物流运输的高效有序，保证物流服务过程中的质量，不断建立健全农村物流的规范体系。

4.5.3 加强农贸市场和农产品批发市场的建设

1. 对城乡农贸市场进行重新规划

城乡的农贸市场在农村的消费环境中占据着至关重要的位置，农产品的流通都需要农贸市场在其中发挥作用。在我国各大乡镇都建有各式各样的农贸市场，但现在人民对生活环境提出了更高的要求，并且在新经济形势下人们对物质生活的要求越来越高，对生活的质量也提出了更高的要求。因此，以前规划设计的农贸市场已经不能再适应新的经济环境，必须对其进行改造。一是在各级政府的严格监督下，对农贸市场的环境重新进行规范化管理，对违反规范的行为进行严厉的惩罚；二是按照我国各省区市城市发展的要求，对农贸市场相应的物流环节制定必要的标准措施，并要求严格执行；三是按照市场发展的实际情况，开始逐渐地取消马路边的农贸市场，要求其进行场内运营，政府相关部门实行监督；四是在稳步的改革过程中，可以在一些发展较为成熟的地区实行"农改超""农加超"，提高市场占有率，大力建设物流网络。

2. 改造升级传统农产品批发市场

通过政府颁布相应的法规，完善农产品批发市场相应的规章，重点是对农产品批发市场进行标准化管理，改善农产品制造环境、完善农产品制造设备等状况。升级改造的重点应该放在市场道路硬化、交易市场门店装修、储存冷冻保险的基础设施、确保互联网络集成运行、生鲜农产品的卫生健康程度等。功能改造的重点是与相应物流企业沟通好，加快物流水平建设发展。与相应监管机构合作，共同维护农产品质量安全；与加工企业协商好，规范包装问题；与物流网络企业沟通好，及时传递物流信息，开阔市场范围，提高对外贸易程度，维持安全交易机制等。加大基础建设投资，对一些规模较大的农产品批发市场，还可以积极鼓励发展，给予相应的奖励机制。

3. 加大农产品专业批发市场建设力度

根据我国乡村目前的发展现状，建设传统批发市场的同时，在靠近主要产地区域、交通便利、符合相关要求的一些经济较为发达的地区，可以建设规格更高、功能更齐全先进的批发市场。建设专业的农产品批发市场对农村物流的发展具有意想不到的益处，如减少农产品物流各环节和农产品交易过程中的物流费用，提高农民的效益和促进农村经济发展。

4.5.4　健全农产品流通信息化建设体系

1. 充分发挥信息化在农产品流通过程中的作用

信息化是一直存在于农产品物流过程的各个环节，故信息化对于农村物流的发展是至关重要的。目前，市场上许多的信息平台都是国家政府所扶持建设的。除此之外，各种与农产品相关的推广企业都会成为物流信息平台的构建者，此类信息平台相比较政府主导的信息化来说，对市场需求的把握得更加精准。一般而言，物流信息平台的建设都是以物流企业所提供的服务为基础。在物流信息平台上可以高效地联系物流的上下游企业并与其沟通交流，通过对其进行规范化管理，最终实现信息的无缝对接和传输。

但在有些贫穷偏远的地区，对于信息化的建设方式就有些不同，它是在一个总站的控制管理下，通过建设不同的信息分站来服务每个地带的物流，然后利用分级网络覆盖此区域的农产品物流，最后通过网络结构连接产地到销地的路线，建立一个全方位的物流网络体系。

2. 大力开展农产品网上交易

网络信息平台建立之后，就可以方便地将农产品放在网上进行交易。目前，网络营销已达到了炙手可热的地步，它几乎已经覆盖了所有企业。而我国开展网络营销的企业很少，与西方发达国家相比有很大差距。在此背景下，农产品市场迫切需要网络营销的支持，来为农村物流开辟道路。在农村进行生产的各个企业需要积极与政府和行业相关的信息网站进行对接，实现信息的即时共享，还可以利用信息了解企业的生产过程。让整个农村物流市场可以更加活跃，充满朝气。

4.5.5　健全农产品的标准化建设体系

1. 高度重视农业标准化工作

农业标准化建设可以有效地降低物流过程中的成本费用。现在我国关于农村物流方面的标准化还有许多需要改进的地方，市场上各式各样不规范的情况时有发生，使得农产品物流市场的标准化工作推进进程缓慢。故我国政府正抓紧时间推进农产品生产和农村物流的标准化建设，主要是从产品的评测、有害性、绿色环保等方面来进行把控，同时还投入了大量的资金给予支持，奖励对此作出贡献的企业及个人，建立一套全面权威的农产品市场标准，该标准要符合我国的基本国情，同时也要借鉴国外的标准化建设经验，建设效果较好的地区可考虑设为示范区。

2. 加强按标准化生产加工农产品

农村农产品流通销售首要考虑的问题就是关于农产品质量是否存在问题，如果可以建立标准化生产将有效地保障商品的质量，经标准化生产的农产品可以降低物流成本，且能够帮助农户增加销售收入，提高农产品市场的竞争力。政府应该加强对农产品标准化生产的重视程度，加以引导、积极鼓励企业农产品标准化建设的投入，培养专业化人才并且输送到企业，指导农民提高自身专业化知识，建立一批农业协会帮助农产品标准化生产。政府还可以鼓励龙头企业自建农产品生产基地，作为标杆以供市场上其他企业学习。在超市模式经营过程中需要严格把控质量和预测顾客所需的数量，政府要积极促进农村生产企业和超市之间的联系，鼓励企业生产质优价廉的农产品来满足超市消费者的需求。而且，农产品的标准化程度也影响着运输配送和销售问题，必须给予高度的重视。

3. 促进农产品的包装标准化

包装的作用是为了使农产品不受损害，激起用户的购买欲望，同时也是为了方便运输。在运输过程中为了防止商品的损坏必须采取合适的包装手段。超市对于不同产品的包装有着不同的规格，一般有大包装、小包装和精包装。通过这样的方式不仅可以方便超市自身查找商品，还为顾客选择商品时节省时间，减少不必要的损耗，降低了不必要的成本费用。更为重要的是，绿色包装可以有效提高大众对绿色农产品的认识程度；将绿色农产品摆上货架，进行差异化战略，不仅可以吸引顾客的购买，还能起到宣传绿色农产品的作用。

第5章
村级众包物流模式

5.1 村级众包物流国内外研究现状

5.1.1 众包国内外研究现状

1. 众包在企业的应用研究

关于众包在企业的应用研究主要集中在两个方向：第一个研究方向是有关众包平台的案例研究，通过对这些众包实践进行分析，总结众包的运作模式，并且以部分较为有名的众包平台作为研究对象，如亚马逊劳务众包平台（Amazon Mechanical Turk）是不少学者关注的焦点（Brabham，2008；Aniket，2008；Ross，2010；Bullinger，2011）；第二个研究方向是企业围绕众包的流程和机制开展研究。武科维（Maj A. Vukovi，2009）通过分析众包的流程和参与者，指出众包的主要利益相关者包括发包方、众包平台和接包方，并根据现有的众包平台的特色按照众包功能和众包模式两个维度进行分类。惠特拉普（Whitla P.，2009）研究企业如何运用众包来完成营销的相关任务，指出众包在企业营销中主要运用在三个方面：产品开发、广告和促销；他同时进行市场调研总结众包的优势和局限性，以及未来众包在各项营销应用中的潜力。

众包现在已经应用于不同产业完成各种任务。这些任务包括：给图片或文档投票（Barrington et al.，2009），收集数据（Sullivan et al.，2009），分享知识和经验（Java，2009），设计和升级产品（Jeppesen & Frederiksen，2006）。如宝洁公司把内部研发团队解决不了的问题交给大众来完成。许多众包平台也开发了新的商业模式，通过汇集大众的智慧来为企业提交创意、设计和营销活动策划。

越来越多的研究表明，许多企业都在进行众包实践（Allen et al.，2008；Brabham，2008a，2009a；Chilton，2009；Howe，2008；Jouret，2009）。较早的关于众包的研究对于确定众包的关键维度有很大的作用，也探索了众包和其他理论的关系，如众包与开放式创新、众包与顾客创新（Lohse & Panetta，2007；Lakhani et al.，2009）。

关于众包对企业的影响方面，一些学者研究发现企业实施众包模式会带给他们有形和无形的利益（Allen et al.，2008；Huston & Sakkab，2006；Jana，2009），其他学者认为众包给企业带来的是负面的影响和不确定的结果（Jouret，2009；Knuden & Morteusen，2011），还有一些学者认为众包会对企业的管理实践和组织结构产生影响（Eughin，Many-ika，R. Miller，2008）。由于企业利用众包要实现的效用不同，所以他们获得的收益也不同。有些企业是为了获取大众的创意，一些企业利用众包收集数据，还有一些是为了增加创新潜力来增强竞争优势，企业在利用众包时的收益包括：降低成本，增强创新能力，缩短产品上市的时间等（Enkel et al.，2009；Poetz & Schreier，2012）。

2. 众包参与主体研究

（1）接包方研究。在众包模式中，其参与方主要包括接包方、发包方和中介平台三个主体，毫无疑问，其中接包方是最重要的一个，如果没有了接包方的参与，那么众包根本就不可能实现。为此，研究接包者的行为方式和参与动机，尤其是对其中非全职接包者的研究，对保障众包活动顺利实施具有非常重要的意义。

张媛（2011）主要是对技术接受模型进行整合改造，然后分析影响人们参与众包的动机因素，主要包括参与主体的参加意图、预计收益、信赖与努力程度等。王彦杰和裘江南（2011）对社区众包群体进行研究，得出顾客的满意度和喜爱程度对众包群体连续参与行为产生影响。师蕾（2012）利用传统的行为动机理论对接包方开展研究，利用实证进一步阐述具体是什么要素决定订单者的能力水平，以及对众包创意产品中的参与者产生影响。张晨光（2014）从参与众包的主体出发，研究他们与众包环境的匹配程度，并且在以往的回归分析基础上融入了 SEM（Structural Equation Modeling，结构方程模型），来进一步分析参与主体的行为方式。

（2）从发包方及中介平台角度进行的研究。在关于发包方和中介平台的研究中，刘晓钢（2012）运用在线逆向拍卖理论和服务定价理论，分析在众包平台上一个订单的发布过程中市场的竞争环境、发包价格和此订单属性的关系。王妹（2012）从集约化和分散化两个角度出发，根据信息技术的发展环境，通过资源、运营和价值三个方面的协同来解释众包平台的价值共创模式，并讨论了在有差异的行业里协同的效果。魏拴成（2010）以担当"中介人"角色的众包中介平台为研究对象，认为移动互联网和网络平台的发展，为众包发展提供了必要的物质条件。解倩男（2014）从组织企业的侧面深入剖析目前众包的运行模型，得出众包能给公司带来四个发展益处。

与此同时，许多的研究者从整体的设计和运行机制方面来研究众包的发展。张鹏（2012）运用效用理论、委托代理理论、长尾理论等理论，从定性和定量两方面考虑，建立众包模式运行机制、众包实施过程中不同的激励机制。戴军、王霞（2014）对众包模式下复杂的不确定情况进行分析，利用问卷的形式得出众包的影响因素，并使用多层次的模糊评价法评价各个因素，然后将其带入具体的应用案例中分析。

5.1.2 众包物流国内外研究现状

1. 众包物流存在问题及对策相关研究

姆拉德诺等（Mladenow，2015）认为尽管众包物流具备众多优势，但也存在责任分配混乱、顾客信息泄露、额外费用增加、交货延误、接包方信用风险等问题。涂淑丽（2015）提出了基于众包的旅游物流网络模式，指出参与方的运营环境，服务意识、执行力、参与积极性等因素的差异，影响着众包旅游物流网络的成败。庞建刚（2015）在充分分析众包各个主体之间的不利因素基础上，提出由于发包方和接包方之间在信息查询权限上存在不平等关系，必然会出现双方信息不对称，产生道德风险。彭等（Peng，2016）以京东为例，指出众包物流存在信息泄露风险、法律风险、信用风险等问题，并提出了相应的解决方案。孙坳等（2017）利用鱼骨图对消费者可能面临的风险进行识别，建立众包物流风险评估体系，指出企业选择众包物流会使消费者面临配送风险、查收风险、售后风险、安全信息风险。柯鲁（Klumpp，2017）认为众包在社会媒体、工业4.0及动态物流流程和概念的推动下逐步发展，但众包的物流解决方案缺少实践支持。

2. 众包物流各主体实施或参与行为的影响因素研究

（1）动机理论是研究接包方参与众包物流动机的有效方法，其中，参与动机分为内在动机与外在动机，内在动机是参与众包活动可以改变日常生活或经历，体验新事物，与他人分享知识，或者享受为了自己的利益而执行任务的乐趣。外在动机意味着卓越，满足自我表达和独特性的需要，或实现共同目标。托卡库克等（Tokarchuk，2012）将参与众包物流的动机分为互惠、期望、竞争、利他主义、声誉、资金和自尊学习七个影响因素进行分析。古普塔等（Gupta，2013）指出，当一个企业或者个人周边的合作伙伴都认同众包模式，并且希望自己的伙伴采用众包物流模式时，将会促进接包方参与众包。罗伊等（Roy，2015）指出专业知识和薪酬要求等是影响接包方参与众包物流的因素。阳等（Sun，2015）基于期望理论探究了激励效应、信赖和自我效用对用户参与众包物流努力程度的影响。卢新元等（2017）综合了发包方、众包平台、接包方三个维度对影响人们众包行为的14个要素进行研究。王文杰等（2018）构建了众包物流服务动态定价模型，指出众包物流信息平台服务定价策略受市场需求的波动性和社会配送能力不确定性影响。韩清池（2018）从价值共创、人本主义需求和社会资本理论角度分析了影响人们参与众包的机制。

（2）社会交换理论是一个研究接包方参与众包物流影响因素的不错的视角，因为它为研究参与众包物流产生的沉没成本与预期收入的关系提供了一个框架。社会交换理论解释了社会交往中的人类行为，从成本效益的角度来看，它假定个人的行为方式可以最大化利益，并最大限度地降低交换成本，并且他们只有在期望奖励超过所产生的成本时才参与交换。社会交换不受明确规则或协议的约束。在这样的交流中，人们会对其他人表示赞同，并期望有一些未来的回报，但没有明确期望这种回报会是什么。这种对未来回报的信念是社会交换的核心，因为缺乏明确的规则和规定，意味着人们依赖这种信念来证明他们将从交换中获得预期收益。因此，社会交换假定存在相对长期的利益关系而不是一次性交换。

　　这些社会交换原则，即交换的成本/收益分析，已被用于解释社区和组织中的知识共享现象（Hsu et al.，2007）。他们认为成员只要从他们的贡献中获得净收益，如声誉、认可和享受帮助他人的乐趣等，就会为组织或社区作出贡献或期望其他人因对等原因而在将来归还他们好处。社会交换理论已被用于理解各种背景下的知识共享行为。

　　在众包物流的背景下，发包方将自己对物流资源的需求通过在众包平台上以上传任务的形式发布，同时接包方选取合适的任务去完成。从根本上说，众包参与是一种潜在物流资源贡献，尽管这种贡献的具体成本和收益可能取决于具体实施背景。具体而言，接包方可能会根据评估参与的收益和成本作出决定（如获得的资金与花费的时间和精力）。如他们可能会考虑是否会赢得奖励。

　　①参与众包物流的收益：一些学者通过调查研究（Sun et al.，2012；Boons et al.，2015；Geri et al.，2017）和一些案例研究（Brabham，2008，2010）描述了接包方参与众包的各种原因，见表5－1。除了赢得奖金，获得声誉和享受等动机外，案例研究还表明，接包方也可能受到其他好处的激励，如技能提升（Brabham，2008）和工作管理能力（Brabham，2010年；Deng et al.，2016）。另外，布拉汉姆等（Brabham，2011）通过对机械土耳其工人的调查，排列了接包方参与的各种动机，并且以理论研究为基础，开展实证调查来理解激励因素。通过将接包方参与众包物流的相关研究进行分析，得出表5－1中的5项基本激励，它们分别是经济奖励、技能提升、同行声誉、享受新事物乐趣、工作自主性。根据社会交换理论，预期成本将在开始交换前的成本效益计算中考虑，并影响个人的行为（Molm，1997；Ye et al.，2015）。此外，先前的研究表明，信任在预测在线环境中的行为中起着重要作用。

表5－1　　　　　　　　　以往研究中接包方参与众包物流的收益

收益	研究方法	文献来源
经济奖励	案例研究：Istockphoto	Brabham（2008）
	案例研究：Threadless	Brabham（2010）
	实地考察：机械土耳其人（动机排名）	Kaufman et al.（2011）
	实地研究：TaskCN	Sun et al.（2012）
	实地研究：3个众包平台	Geri et al.（2017）

续表

收益	研究方法	文献来源
技能提升	案例研究：Istockphoto	Brabham （2008）
	案例研究：Threadless	Brabham （2010）
	案例研究：SAPien 社区	Leimeister et al. （2009）
	实地考察：机械土耳其人（动机排名）	Kaufman et al. （2011）
同行声誉	案例研究：Istockphoto	Brabham （2008）
	案例研究：SAPien 社区	Leimeister et al. （2009）
	实地研究：3 个平台	Geri et al. （2017）
享受新事物乐趣	案例研究：Istockphoto	Brabham （2008）
	实地考察：机械土耳其人（动机排名）	Kaufman et al. （2011）
	实地研究：TaskCN	Sun et al. （2011，2012）；Zheng et al. （2011）
工作自主性	案例研究：Threadless	Brabham （2010）
	实地考察：机械土耳其人（动机排名）	Kaufman et al. （2011）
	实地研究：TaskCN	Zheng et al. （2011）
	实地研究：机械土耳其人（事件分析）	Deng et al. （2016）

②参与众包物流的成本：以前的研究表明，接包方在参与众包时会产生成本（Afuah & Tucci，2012；Doan et al.，2011），然而缺乏实证研究来识别和研究成本因素对接包方参与众包的影响。因为接包方对众包任务的解决方案的贡献可以被视为在线资源共享的一种形式（Leimeister et al.，2009）。并且，通过对知识管理方面的文献进行深入研究可以发现，知识共享是一个可能会导致知识贡献者丧失获得知识能力和认知努力的重要因素（Kankanhalli et al.，2005）。在众包的背景下，接包方也可能花费时间和精力来解决问题（Afuah & Tucci，2012），可能会使他们感觉到与资源相关的权力丧失。根据社会交换理论，这些成本的存在可能会损害交流并阻碍个人未来参与这种交流。因此，知识能力和认知努力的丧失，会阻碍接包方参与众包。

③信任。虽然上述基于成本、期望效益方面进行了分析，但是，深入地来说，参与众包物流的动机还可以通过接包方对众包平台的信任来确定（Feller et al.，2012）。人际信任和系统的信任是研究技术信任的两个主要文献（Lankton et al.，2015），由于众包物流平台表现出高度的人性，如在解决方案评估和奖励方面的意愿（Feller et al.，2012），按照兰克顿（Lankton，2015）等的研究，人类对技术的信任似乎更适合本书的研究背景。在这里，对平台的信任意味着接包方相信平台将确保对他/她的完成众包物流任务的公平评估和奖励，即平台充当裁判或众包发包方与接包方之间的中介。因此，将信任定义为接包方隐含的信念集合，众包平台将公平地评估接包方的工作并给它们适当的奖励。

以前的研究文献认为，信任有助于促进未来的可持续性行为。鉴于在线活动中固有的风险和脆弱性，信任被视为一个相关因素。在众包物流的背景下，寻求者公司对平台的机会主义行为风险的担忧占上风（Afuah & Tucci，2012）。因此，信任是影响接包方参与众包物流的重要因素。此外，过去的众包文献表明，信任对众包的成功至关重要，并可能影响接包方的参与（Feller et al.，2012）。信任减少了以自我保护的方式行事并促进冒险行为的需要（Jarvenpaa et al.，1998），本书认为，在众包物流平台上的信任将鼓励接包方在面临潜在风险和机会主义行为时参与众包。先前的文献发现结构保证（如第三方证书，隐私保护和托管服务）是电子商务中信任的重要前提。波特（Porter，2008）发现提供高质量内容和增加职员嵌入性的感知努力（如寻求职工的意见）有助于在公司在虚拟社区中建立信任。在众包的背景下，过去的文献表明，确保发包方得到适当的奖励（Feller et al.，2012）并降低参与成本（Yang et al.，2008）会影响接包方对众包平台的信任。

5.1.3　农村众包物流相关研究

1. "互联网＋"农村众包物流相关研究

潘（Pan，2015）指出在农产品电商逆向物流领域运用众包，可以有效改进经济浪费、环境污染等问题。王柏谊（2016）基于"互联网＋"背景，研究了其对农业供应链上商流、物流、信息流及资金流的影响程度，并且指出，农产品经济中由物流带来的限制因素可以通过发展人人快递及顺手带等基于"互联网＋物流"移动平台的众包配送模式解决。辜胜阻等（2016）认为互联网的"去中心化"和"去中介化"趋势给乡村发展带来了机遇，可以通过建立劳务众包的互联网平台，带动农村地区闲置劳动力对农村"最后一公里"物流进行劳务众包推动农村创业。潘娅媚（2017）认为以"互联网＋物流"和"众创、众包、众筹"等的第四方物流农产品流通模式是我国的农产品流通的新型管理模式。

2. 农村众包物流配送模式研究

陈耀庭等（2017）分析了我国生鲜农产品物流"最后一公里"配送存在的问题，指出可以采用以顾客需求为中心的众包物流模式对生鲜进行配送。刘刚（2017）则是以生鲜农产品的物流服务问题作为研究对象，从价值创造理论和物流创新理论的联合角度，提出了众包物流就是物流创新的新途径，完全可以将之运用到农产品"最后一公里"的配送上。张晓雯（2017）指出众包物流的运作模式主要分为抢夺订单任务、指定地点取货、及时对货物进行配送及结算四大物流模块，并研究了将众包物流模式运用到生鲜配送中的优势和风险。黄宾等（2018）通过分析城乡物流特征的新变化，提出可在农产品物流信息平台上增设返程顺风车、众包配送模块，灵活选用自有或社会车辆对农产品进行配送。林（Lin，2017）等指出第三方物流与众包物流结合的方式完成包裹配送，是解决中小企业因订单量不足而与传统物流公司谈判弱问题的有效方式。瓦伦蒂娜（Valentina，2017）等指出在客户密度低的区域或者在配送网络不发达的农村地区，利用众包物流完成货物接收与退货是个合适的选择，海伦（Heleen，2018）等通过调查发现，花卉、植物、杂货是众包的主要出货类别，向传统物流服务商较少的地区发展众包物流模式是利用大众空闲时间的有利方式。

5.2 村级众包物流概述

5.2.1 众包概述

1. 众包概念

众包是一种特定类型的外包策略，豪尔（Howe，2006）在为 *Wired* 撰稿时创造了"众包"一词，他认为众包是将传统上由员工在组织内部执行的工作外包给一群非雇员。而后，豪尔和柏克斯（Booksx）将众包的概念补充为，招募一大群未定义的个人，利用互联网的平台来接收并执行以往在公司内部执行的任务。众包的步骤包括发布问题陈述、联系潜在众包商、与他们互动、执行任务、协调活动、报告方法与解决方案、为方案提供结果、给予奖励与报酬。

从本质上讲，众包并不是新兴事物，19 世纪早期，英国著名数学家和工程师巴贝奇 1832 年就雇用了大众群体，通过"众包"来帮助计算天文表。在近几年里，信息通信技术（Information Communications Technology，ICT）技术变得无处不在，它允许用户在个人场所和工作场所的任何地点使用电子通信设备进行信息交流和文件传输。在这种背景下，企业越来越多地使用众包模式，通过信息通信技术将任务外包给所谓的"大众人群"。众包有很多用途，包括创意产生、解决问题、信息收集、消费者互动和物流配送等。最近，形成了新的众包子学科，如众筹、众搜、众投或人群搜索等。此外，众包已被用于医疗保健、公共政策制定、天文学或新闻等领域。市场上出现了许多基于众包概念的应用程序，它们主要通过为众包任务的放置和分配提供在线平台而发挥作用，进而能够顺利运营。

现在许多的公司机构利用互联网平台为项目众筹融资所需要的资金，其中凯克斯特尔（Kickstarter）应用程序就是一个较为成功的典型，该公司被认为是众筹平台的先驱和最成功的提供商。为了覆盖更广泛的受众，Kickstarter 开发了一个促进从大众中筹集资金的移动应用程序。资本寻求者登记他或她的项目并指定必须通过捐赠得到的最低金额，并设定时间范围，任何在应用程序和平台上拥有注册账户的人都可以捐赠一定数目的钱为该项目提供资金。当在设定的时间范围内未达到期望的金额时，项目被视为失败并且钱将被返还给用户。该应用程序的优势在于，能够提供地理定位，用户可以根据位置对项目进行选择。另一个使用伦敦商学院（London Business School，LBS）的众包申请是慈善里程（Charity Miles）。它是为想要开展慈善捐赠的慢跑者、骑自行车者和步行者的项目而开发的。用户在他或她的体育活动开始时打开应用程序，选择一个慈善活动和运动类型并按"开始"。在锻炼期间，通过 GPS 测量所获得的距离和金钱。当用户完成他或她的活动时，他或她将被要求接受捐赠，然后钱将被转移到选定的慈善活动。骑自行车的人每英里会捐出 10 美分，跑步者和步行者每英里会有 25 美分。目标是收集 100 万美元，用户可以选择自闭症之声（Autism Speaks）、饲料游戏黎加（Feed-game Rica）、迈克尔·J. 福克斯基金会（Michael J. Fox Foundation）、抵抗癌症（Stand Up To Cancer）等慈善机构。

诺亚计划（Project Noah）同样也是使用特定位置信息的电子应用程序。诺亚是"网络生物和栖息地"的首字母缩写，该应用程序的目标是提供所有世界级生物的移动知识库。用户可以拍摄植物或动物的照片，这些照片由记录这些生物位置信息的应用程序存储，这样可以使其他用户更容易找到并获得某些植物或动物的有关信息。2012 年该应用程序获得了"m - Learning & Education"奖项的世界精神奖（World Spirit Awards，WSA）一等奖。

另一个收集特定位置信息的众包应用程序是噪声管（Noise Tube），它是为确定特定地点的噪声水平而开发的。该应用程序使用 GPS 计算确切位置，并使用麦克风记录特定环境的噪声水平。通过将每个用户收集的数据发送到 Noise Tube 的数据中心，从而创建交互式地图。通过每个人的贡献，数据中心中充满了越来越多的数据，从而获得了附加价值。用户能够提供关于噪声源（如高速公路）的进一步信息。如在寻找住宿时，该应用程序有助于使用户更好地理解、看到首选位置周围的噪音水平。噪声管巡洋舰（Noise Tube Cruises）是巴黎索尼计算机科学实验室和布鲁塞尔自由大学的合资企业，在 Java、Android 和 IOS 上运作。

在线平台目击者（Ushahidi）是使用基于位置的数据结合传统和移动众包的一个例子。在网站上，来自危机地区的信息被捆绑在一起并在可视化地图上显示。如在 2010 年海地地震发生后，平台上通过短信、电话或电子邮件收集了大量有关用户当前情况的信息。

2. 众包兴起的原因

互联网技术的发展促进了社会进入知识化阶段，以前创新 1.0 的发展模式已经越来越难满足企业快速扩张的需要，即完全依赖科学技术的发展，以公司科研人员作为中心，然后将研究成果付诸实验室进行验证的模式已经不再适应现代社会的发展。目前，企业经营更多的是以客户为核心来实现创新 2.0 的模式，按照客户的需求进行自由科学的创新，并且使用价值共创的方式来实践。在价值共创里，有关商品的设计生产，顾客都是积极主动去参与创造，来满足自己个性化的需求，并不是一味地去购买市场上毫无差别的同质产品。基于此，组织机构和顾客之间新的一种消费关系和价值创造模式——众包模式产生了。据宋芳（2016）总结，众包兴起可归纳为以下原因。

（1）互联网的普及。伴随着社会生产力的进步，人们对衣食住行的基本物质需要已经满足，越来越多的人表现出对知识、信息、技术的追求，这些追求在很大程度上成为互联网进步的推动力，在这种推动力作用下，自 21 世纪初以来，基于互联网产生的许多社群服务的发展速度不断的增快。进一步的，在社群技术慢慢地走向成熟以后，加上互联网本身具备的种种优势，使企业慢慢地注意到这种不受时间、空间限制的问题解决方式——众包，企业可以直接通过网络来邀请企业外部的人解决自身遇到的问题。

（2）网民的大幅增加。出生在互联网普及年代的人，从一落地就受到互联网所带来的种种好处，他们作为数字时代的"原生代"，所接受到教育与那些到长大以后才去学习互联网的网民相比，可以乐于尝试且较快接受新鲜事物，在掌握信息技术和网络工具方面具有惊人的天赋并愿意在网络上毫不吝啬地贡献自己的智慧和能力，他们构成了众包的人才基础。

（3）激烈的竞争环境。在互联网时代，社会环境瞬息万变。生活在这种大环境下，组织企业想获得一定的领导地位，必须拥有不断创新的能力。而且这种创新能力还不能仅仅依靠组织内部人员的创新机制，必须还要有企业之外资源的创新环境和机制，然后将两者结合才能使企业在不断发展过程中看到未来的方向，不至于在创新的道路上停滞不前。这促使企业不得不去寻找外部创新渠道，从而催生了众包的兴起。

5.2.2 村级众包物流的概念及适用性

1. 村级众包物流的概念

姆拉德诺（Mladenow，2015）指出，在物流中，主要目的是将货物在正确的时间、正确的地点送到正确的收件人手中，"众包"的概念有助于实现这一目标。村级众包物流是一个支持农村与消费者信息连接的市场概念，它将农户、农村合作社等个体或群体的物流服务供需与未定义的、具有时间和空间的自由人群进行匹配，大众群体自愿参与到农户等发包方的任务中并得到相应的补偿。大多数众包物流计划发起于美国，但众包平台正在全球范围内出现，使其成为全球性的现象，并且适应在中国农村等配送网络不发达地区进行深入发展，其基本流程如图 5-1 所示。经由系统的分析可以得出，村级众包物流是物流服务创新的新模式，指农户、农企等发包方利用网络平台将物件或物品派送任务外包给不固定的、具有闲置时间和劳动能力的社会大众群体。村级众包物流可以提供不同的物流服务，如存储、本地交付、货运等。

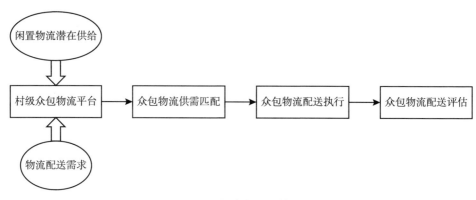

图 5-1　村级众包物流基本流程

Checkrobin 将自己定位为在线消费者—消费者（Consumer To Consumer，C2C）运输服务平台。客户经过试用阶段可以使用 Checkrobin 平台计划发货。这种众包物流应用程序的商业模式是基于这样的想法而产生的：许多汽车每天都有未使用的装载空间，如果司机通过提供私人货运的"乘车共享"这种方式，使用空闲装载空间，他们可以减少出行费用。因为门户网站可以通过特定的驱动程序（众包作为"驱动程序"）实现希望接收或发送货物的个人（众包作为"发送者"）之间的交互链接，无论如何都会有相对应的路线。通过这种方式，众包接包方几乎可以运输所有东西，考虑到偏离标准规范（超大或者超重的情况）并且不在计划路线上的包裹比标准路线需要更加昂贵的费用，众包发包方和众包接包方必须首先通过网络或智能手机应用程序在平台上注册，才能使用该应用程序。在接收供需双方的请求之后，系统搜索众包接包方和众包发包方并进行匹配。一旦发送方和驱动程序就价格和条件达成一致，手续将由 Checkrobin 平台进行处理，Checkrobin 平台每次收到一笔必须由司机支付的承诺金，也可以用所谓的"信用"来表示。而信用额必须通过信用卡、应用商店、Paybox 或电汇来进行支付。在交付完后，为了确保质量、性能和可靠性，其中发件人或司机可以在平台上进行相互评估。

在对"服务网络"进行研究过程中，就不得不提及电子应用程序 TaskRabbit 的作用。TaskRabbit 作为此理念的最早践行者，要求用户在进行注册（Facebook、Linkedin）时必须需要提供个人技能、兴趣，以及要求的报酬等相关的信息。TaskRabbit 专门设计一个匹配算法连接众包商和拥有所需技能的可用潜在众包接包方。因此，众包发包方可以根据经验、评级或货币报酬选择附近的众包接包方来执行任务，在应用程序上接包方和发包方两者之间都可以进行信息交换。任务包括交付包裹及组织性质的任务，如购物、辅助工作、清洁等。

MyWays 是 DHL（Dalsey Hillblom and Lynn，敦豪速递公司）的瑞典众包送货服务。一方面，发包方可以准备包裹以便交付并指定目的地；另一方面，众包的接包方选择他们想要收集的包裹然后交付。MyWays 项目于 2013 年在斯德哥尔摩成立，可在 Android 和 IOS 上免费使用，为"最后一公里"交付提供任务解决方案，它在包裹交付方面具有极高的灵活性。MyWays 将自己定位为 C2C（即递送和接收包裹的个人）和 B2C（即以少量费用在其路线上递送包裹的人）之间的包裹递送的在线平台。注册后，接收者和传递者可以通过应用程序相互联系。下达在线订单时，接包方可以确定服务的时间和地点及交付费用。然后，该程序包就可以在 DHL 工作站中进行接收，并且对于 MyWays 应用程序上的所有用户都可以看到该程序包。递送者可以指定他想要将包裹运送到给定地址的时间，接收者以积分来确定递送者的支付金额。积分是 MyWays 的内部货币，可随时兑换"真实"货币，且非常方便地可以在应用程序中的信用卡上完成。

2. 村级众包物流适用性

对于众包模式的应用，必须考虑农村物流特定的特征，即灵活性、安全性、可持续性、可扩展性，以及经济可行性等以确定众包物流在农村应用的适用性。

（1）灵活性。由于农产品等具有易损坏、易腐败的特点，以及农产品物流运输可能会由于某些不可预测因素而被打断，如交通拥堵、天气或安全事故等，所以在农产品运输过程中，采用合适的方法来保证农产品或其他类型的产品的流通配送环节拥有较高的灵活性是非常关键的影响因素。众包物流通过基于个人和小规模贡献者（通常是私人）来进行货物运输，使得产品运输过程非常灵活。

（2）安全性。由于贡献者的网络和数量的开放性，尤其是接包方的动态性，使得众包应用程序安全难以保证。因此，在参与者的准入和检查方面必须建立进入壁垒，如 Uber 在参与的驾驶员方面建立众包对等平台，以进行安全检查、社会信用整合等安全保障活动。

（3）可持续性。可持续性对物流公司及其农村用户也非常重要，尤其是在社会层面，如必须保证满足接包方的基本具体要求，并且保证数据的安全。在生态环境方面，由于私人缺乏足够资金和运输资源，众包点对点应用通常被认为是非常积极的、有效的、环保的运输方式，因为这避免了由于全球或区域范围内的闲置资产而导致的资源浪费。

（4）可扩展性。可扩展性问题是一个特定的物流需求，虽然它在互联网电子商务应用程序上并不是一个新的要求。因为用于众包的平台是易于使用且易于构建的，对企业来说，将非常不稳定的大量用户和物流提供商合并到众包物流网络中，并不是很困难，所以企业能够保持众包物流的可扩展性。

（5）经济可行性。应用众包物流的过程中必须要考虑经济可行性，因为农村配送体系不发达，标准运输和物流流程的变化成本可能会较高。综上所述，在物流应用中所提出的理论要求并不会被认为是众包应用所不能接受的，诸如安全性、可持续性（数据保护）问题，以及业务可扩展性问题必须得到专业化的处理，但是这些需求不能阻止众包物流这一模式在农村物流中应用。

由于目前农村物流领域许多的运输能力没有得到很好地开发利用，农村众包物流具有巨大的发展潜力。众包客户参与交付可以更有效地使用装载空间，有助于减少二氧化碳排放量，并且可缓解交通压力。通过与客户的紧密合作，形成众包客户与公司之间新的社群关系，从而改善了公司的形象，并提高了客户满意度。物流公司的优势包括：建立客户关系网络和当地社群，更有效地利用现有容量，降低昂贵设施和设备的购置和维护成本以及运输成本，从而最大限度地减少对环境的负面影响。实施众包物流后，顾客可以得到公司提供的便捷且有效地服务，如难以解决的"最后一公里"的交付问题，可以通过众包物流解决，此外众包物流有助于创建客户和环境友好型的公司形象。

5.2.3 村级众包物流的分类及特征

1. 众包物流的分类

物流从生产商开始，并在符合客户要求的消费点结束，包括规划、实施和控制程序的过程。它包含货物的有效流转和保存过程，以及在整个供应链中的资金和信息服务。其中货物的流转与保存则是属于常见的实体物流。除了实体物流概念外，还出现了信息物流概念。基本上，信息物流主要是指整个供应链中的信息流，它包括各个方面信息的管理和控制，主要有分配、保存和时间安排等信息。实体和信息物流中的众包，我们都采用"众包物流"一词，众包物流是指公司（众包商）利用互联网将物流任务外包给个人（众包）。众包物流分为"基于竞赛"的实体众包物流和"基于协作"的信息众包物流两种形式，其中实体众包物流位于价值链的终点或起点（最后一公里或最先一公里），村级众包物流通常是指实体众包物流。信息众包物流存在于价值链环节的任一阶段。实体众包物流与信息众包物流具体的区别见表5-2。

表5-2　　　　　　　　实体众包物流与信息众包物流的区别

区别	实体众包物流	信息众包物流
关注点	有形商品的流动和储存	信息的流动和存储
位置依赖	在处理实物的众包方面	众包本地知识
众包类型	基于竞赛	基于协作
需要互动	众包接包方和发包方	众包接包方和发包方、接包方之间
互动的轨迹	价值链的终点或起点 （最后一公里或最先一公里）	价值链任何阶段
典型的众包应用	Flexe, Checkrobin, 达达—京东	Crowdworx, Streetspotr, Telogis

（1）信息众包物流。在"基于协作的众包"中，大众群体通过协作共同努力解决问题，其结果是得到一种较好的解决方案。如许多群体众包分享他们关于实时交通信息的知识。应用程序 Waze 是一个基于移动众包的交通和导航应用程序。在该应用程序上的用户输入他们预先确定的目的地，并使用该应用程序进行导航，同时将它们周边的交通和其他道路数据与其他人共享。信息众包物流可以用于计算当前是否正发生交通阻塞，其他用户就可以使用此信息来合理地更改路线并避免堵车的情况出现。用户还可以主动使用应用程序，如发布事故信息或者搜索事故发生地点。该应用程序基于类似于维基百科的原则，用户使用它都是免费的，并且可在大多数移动操作系统上运行。用户通过在应用程序上编辑道路数据（如新街道或门牌号码）并将其提供给其他人，以便农村其他用户根据这些信息来规划合适的众包配送路线。但是这也意味着可能会发生错误，其他 Waze 用户或所谓的区域管理员（具有丰富经验的 Waze 用户）通常会非常快速地纠正这些错误。众包可以编辑其他道路数据，发布交通堵塞情况、事故或道路封闭的最新消息或 GPS 直接将其数据发送到 Waze。2013 年，Waze 在移动世界大会上荣获"最佳整体移动应用奖"。此外，Waze 还有一个社交组件，它能够支持用户与其他 Waze 用户聊天。

（2）实体众包物流。在"基于竞赛的众包"中，大众通过竞赛形式完成任务，并获得任务奖励，在村级众包物流中，大众主要通过应用程序接单，以得到包裹运输任务。实体众包物流发展较快，出现了许多实体众包物流公司，如京东达达，人人快递等。

实体众包物流又可以将其分为众包仓储、众包本地货运、众包国内货运服务、货运代理四类，见表5-3。每一种类型在有关项目上都有一些特征：包括所创建的物流连接的类型、众包物流业务范围、为用户提供物流价值、用户的物流风险、众包物流资源、所需的众包物流能力、平台提供的物流运营支持，以及平台提供的物流业务支持。

表5-3　　　　　　　　　实体众包物流的分类与区别

区别项目	众包分类			
	众包仓储	众包本地货运	众包国内货运服务	货运代理
众包物品类型	机器设备、不常用器具、难以携带的档案文件	食物、小包裹	大型包裹	贵重物品、农产品等
范围	附近	当地短距离	国内	长距离
优势	距离近	速度快	适应性、可用性	可达性
风险	安全性难以保证	缺乏人群可信性	缺乏人群可信性	缺乏可靠性
众包资源	地下室、阁楼、房间、车库等	汽车、货车、公交车、自行车等	汽车、火车、货车等	飞机、船等
众包能力	储存	收集、运输、配送	装载、运输、配送	处理、包装、运输
平台运营支持	空间规划	GPS行程规划	GPS	海关信息
平台业务支持	保险合同	定价、检查接包方证件	定价、检查接包方证件	关税价格计算

①实体众包物流——存储服务。这些服务的来源主要依赖于大群体可以使用的财产资源，如地窖、备用房间、车库或庭院等。通过农企或个人通过搜索引擎，使用客户端可以对人群上传的存储空间进行地理定位，从而调动大众的空间资源。城市高昂的房产价格将传统的商业仓储空间推到了郊区范围，能够让农户等可以通过利用农村剩余的空间得到经济效益。这种类型的人群服务使城市居民能够获得低成本的存储空间，并且货物在这里（家具、纸箱）可以

存储不同的时间。这些模式的成功取决于它们是否有能力充分利用密集的本地存储空间网络，这还取决于人群妥善管理存储空间的能力，以确保货物是安全的，容易移动和存储。这些平台的突出贡献在于可以帮助大众完成他们的仓储管理任务，如提供工具来评估要存储货物的数量，并确定适当的收费标准。平台还可向用户提供合同条款范本，并可能会推荐保险服务或提供货物担保，以弥补因损坏或盗窃而造成的损失。

　　②实体众包物流——本地货运服务。这些服务的提供则要依赖于大众群体能够获得的运输资源，并利用个人的物流能力，如提货、开车和送货等能力。交通资源可以是货车、小汽车、小型摩托车、自行车、公共交通工具，甚至可以是步行。该领域的举措都需要通过智能手机应用程序来实现，它使有需要的农村个人能够提出交付请求，然后由农村群体完成。当地的快递服务主要集中在农村包裹向城市流动。城市与农村往返人口的流动性使得为农村有需要的个人得到低成本、快速的送货服务成为可能，并且这十分有利于包裹递送和消费品（鲜花、杂货、新鲜农产品等）的配送。这些举措的成功取决于能否在每个城市和农村间建立一个足够密集的当地送货人员网络，以确保快速送货。这些平台的贡献是为人群配备了交付辅助工具和运输工具，如 GPS 系统，并运行一个动态系统进行实时车辆调度，以尽可能高效地将客户的交付请求分配给司机。大多数平台会检查司机的证件（如驾照、车辆所有权等），让客户在实时 GPS 地图中跟踪司机并直接联系他们，因为速度和可靠性是这项服务的关键组成部分。

　　③实体众包物流——国内货运服务。这些服务的提供还依赖于人群能够获得的交通资源，主要是运输车辆（轿车和货车）。运输者和服务用户之间的联系是通过相同类型的互联网平台或移动应用程序建立的。这种运输系统似乎特别适合超大号或非标准的物品，因为它们的数量较多且与普通物品具有很大的区别，不能通过邮政系统运输，这使得使用标准服务不切实际或过于昂贵。这些计划的成功取决于能否联系到一个合适的能够满足客户的需求，并且在数量、货运类型等方面提供高度适应性的司机，同时运输司机能够及时提货、小心运输并将产品交付到最终目的地。运输人群包括快递公司雇佣的专业司机（他们在两次投递或空闲的回程之间有可用的空间和时间来填补）和人群中的临时司机。众包物流平台的贡献在于为人群提供了 GPS 系统（允许客户实时跟踪）和一种成本核算工具，可以根据物体大小和旅行距离估算运输成本。此外，众包物流平台可以允许发送方在几个方案之间进行选择，并选择满足其特

定需求的驱动程序。众包物流平台还提供保险系统来保护可能在运输途中损坏的物品。这些平台还可以向其用户群体索要驾驶执照等信息，以确保物流任务能够正确有效执行。

④实体众包物流——货运代理服务。这些活动使用搜索引擎将客户的请求与具有相同来源和目的地的运输者提供的服务匹配起来。该服务的潜在用户可以投放广告，告知人群他们自己的运输需求，而同行则发布他们即将推出的出行行程。该服务部署在世界各地，可能覆盖全球，尽管其中大多数专门从事其中某个联系。通过激活游客群体，用户还可以获得特定商品的优惠，如国外独家制造的产品（食品、时装），或者由于不同的税收制度而以更低的成本获得的商品（如 iPhone）。此服务成功与否取决于群众是否有能力在国际上传播所需要的商品。但是，由于海关规定和航空旅行的限制，可能会给托运人带来重大风险和意想不到的责任。该平台的价值是向公众提供有关此类法规和约束的必要信息，并提供计算关税的相关工具。

2. 村级众包物流模式的特征

目前在共享经济发展势头强盛的情况下，在物流交通网络和基础设施较弱的乡村实施的众包物流是属于共享经济的一部分，是共享经济模式下农村物流发展的一种趋势。村级众包物流允许人们通过配送任务再分配、共享产品和服务中的剩余资源来增强资源的使用，它的核心是农村车辆等物流剩余资源的共同使用。通过充分利用人们出行通勤时的备用车辆空间来进行包裹配送，减少了包裹交付所需的车辆活动，从而提高了社会、环境和经济的可持续性。

通过对村级众包物流的深入分析，可以发现，与传统第三方物流相比，村级众包物流的特殊性，见表 5-4。众包物流要求个人在特定的基础上提供基本的物流服务，它指出众包物流需要通过协作平台和移动应用程序连接个人与公司同行（旅行者、搬家公司、授权的司机、所有者空闲的存储空间等）才能正常实施，它的目的是充分利用分布式、闲置物流资源与能力。农村通过使用众包物流可以获得一些优势：新的客户参与水平、额外的赚钱机会、更低的运输成本，以及为客户（通过携带）提供灵活的服务和工作机会。众多物流公司的贡献者不仅具有商业性，而且具有强烈的社会动力。人们之间的交流过程、人际关系，以及消费者（众包接包方和众包发包方）的可持续发展意识都得到了高度重视。客户注册主要是因为社会动机，收入潜力并不是主要的吸引力，在其中的作用也不大。此外，众包物流在经过不断持续发展后，农户、农村合作社、农企等都可以从较低价格和更快或更准确的交付中受益。众包物流被认为具有方便、简单、用户友好和高效的优势。

表5－4　　　　　　　　　村级众包物流与传统第三方物流的区别

题项	类别	传统第三方物流	村级众包物流
战略层面	主体	公司	大众
	激励措施	经济激励	多方面激励
	规模	大	小
	理念	团结	共生
组织层面	分布范围	集中	分散
	平台归属	企业资产	中介
	服务内容	多种服务	基本服务
	技能	专业的	业余
运营层面	资产	特定的	一般的、非特定的
	行业规范	标准化	变化的
	信息系统	软件	平台和 APP
	绩效衡量	定量（KPI）	定性（个人喜好）

（1）大众群体为主要参与主体，接包方、众包平台采用多方面激励大众参与。在战略层面，村级众包物流促进建立人群中个体之间的关系，允许农企或个人"购买"物流活动。这样的举措为相关人员提供了明确的经济利益，并通过佣金、费用或广告收入为众包物流平台提供了明显的经济利益。然而，在大多数情况下，众包将大众的注意力吸引到其他非经济方面，他们加入该计划一般出于多维动机。众包物流通过信息通信技术将接包方与需求方连接起来，主要是小规模运营（通常情况下，配送在给定取货地点的 15 公里半径内进行）。总体而言，村级众包物流是通过将农村的物流资产和能力与物流需求匹配，将其聚集在一个共生关系网络中（将需要移动物品的人与移动中的人联系起来）。因此，众包物流试图充分利用农村闲置产能将资产的低效利用最小化，并通过出租未使用的空间来赚取额外的收入。

（2）组织模式分散，接包方多为非专业人员。村级众包物流的组织也表现出特定的特点。首先，众包物流主要通过一个对等匹配的应用程序（如 My-

Ways）或投标系统（如 MeeMeep）在一群个体之间分布进行托运人的选择（Storenextdoor）或平台的分配（DoorDash）。平台主要履行物流资源供需方之间的中介功能，众包物流平台提供任务描述、供求评级服务，通过智能算法确保农村的农户或者个人发包方能够及时地匹配到合适的接包方。大多数众包物流项目提供基本的物流服务，主要是运输或仓储。因为任何拥有车辆和客户服务理念的人都可以参与众包，所以众包物流接包方通常情况下是业余的且没有得到物流从业资格认证的个人。因此，大多数众包物流平台需要检查司机的驾照、保险和可靠车辆的证明，并建议司机将他们的注册账户与信用账户连接起来，建立一个信任社区或他们的电子信誉档案，以减少农村发包方遇到的来自接包方的信用风险。

（3）众包物流缺乏相应的运行规范标准，一般多采用手机软件来抢单。在运营层面，村级众包物流主要依赖于一般的、非特定的资产。众包物流的运输工具具有多样化特点，如步行、自行车、货运自行车、小汽车、面包车、卡车等各种移动方式，或任何潜在的存储空间，如阁楼、地下室、备用房间或车库、车道或前院，用于存放船只、大篷车、房车等。类似地，众包物流是在个案基础上运作的，它们的标准包装和运输订单不是强制性的，但是服务是在特定的环境基础上交付的，需求方可以进行直接的订制服务。如确定发货时间、到达时间，以及任意在双方允许范围内的地点。用于众包物流的信息系统包括一个本地配送平台整合的应用程序和互联网平台，当提供服务时，应用程序会通知你。同时，农村发包方与接包方可以在任务完成后通过在定性评价系统进行信息反馈与服务评价，来改善农村众包物流服务。这样的评级系统通过给予值得信赖的同行高度的可见性，能够将不符合众包物流规定的个人排除在社区之外，可以克服关于人群缺乏可靠性或专业能力的感知风险。

5.3　村级众包物流模式的生成机理

5.3.1　共享经济

1. 共享经济的定义与特点

众包物流是被共享经济这种新兴经济发展理念驱动而形成的全新物流商业

模式,它通过社会大众的交通资源与空间资源的共同使用以达到互惠互利的目的,众包物流是共享经济模式在物流行业的创新应用。

1989 年,欧洲粒子物理研究所首次提出万维网的构思,此后互联网经历了许多阶段性发展,它们包含了电子、移动和社交业务的各个阶段。虽然所有的阶段都催生了新的商业模式,但最近的社交网络也促成了商品或服务范式从拥有到使用的一种转变。与传统的以所有权为基础的市场模式不同,"共享经济"是建立在产品和服务的使用和共享之上的。这一现象本身并不新鲜,共享资源在企业对企业(B2B)领域是众所周知的,如在农业和林业领域(如德语国家 Maschinenring),以及企业对消费者(B2C)领域(如自助洗衣店、汽车租赁、公共图书馆和游泳池)等都属于共享领域。最近,由于 C2C 交易得到了快速发展,并产生了新的商业模式。

"共享经济"一词于 1987 年由美国马科斯·费尔逊和琼斯潘恩教授首次对外提出,指的是在不拥有商品的情况下,通过资源共享、交换和租赁等活动进行的协作消费。在与共享经济相关的研究文献中,共享经济一般是指以获得一定报酬为主要目的,基于陌生人且存在物品使用权暂时转移的一种新的经济模式。其本质是整合线下的闲散物品、劳动力、教育医疗等资源。

共享经济将集体智慧等社会网络研究与 C2C 互动中建立的在线社会商务领域联系起来。截至目前,社交商务作为一种重要的商务沟通方式,主要是由媒体及大众所引导,以便更好地实现社交联系、顾客奉献和产品服务的销售活动等功能。虽然共享经济并不关注产品和服务的所有权转移,但它需要 C2C 交易机制,如预订(如汽车)和支付(如使用汽车和其他服务),这些都是社会商业领域。共享经济为消费者、提供者和中介创造利益。对于消费者来说,它提供了更多的便利,因为他们可以为特定的目的使用特定的产品(物理的或非物质的),而不是购买"一刀切"的产品。此外,它还具有经济效益,如减少资本投资,在共享经济驱动下将是使用而不是购买商品。从生态的角度来看,共享经济下,由于商品和服务生产的减少,具有减少资源浪费的优势。

共享经济具有以下特点:①买卖产品或者服务的使用权并不是所有权;②通过销售商品和服务来支持产品的重新拥有;③利用未使用的资源和能力;④提供维修和维护服务;⑤针对新客户,开发全新的商业模式。

2. 共享经济框架

共享经济是导致经济价值交换的混合形式,在战略、流程、系统角度将共享经济框架分为三层。

（1）在战略层面，共享经济要么通过 C2C 模式直接连接消费者，要么通过中介搭建访问消费者与提供方的桥梁。提供商为消费者制作和分发服务，消费者反过来也可以为其他消费者制作和分发服务。在共享经济模式中，消费者和生产者之间的界限变得十分模糊，因为在 C2C 环境下，提供者也可以是消费者，消费者也可以作为提供商。

（2）在流程层面，消费者、提供者和中介通过不同类型的流程进行连接。在提供商方面，产品的服务生命周期通常包括识别、需求分析、概念、开发、实施、运营和服务增强七个通用阶段。服务生命周期中的特定流程与产品所处的阶段相关，这些生命周期流程支持提供商的策略。如公司可以在二手货物的运营阶段提供特定的维修服务，或者在增强阶段提供改装服务以增加这些货物的价值。中介商必须根据服务所处的环境调整这些过程，如共享汽车需要不同的服务使用过程（如清洁、停车等）而不是货币贷款（如利率、投资回收期等）。在消费者方面，必须考虑消费者共享过程的具体细节，这些细节不是关注所有权的转移，而是包括交易在内的产品使用权的流动。从消费者的角度来看，五个流程类别是相关的。一是消费者了解自己需要的服务并对相关的服务进行比较。二是消费者可以访问相关产品，如通过汽车共享的电子钥匙访问共享汽车的使用情况。三是消费者为使用服务付出相应的费用。如果在共享平台中可用（微）支付功能，则减少了关于共享服务循环使用过程中产生的矛盾。四是额外的增值服务支持消费者共享资源。如保险服务，它可以降低提供商的风险，从而提高信任度。五是消费者根据标准来评价整体服务质量，并将其反馈到中介平台中，为其他用户提供参考。如产品的便利性、客服态度等，这有利于建立一种相互信任的机制。

（3）在系统层面，消费者通常使用互联网或手机应用程序来识别他们想要分享的商品和服务。这些平台支持流程层的三个通用流程类别：市场透明度、交易和监管。如 Airbnb 是一个共享租房软件，他为消费者提供服务目录以保证市场透明度，并允许消费者搜索和比较不同的公寓。交易网络基础设施使消费者能够预订公寓，手机支付软件使消费者之间可以通过电子支付，并且相关的社区提供相应的评级机制等。在关于提供商的支持方面，社区管理可以利用 Social CRM 系统很好地实现与在线社区的链接，这样以便于社交客户关系管理系统为使用者提供分析和交互功能，如社交群体搜索、监控社交媒体、社交网络数据分析等。来自这些系统的数据可以在整个服务生命周期中集成到消费者流程中，如识别阶段的消费者评级或增强阶段的投诉管理。如果消费者将汽车共享服务与公共交通服务捆绑在一起，则两种服务都需要兼容的语义模型来彼此交换数据。为此，服务应依赖于通用标准，如统一服务描述语言（Unified Service Description Language，USDL），以达到确保服务的业务、运营和技术方面一致性的目的。另一个标准化计划的例子是万维网联盟（World Wide Web Consortium，W3C）努力建立在线支付标准，该标准为服务交易提供同质支付基础设施，并扩展语义网，以便在服务消费者和提供者之间交换价值。

5.3.2　协作消费机理

1. 协作消费的定义

针对协作消费，费尔索和斯佩思（Felso & Speath，1978）将其行为定义为：在人与人之间（可以是多人与多人）进行共同的活动过程当中对各类所需的经济商品和服务的消费行为。虽然它侧重于涉及消费的联合活动，但该定义过于广泛，没有充分集中于资源的取得和分配；相反，它仅仅依赖于协作消费的事实。例如，假设一起喝啤酒的人各自为自己所喝的啤酒付费，他们是在协调他们在特定时间和地点的消费，但消费行为是一种市场交换。如果他们中的一个人买了一罐啤酒供群体消费，这就是分享，因为这涉及将自身的东西分发给他人使用的行为和过程。如果我们不希望喝满满的一罐啤酒，也不想支付过高的价格购买啤酒的玻璃，我们可能会说服另一些人来与我们分一壶啤酒，而每个人支付一半的费用和接受一半的啤酒。

协作消费是针对拥有潜在的可被发掘利用的资源来进行的，通过不断增加不同的人在消费过程中获取这些潜在价值的机会，以便让潜在的价值可以被使用。通过应用协作消费可以很好地改善社区邻里关系，让社区管理更具有人情味。协作消费通过不同的人接触各自所拥有的潜在资源以获得一定费用或其他补偿，如物物交换和非货币补偿。协作消费的动机往往是因为消费者不愿意购买和拥有东西，而是想要访问商品和愿意支付一定的费用暂时使用他们。协作消费所占的位置是共享和市场交换之间的中间地带，许多"分享"组织网站提供了协作消费的机会。

2. 协作消费在交通行业的应用

Zipcar 是一个商业"汽车共享"组织，在北美和一些欧洲城市拥有一支车队。每年付费的参与者可以在网上预订汽车，然后用他们收到的会员卡进行解锁和操作。在使用几个小时后，车辆返回到原来的位置。用户无须担心燃料、保险、停车费或维护费用。如果需要加油，可以使用汽车里的信用卡，并且 Zipcar 提供最新型号的轿车或货车供用户选择。

由于共享的车辆需要返回到被取走的地点，所以这项服务不如许多城市的短期自行车共享计划那样灵活。这种短期的"汽车共享"已经变得相当流行，同样此做法也引起了汽车制造商的注意，他们提供自己的汽车参与到共享项目，包括宝马的 DriveNow，戴姆勒奔驰的 Car2Go，大众的 Quicar 等。

为什么汽车公司要促进那些似乎鼓励短期租赁而不是拥有汽车的做法呢？其中一个原因是，年轻人显然对拥有汽车失去了兴趣，因为和拥有汽车相比，汽车的使用价值对他们更重要。他们发现买车、保养和停车都非常昂贵，而且越来越不愿意有这样的麻烦。汽车公司将短期租赁视为一种满足其运输需求的方式。

通用汽车的 P2P 收购项目 Relay Rides，它将希望租车几个小时的车辆拥有者和暂时用车需求者的客户可以聚集在一起。通过使用现有车主的汽车可以避免在维护和储存汽车上花费资金，而且自租汽车在使用过程中也可以享受一份综合保险。梅赛德斯还提供另一项名为 Car2gether 的服务，将有出行计划的车主和那些想在两个地点之间搭便车的人聚集在一起。除了创造良好的沟通网络环境，还可以减少汽车的拥有量，以减少拥堵出现，其中环境友好的策略也对用户具有很强的吸引力，而且用户可以通过共享车辆空余空间赚取部分收入来抵销汽车的损耗成本。

此外，一些真正的共享网站也提供交通服务。许多共享网站都将拼车点设置在城市的公共车站的附近，为人们在"最后一公里"上提供方便，寻求搭车服务的人在这些地点等候，司机们会提供到不同地点的搭车服务。接完乘客后，司机就可以使用高占用率的车道，更快地到达他们想要的位置，如在旧金山湾区就提供了数百个"临时拼车"地点。类似地，在瑞典哥德堡也有这样的合作汽车共享组织，其成员参与购买、维护和安排使用他们的小型车队（Jonsson，2007）。就像 eBay 上的买家和卖家在购买后可以互相打分一样，旧金山的拼车服务和其他许多类似的服务通过事后的在线评分，帮助建立对特定人群的信任度。像 TrustCloud 这样的公司正试图提供声誉评级，可以在不同的协作消费网站上使用（A. Sacks，2011；D. Sacks，2011）。

5.3.3　交易成本理论

1. 交易成本概述

1937 年，英国经济学家罗那德·哈利·科斯在《试论企业的性质》中，提出了"交易成本"这一词。随后，科斯经过不断研究完善，将其发展成为交易成本理论。科斯的交易成本理论提出对各种资源进行共同配置的方式分为市场协调和各企业之间的协调，其实从本质上讲企业之间的协调就是利用市场机制进行协调的另一种手段。这是因为单纯利用市场上的规则进行贸易可能得不到一种理想的结果，并且还会存在如交易费用等一系列的成本费用。交易成本理论认为正是因为交易过程中各方掌握信息的不充分、社会人的有限理性等造成了交易成本费用的产生；但随着人们在市场上不断探索发现，交易各方可以利用长时间的契约来约束各类行为，这样能够很大地减少交易过程中产生的成本费用，如咨询费、商务谈判费等。然而，在 1970 年之前，因为科斯并没有对交易成本的具体特征和形成动机进行深入分析，一直处于理论大于实践的状态。所以，科斯提出的交易费用理论一直不受大众群体或者经济学家的普遍认可，一直未在主流经济学中占据一席之地。

在科斯以后的研究中，国内外众多学者对交易成本理论进行了深入研究，包括如何更好地界定交易成本费用、为什么会有交易成本费用的形成等，不断充实了交易成本理论。其中，威廉姆森的探索尤为突出，正是因为他将交易成本理论进行整合统一，发展形成一个完整的理论体系，才能够让交易成本理论在 20 世纪 70 年代后的主流经济学理论中有非常重要的地位。除此之外，阿罗将交易成本用"可以正常有效运行经济系统而导致的一系列成本费用"来定义；同时张五常非常同意科斯的看法。

通常情况下，一个完整的交易过程包括交易前的调查成本、沟通成本、资料成本等，在确定要进行交易后的成本则包括四种不同形式：①不适应成本。也就是双方在交易的过程中发现正在往与契约中所约定的事项相矛盾的趋势发展，即不能按照既定的程序运行而产生的不适应费用。②讨价还价成本。即是在交易过程中出现了不和谐的场景，此时双方为了使事件可以形成一个共同赞同结果而导致的费用。③建立及运转成本。这类成本是为让纠纷可以得到平息，然后建立合理有效的管理体系并能够快速运转付出的成本。④保证成本。即为了使承诺完全兑现所付出的成本。

奥利弗·伊顿·威廉森（Oliver Eaton Williamson）将能够改变市场交易费用的各种动因分成两个组成部分：社会人的投机因素是第一个组成部分，包括社会人的有限理性、投机主义等。其中社会人的有限理性描述的是关于人们对某个事物的认识程度，就是说因为有着外界环境综合性和个人认识能力的局限性，即人们的理性在某种程度上是具有一定意识的，但这种意识的理性行为只能在有限范围内去实现。

投机主义（Opportunism），这是因为一般的社会人缺乏与经济人假设一样的那种完全理性，而是有限理性。在有限理性的情况下交易主体有可能为了自身的利益而作出一些欺诈他人的行为，利用信息的不对称，不充分发布相关的信息或是故意曲解，尤其恶劣的是还不择手段地计划发布一些片面信息来欺骗其他人。因为人们是非完全理性的，投机主义者才能够拥有欺诈他人的机会。由于信息资源不对称、外界市场环境变化等种种因素影响，交易双方不可避免地预见到在交易完成前可能产生的危机，所以由于双方利益立场不同，完全没有争端的情况是不可能存在的，进而在执行合同过程中不可避免地将会产生费用。为了避免出现这种情况，人们在签订相关合同时又经常增加一些特别的合约，但是这些合约会普遍地带来一些成本的增长。通常情况下，由于投机主义，交易双方必须以保证自身的利益，降低自身的风险为主，所以不得不尽可能地搜集所有与交易相关的有利信息，进而产生更多的交易成本。

投机主义的第二个重要的构成因素是交易特征，其中包括专业性的资产管理、不确定的且动态变化的市场环境，以及双方交易的次数。首先，专业性的资产管理是投机交易特征的必要组成部分。一个成熟且成体系的企业组织其资产都有自身的用途价值，而专业性的资产管理的意思是指对一个特定资产专用程度的量度。换言之，即企业的一种资产放弃原有的用途而将之用于另一个方面所能达到的效果，或者是将这种资产转交给别的组织来利用而其原有价值所能保留的程度。因此，可以说组织专业性越高的资产，双方契约签订之后就越会拼尽全力去维持这段关系的和谐，尽可能不出现交易的破裂。因为专业性高的资产一经产生，这种资产再想用于其他的方面的可能性就会变得很低（如果再用于其他用途，其变动费用也会变得很多）。其次，是不确定的且动态变化的市场环境。威廉姆森提出这种不确定性的出现与社会人的有限理性具有很大的关系。同时他把市场的不确定性分为三类：一是在某种程度上可以推测出突发情况的不确定性，但为了得出这一结果所需要花费的费用相当的昂贵；二是偶然事件的性质在发生前一般只可能从大的方向猜想出该事件的不确定性；三是关于信息不对称所产生的不确定性，主要是一方占据着有利的信息获取渠道而另一方处于信息闭塞的处境。无论是哪种不确定性，只要程度较高，双方的契约都难以签订，就算是在特定的环境下勉强地达成，其出现违约的概率也会很高的。交易双方为了保证他们签订的合同能够正确且及时的完成，还必须承担一定数量的监督或诉讼成本，这些就是事后交易费用的组成部分。另外，市场上的主体为了避免不确定性给自己造成不可弥补的损失，都会竭尽全力地去调查搜集所需要的信息，造成事先交易费用的增加。总而言之，不确定且动态变化的市场环境能够在很大程度上影响企业的交易成本。一般情况下，市场环境越是具有不确定性，企业所产生交易费用就越高。故威廉姆森生动地将交易成本比作了"经济世界的摩擦力"。另外，不确定性与资产专业性也密切相关，资产专业性越强，不确定性越大。

投机主义的第三个因素是交易中的频率。频率主要是从时间的连续上看的，反映了在一段时间内所发生的交易次数情况。需要说明的是，交易双方总的交易次数实际上并不会使交易费用的绝对强度发生变化，它只是使交易过程中的相对成本发生变化。交易频率与组织设置新的规章制度或机构有较大的关系。若交易双方的合作关系非常紧密且交易来往频繁，此时设置专门负责合作的管理机构具有一定的益处。合作双方之间的交易频率越高，设置管理机构所花费的成本就可以越快获得抵消；此时，尽管设置相应的管理机构所需要的费用较高，但若将总的费用进行分摊，那么相对来说每次交易成本还是较低的。如果双方的交易次数不够高，没有达到一定的次数，此时就没有必要为企业之间特意构建一个管理机构来为之服务。

2. 交易成本理论与众包物流

根据对以上有关交易成本理论的分析，可以得出企业组织在对资源进行处置时，在进行有关于是采用外包产品或者还是利用企业自身设施设备进行生产的决策时，交易成本的多少是企业进行最终决策的重要指标。同样的，企业在确定关于物流是选择众包还是第三方物流的时候，众包和第三方外包给企业带来的交易成本对企业物流方式的选择有很大的影响。

降低物流成本是推动众包物流模式产生的重要因素，农村物流市场的高额第三方物流配送费用推动了农企或者个人选择众包物流模式。现代信息通信技术和信息共享技术的发展也为产品配送提供了保障，如电子数据交换（Electronic Data Interchange，EDI）、大数据技术、GPS/GIS、Internet 技术等。如在应用物联网技术和 GPS 技术时，交易双方可以实时跟踪货品所处的具体情况，包括车辆的位置、所运货品的数量，甚至还可以监测车辆司机的状态等，并且如果遇到特殊状况中途必须要调整运输方案时，能够实现实时调节。同时 Internet 技术、大数据技术的普遍应用，能够较好地解决各方信息不对称的问题，使企业各组织间的交流更加通畅，降低与各个合作伙伴商务谈判、合约签订产生的各种成本。另外，目前国家政府抓紧建立完善的物流市场法律法规体系，这能使监督费用、破损追查的费用下降，同样也可以降低交易费用。

众包物流是减少物流交易成本的重要手段。首先，众包物流平台具备的、能够实现接包方和发包方对双方评价的定性评价系统可以很大程度上增加它们对彼此情况的感知，减少它们感知到的不确定性带来的风险。其次，众包物流平台可以通过采取一些措施降低投机主义，平台的准入门槛可以对进入方进行一定程度的筛选，进而排除在众包系统外的不合法公司和个人，也可以避免接包方在配送货物时的投机行为，因为一次的产品损耗、丢失等，会造成个人在整个众包平台的低信用风险。

5.4　村级众包物流运作模式

5.4.1　村级众包物流运作模式框架

研究表明，对于同时拥有实体店和网上店铺的农产品发包方来说，采用众包物流进行配送是与纯电商竞争的一种有效方式。他们可以将通常位于战略位置的实体店作为"仓库"，在那里，顾客可以实现一小时或一天的快速接收货物。特别是对于独立的本地农村企业，众包提供一个负担得起的物流交付解决方案，并使他们能够扩大他们的市场。

村级众包物流运作模式框架如图 5 - 2 所示，农企、农户或个人等包裹发包方通过接收消费者下达的产品需求订单，在众包物流的众包平台创建即时订单，充当着众包发起者的角色。众包发起者在众包平台创建众包物流订单后，农村具有闲散物流资源或者有出行计划的包裹派送方（接包方）在众包平台进行选择性接单，然后到订单指定的地点领取货物，最后将货物配送到消费者或者当地物流公司手中，并获取相应报酬。众包物流平台在众包订单完成过程中将对众包承运人进行实时监督，并将订单完成信息反馈到平台上，包裹接包方可以对众包承运人的众包订单进行物流跟踪，并且在收到包裹后对业务情况进行评价。消费者的购物订单是众包物流订单的来源，但是从整个众包过程的流程来说，消费者并没有直接参与到众包物流的过程中，而仅仅承担最后的货物接包方的角色。众包物流平台在众包市场中扮演着中介角色，它通过对接包方相关信息检查与信用监督等手段降低来自接包方的信用风险。此外，传统物流公司通过与接包方共同完成货物配送，在众包物流模式中扮演着运输角色。在农村，除了通过利用众包物流完成短距离产品配送外，在配送网络不发达地区，也可通过众包物流将包裹运送到较近距离的物流站点，然后由第三方物流公司进行配送。

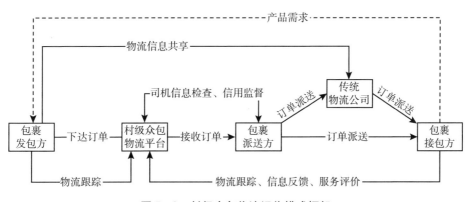

图 5 - 2　村级众包物流运作模式框架

5.4.2　村级众包物流利益相关者分析

由村级众包物流运作模式框架（见图 5 - 2）可知，农村有五个利益相关者与众包物流直接相关：订购包裹货物的发包方，接收包裹的接收者，协调供需双方的平台供应商，采用以传统方式完成包裹运输的物流服务提供商

（Logistics Service Provider，LSP）及人群（接包方）。根据平台操作，委托人和接收人可以是相同的。在其他情况下，发包方会是货物的发送者，类似于物流研究中经常应用的托运人概念。该平台提供商对众包物流至关重要。通常情况下，平台商要么是大型企业，如亚马逊、DHL、达达—京东等，要么是像Deliv 和 Postmates 这样的初创企业。利益相关者包括学生、出租车司机、外卖员（Paloheimo et al.，2016）、零售商的忠实客户或朋友和熟人。

1. 发包方

对于需要运输包裹的发包方来说，特别是对于农村零售公司而言，众包物流具有许多优势，他们可以通过降低当天即时交付成本和最后一公里交付的运输成本而获得收益。虽然亚马逊等类似的大型电子商务运营商发展众包物流拥有巨大潜力，可是众包物流同样适合中小型企业。特别是对于传统包裹递送公司的谈判地位较弱的当地商店、便利店、农村合作社等。一般情况下，他们无法雇用专业公司进行（快递）交付或应用自己的交付网络来进行自营配送，而实施众包物流模式能够为客户提供快速和免费的送货服务，以便与来自网上的零售商进行竞争。此外，众包物流与当地农产品市场之间也存在匹配，对于农户、农村合作社等而言，众包物流代表了一种经济实惠且适当的解决方案，可以让这些商家接触到终端消费者。

2. 接包方

从包裹接收者的角度来看，可以确定众包物流的整体可接受性，只有当接收者能够接受由大众群体提供的物流服务，才能保证众包物流顺利运行。众包物流可以提供给接收者期望的更快、更个性化和更具成本效益的送货服务。目前，接包方不再是零售商和 LSP 所作出的运输决策的驱动力，但零售业的网络化发展预计会使他们的角色变得更加重要。根据有关货运交付偏好的现有文献，可以发现接收者最关注运输成本，而众包物流是有效地降低物流成本的方式。

3. 第三方物流企业

对于物流企业而言，众包物流模式的形成可以创造与大众群体沟通互动并整合众包物流接包方系统的机会。由于一些大型 LSP 不适合农村环境中的快递，众包可用于执行最先一公里和最后一公里部分。这也可以减少甚至消除他们的车队使用和用于车队维护。然而，众包物流也可以被视为 LSP 的威胁。由于众多初创企业正在建立基于低成本结构和社区力量的商业模式，传统 LSP 的

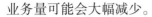

业务量可能会大幅减少。

4. 众包物流平台

众包物流平台具有许多特征，它有许多收入模式：固定价格、转售保证金、财务或匹配费用、会员费用等。对于人均收入水平不高的农村人员来说，设计合理的模式或将模式进行有效的组合至关重要，通过应用博弈论可以知道，采用基于平台会员的模型比其他模型更有利可图。通常情况下，匹配费用适用于旨在为个人之间提供中介服务的平台。针对众包物流概念，建议每项执行任务的固定价格主要针对专业驾驶员。对于协助众包收集邻居订单的平台来说，采用双方之间协商价格的一定百分比收取中介费用被认为是合适的。

平台的角色大多被归类为市场中的中介角色，由于物流服务目的的不同，众包平台之间也存在差异。当个人和公司需要提供宣传工作/任务等服务时，使用P2P众包平台将需求放入他们个人任务匹配列表中去。这样的匹配列表可以由匹配算法或拍卖模式生成，其中个人可以从提供的任务池中进行选择。这些平台针对的是无法由发包方自己完成短期工作（如时间不够或者兴趣不够），因此将工作分配给个体经营者或者自由职业者。无处不在的智能电话（以及由此产生的移动性）和位置定位服务使平台可以找到靠近地理位置并能够执行任务的合适人员，更加有助于信息匹配。平台通过为众包物流接包方创建额外的服务，对不稳定的众包活动提供保障。

平台的物流任务管理分为集中管理形式和分散管理形式。分散式平台仅起到提供信息支撑的作用，而集中式管理处理流程将信息推送给人群。在需要大规模任务协调的工作中，平台主动以协调的方式根据人群当前的位置，时间、容量等相关信息向人群推荐任务，以及预测群体任务。因此，众包物流平台具有很高的轨迹依赖性。平台可以基于明确的输入轨迹匹配供应和需求，或者独立于现有轨迹，还允许随机匹配。在这种情况下，通常需要半专业且经常活跃的人群，他们能够以集中和轨道独立的方式来管理物流任务。

透明度和信任生成机制都旨在降低与众包物流相关的安全风险。根据文献和访谈，盗窃风险、损失和损害风险、隐私问题，以及易受犯罪活动不安全因素构成了众包物流实施的主要障碍。为了应对这些不安全感并使用户放心，众包物流平台可以引入一些机制：严格的选择过程、反馈系统、安全消息系统、安全的在线支付系统和保险等。

5. 众包物流接包方

众包物流长期可持续的成功实施依赖于吸引足够多的参与者，接包方一般具有以下五个特征。

（1）人群的身份各不相同。由于区别的多样性，细分人群是复杂但重要的，因为消费者与提供者、雇员与个体经营者、专业与非专业服务提供之间的界限是模糊的。一般地，将人群分为三类：分包商、专业司机和临时司机。分包商主要是为 DHL 等主流品牌工作；专业司机受雇于专业的快递公司，但不提供免费服务；临时司机包括大学生、退休人员和自由职业者等。

（2）与人群特征密切相关的是运输服务，无论是专用的还是兼职的。许多农村接包方通过参考预先存在的运输路线、上下班出行或靠近自己目的地的交付地点，预期自身是否能够完成包裹的交付任务。然而如果没有使用现有车辆流量的条件，可能会导致不必要的行程，产生一定的反弹效应，如由货币补偿驱动进行专车运输的众包接包方，它们并不能在改善环境上发挥作用。

（3）大众参与取决于所提供的激励，这些激励手段可以是货币或非货币。由于人群的身份随着时间的推移具有不稳定性，必须采用激励措施以鼓励接包方积极地参与到众包物流中去，基于客户服务成本的补偿方案可能是最合适的。而且通过增加其他价值主张，如在鼓励使用自行车完成包裹配送时产生的改善当地空气质量时的健康效益可以增加参与积极性。此外，新颖性被证明是一个重要因素，许多众包项目在没有任何货币补偿的情况下也可以取得成功。

（4）与激励人群和概念策略密切相关的是人群的动机。以企业与众包社区为轴心，人群可以有明确的财务刺激，或者可以通过可持续性和社区事务来鼓励，这对解决计划适合性和易用性等目标是至关重要的。

（5）最后一个人群特征元素是运输工具的选择。在农村众包物流配送中，实现资源有效使用和碳排放减少的一个重要因素是大多数接包方都是通过自行车完成的。DHL 的瑞典众包送货服务平台 MyWays 通过经济激励来促进绿色交付，鼓励那些从事接收所有社区包裹的人，当他们的邻居在家时尽量通过步行或骑自行车完成包裹派送，并且鼓励使用公共交通等组合运输方式来进行派送，将众包物流交付要求集成到汽车、自行车和卡车等设计中可以优化流程。然而，运输工具选择很少受到从业者的关注，在众包运输时应该鼓励除了面包车或汽车以外的运输方式。

5.4.3 村级众包物流运作模式要素分析

1. 众包物流价值主张

在以服务为主导的逻辑中，使用者不再被认为是一种可以执行操作的"操作资源"，而是作为"操作资源"。因此，农村众包物流运作模式的价值框架的一个基本前提是，客户是价值的共同创造者。故农村企业面临的一个新挑战是要与消费者共同创造价值，如图 5-3 所示。

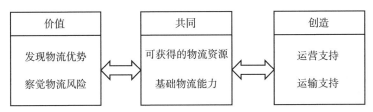

图 5-3 村级众包物流运作模式价值主张框架

（1）价值。众包物流服务可分为四种类型（仓储、本地配送、货运和货运代理），每种服务都基于不同类型的物流价值主张（接近性、速度、适应性、可达性），满足不同类型的需求和产品。每种价值主张都利用了不同的优势，适合于特定的物流流程和配置，这里可以将以前传统物流服务提供商（LSP）与企业提供的现有物流价值主张进行比较。如群众仓储是一种地方性的服务，特别适合需要存储旧家具、设施、器材的农村居民，这项服务将与自助存储公司竞争。每个物流价值主张的意义和吸引力被客户感知不同，并根据"使用中的价值"来决定。然而，每一项众包物流倡议都存在一定的物流风险，可能会破坏用户对其价值主张的感知。

首先，商品的安全可能会因缺乏专业化的资源设备而受到损害，因为通常情况下，农村众包储存设施可能不是为商业用途而设计或装备的。其次，因存储或运输的货物的损坏、存储的货物与实际交付的货物不符合而出现问题时应该承担的责任可能被忽略。如在仓储方面，大多数房主和租户的保险内容不包括商业活动。最后，众包平台提供的保险服务可能不够完善，通常将所有的索赔要求首先推给人群自己的保险公司，在本地众包快递服务中，买家必须信任虚拟市场。因此，众包物流有两个缺点：潜在的服务可靠性和信任度的缺乏。

最后，在货运代理中，用户可能会认为合规问题（海关规则、航空旅行规则）是个严重的制约因素。

基于以上的考虑，可以先就发展大众物流提出两项与"价值"有关的建议：①物流价值的感知吸引力会影响众包物流服务的发展。物流价值主张在接近性、速度性、适应性、可达性等方面对用户的吸引力越大，众包物流的主动性增长越强。②物流价值主张的感知风险影响着众包物流活动的发展。用户感知到的商品安全风险、服务可靠性风险和对人群的信任风险越低，众包物流主动性越强。

（2）共同。众包物流价值主张依赖于人群未充分利用的资源，这些资源可以被用来提供物流服务。通常情况下，众包物流依赖于两种"物流"资源：农村住宅等未被使用空间资源（阁楼、车库等）和农村居民出行的基本交通资源（自行车、摩托车、汽车、货车、火车、飞机等）。但是，从系统的角度出发，共同创造价值不仅受物流资源的可用性（无论是有形的物流资源还是与IT相关的物流资源）的影响，还在很大程度上受到人群的物流能力的影响。

在现在的一些研究中，以众包为例，指出大众群体拥有广泛的创新能力，如创意或解决的问题的能力、信息搜集能力等。而在众包物流领域，通常强调操作人群物流能力的重要性。为农村当地农产品送货招募合格的司机是很容易的，因为所需的提货和送货的能力是非常基本的。而其他一些活动，如货运代理将会更加困难，因为预期的物流能力更加复杂：它们涉及人群的处理、包装、完成手续和交付的能力。

基于这些考虑，可以得出以下结论：①众包物流活动的发展受到闲置物质资源可用性的影响。物理闲置资源的可用性越大，众包物流参与的主动性就越强。②运营人群所执行的物流任务的性质影响着物流活动的发展。运营人群所接受的物流任务越容易，众包物流主动性就越强。

（3）创造。农村众包物流的研究强调了平台具有使大众群体空闲资源发挥作用的机制。将供应商与用户连接起来的众包平台是关键参与者的战略资源，它们在人群和消费者之间进行协调。虽然保证交易安全是在众包中建立信任的重要基础，但在特定的众包物流领域，平台向众包提供物流资源也是必不可少的。首先，平台需要为众包提供物流运营支持。这种业务的性质因众包物流的类型而异，它可以包括计算存储空间的工具（众包存储）、调度软件（众包本地配送）、GPS系统（众包货运）或海关处理协助（众包货运代理），从而帮助用户提供物流服务。其次，平台还需要为用户提供物流交易支持，方便和保障他们之间的关系。这可能包括计算交付成本的工具（集群货运）、保险合同（集群存储）、定价系统（集群本地交付）或税务计算软件（集群货运代理）。

基于这些考虑，就众包物流的潜在发展，制定了与"创造"元素相关的建议：①平台提供的物流支持影响众包物流模式的发展。物流在调度、跟踪系统和计算工具方面的支持力度越大，众包物流活动的成长性就越强。②平台提供的事务性支持影响了众包物流模式的发展。保险、合同、法律援助等交易支持力度越大，众包物流活动的持续性越强。

2. 战略

战略是对一系列连贯、相互加强的政策或行为的承诺，目的是实现特定的竞争目标。战略促进组织内不同群体的一致性、明确目标和优先级，并帮助其集中精力。

众包物流公司的策略通常是只充当中介，由人群提供服务，并支付某种形式的参与者费用。众包物流服务可以分为三种主要类型：个人运输；货运、购买和交付服务。个人运输服务是一种与出租车服务基本上没有差异的服务，而农村货运服务也在很大一部分上和传统的终端连接（Connection End Point，CEP）服务相似，包括农产品的货物运输交付。在这两种情况下，人群既是承运人，也是受益人，众包物流公司只是作为调解人。因此，众包物流可被视为先进的第四方物流（4PL）服务，并且促使农村发包方通过使用众包作为载体来实现当天交付。在这种情况下，客户愿意为这些服务支付一定的费用。第三类众包物流服务，即购买和交付服务，是电子商务、食品购物和交付的组合。在该领域，所有需要紧急处理的包裹，如快递和当天交付，都可以通过众包物流处理。

3. 资源

众包物流资源指启用众包物流，并以可持续的方式提供服务所需的资源。资源分为长期和短期资源、内部和外部资源四个主要部分。内部短期资源主要是基于 ICT 知识的 ICT 基础设施，这对于开发新的可扩展服务以提供适合小型和大量参与者的平台是必要的。不可忽视的是，运营商网络是外部短期资源的主要构成部分，这意味着需要特定的参与者来执行服务。从长远来看，ICT 基础设施必须能够随着客户数量的增长而增长。因此，ICT 发展是主要的内部因素之一，企业必须快速适应和更新 IT 基础设施，以免落后于竞争对手。系统本身是可扩展的，这要求技术和财务支持。关于外部长期方面，首先，必须达到足够数量的用户，而用户的数量通常取决于服务平台的可用性，以及对众包物流公司和服务本身的信任等因素。因为，为了确保众包物流成功实施，必须综合考虑平台各方面使用者，如大量的众包接包方与下达配送订单、预订服务的发包方。此外，为利益相关者创造附加值同样至关重要。在采购和交付服务领域，特别需要多个合作伙伴公司（客户可以从中购买商品），将其集成到平台中，这意味着需要数据集成。外部长期因素可被视为关键的成功因素，因为它们通常会带来竞争优势和提供可持续的服务。

4. 接包方网络

众包物流的成功实施包含基本因素和决定因素。基本因素是信息通信的网络，而决定性因素是以可持续方式提供服务所需的流程和知识。因此，实现可持续服务的一个主要挑战是提供有效的人群网络。为了确保有效性，必须进行认证注册。承运人必须提供时间表，指明何时可以执行服务，以便众包物流公司可以规划流程。为确保众包物流服务的质量，众包平台可以制定相关的等级标准，发包方可以通过接包方的等级来确定其服务质量。运营商的绩效衡量可以为特定采购选择最合适的运营商。

5. 众包物流组织结构

众包物流可以通过两种方式建立众包物流组织。首先，在物流区域运营的大型公司提供众包物流服务，提供基本预算，并根据评估的客户需求构建服务。这些项目由项目管理团队领导，实施具有明确的层次结构。其次，众包物流服务可以由新公司或初创公司提供，其属于扁平组织结构。众包物流公司创始人通常由两到三个人组成，他们负责建立服务，并担任 CEO、营销经理和CIO 的角色。这一群人通常由一个提供 ICT 知识的小团队来补充，而所有其他任务都由创始人完成。当该组织扩大时，就可以多雇用额外的工作人员。然而，扁平组织层次结构在众包物流中占主导地位。

5.4.4　众包物流运作模式发展影响因素

通过分析农村众包物流对经济、社会、环境的影响，评估其整体可持续发展潜力。

1. 众包物流经济可持续性

定义某个众包物流概念的所有特征都决定了众包业务模型，从而影响其经济可持续性。

平台角色和策略确定了社区启发和面向业务之间的轴心。因此，它们直接影响到众包物流其他特征，如群体特征和模式选择。任何可持续的运作模式都需要在领域内建立起足够的伙伴关系（合作）和用户（营销）。由于众包物流具有轻资产基础设施和操作灵活性的特性，其成本往往很小，这意味着它与传统的物流服务供应商不同，不需要仓库、车队或雇佣司机。不过，适当的收入模式需要考虑到额外的费用，如保险、软件开发、培训、路线规划、GPS 设备和用于装运的包装费用。所以根据大众特征，如交通出行参与动机和模式选择，来设计一个有效的成本模型是众包物流平台的一个主要的挑战。现有的众包平台采用不同的策略来刺激众包。那些专注于专车出行或者绕道出行以完成包裹配送的接包方可以得到更多的补偿和金钱，以奖励他们的灵活性；反之，说服人们在现有的出行中携带包裹可能只需付出少额的金钱或非金钱性质的奖励。

对于他们的模式选择也可以做类似的考虑。一个平台可以选择将人群激励与他们选择的车型联系起来。如选择更可持续、更灵活或更宽敞的车辆可以得到更多的补偿。可持续发展的概念需要良好的服务水平，就众包物流而言，这意味着及时、有保证和高效地执行物流任务。系统性能在很大程度上受时间灵活性和人群参与意愿的影响。因此，一个成功的众包物流模式需要一个包含大量个人或关键群体的数据库，以便在繁忙时期（如假期期间）保持竞争力。从这个角度来看，在人数不足或表现不佳的情况下，让专业第三方参与进来是很重要的。如沃尔玛公司雇佣临时司机和公司司机为在线客户提供当日送达服务。在农村包裹较多的情况下，可以选择村级众包物流与第三方配送结合的方式，完成产品的交付。众包物流是一个经济可行和可持续的选择，它成功地最小化了交付时间，同时最大化了交付的效率。但它需要根据网络的空间特征和司机的时间表完成任务分派的设计。此外，保持平台透明度和保证的信任机制非常重要。因为共享经济平台和众包物流的监管框架模糊或缺乏，容易导致重要的责任混淆问题。

2. 社会可持续性

由于众包物流平台用户共享了许多有价值的数据（如他们的位置），所以保护用户隐私是一个关键的挑战。在保证平台信用生成机制这方面应该尊重 7

条原则：主动而非被动，隐私作为默认值，隐私嵌入到设计中，完整的功能，端到端安全性，可见性和透明度，以及对用户隐私的尊重。为了保护用户数据，需要转换个人信息进行数据分析，以优化匹配过程，或者提高数据存储和处理的保密度。

欧洲委员会鼓励众包物流平台遵守保护个人资料的法律。德·格伦（De Groen）和马塞利·巴布（Maselli）声称，正在进行的数字革命和众包平台正在缓慢地改变劳动力，因为在没有其他人或组织干预的情况下，通过在线在个人与个人之间进行中介工作。对于传统的物流行业，众包物流可以被认为是颠覆性的。由于众多初创企业都在创建基于低成本结构和社区力量的众包物流模式，传统 LSP 的业务量可以显著减少。更重要的是，由于人群只有在需求足够时才会工作，所以这个过程可以用来取代固定的员工，进而降低成本。这又要追溯到物流行业专业人士与非专业人士之间的模糊界限，或者是人群的性格和激励。也有一些人称，这种灵活性会带来负面影响。尽管这些人是自愿参加的，但一些众包物流平台模式使用由自营司机组成的临时劳动力。为了提高效率，平台限制了人群的自由，如将任务分配给最可用的员工，或者将评分系统附加到任务接受级别。

因此，平台和平台用户在为人群设置条件方面更具优势。然而，众包面临着财务上的不安全感、缺乏社会保障、孤立与压力、工作与私人生活领域之间的界限模糊、激烈的竞争，以及短期日程安排带来的不确定性问题。从社会的角度来看，低工资和未满足的就业条件可能使众包物流被证明是一种不可持续的运作模式。最后，众包模式选择的社会影响与众包物流带来的环境效益有关，众包物流刺激了自行车和步行等软性交通模式。在芬兰的试点项目中，几名使用自行车的人群工人宣布参加试点。此外，众包物流使用软模式而不是卡车、货车和轿车，从而为整个社区带来环境效益。

3. 环境可持续性

众包物流通过更有效地利用装载空间，已达到环境友好的目的，如减少二氧化碳排放、减少交通和资源使用。众包物流概念是否适用于现有的或专门的出行对其环境将产生重要影响。平台的任务管理和位置依赖关系，以及人群本身的交通行为，有可能引导这个过程。可以认为，平台的轨迹依赖有助于促进可持续地使用已有的行程，接包方也可以随机选择完成额外的行程以达到包裹配送的目的。然而，专业的物流服务供应商进行专门的出行时，在大多数情况下会使用轻型货车。尽管如此，传统的第三方物流公司可以应用大量的车辆并进行系统的配送路线规划，以确保有效的包裹聚合，最大化地减少车辆资源与车辆空间浪费。在众包物流的概念中，包裹是单独处理的，通常一辆车只处理一个或者少数几个包裹，这可能会限制整体可持续性影响。从环境的角度来看，众包物流模式选择也很重要，这有利于软模式、公共交通和清洁交通工具使用。出行距离是另一个影响因素，它与众包物流的地理尺度有关。

5.5　村级众包物流模式保障措施

5.5.1　众包物流平台保障措施

众包物流是基于"互联网＋"大数据的新型同城物流配送模式，是有别于传统"重"物流的"轻"物流模式。因此主要通过分析影响众包物流平台顺利实施的因素，进而提出相应的保障措施。影响因素包括：支付安全、信息安全、信息准确率、权益保障、信息更新速度、支付方式、接单反应时间等因素。具体见表5－5。

表5－5　　　　　　　　村级众包物流信息平台实施影响因素

总体因素	细分因素
订单处理	接单反应时间
	收寄包裹等待时间
订单信息追踪反馈	信息更新速度
	信息全面性
	信息准确率
信息整合	并单程度
	操作方式便捷
在线支付	支付安全
	权益保障

1. 优化界面美观度和流畅度并提供顺路并单服务

界面美观程度、顺路并单程度和操作便捷等因素是影响村级众包物流信息平台订单处理的主要因素。

（1）通过合理并单，实现降本增效的目标。商家希望信息平台能进行大数据挖掘，将订单进行合并来达到提升物流服务能力降低物流成本的目的。

（2）保证界面美观度与流畅性，提高与用户体验感。"互联网＋"时代，消费者越来越注重视觉享受。众包物流提供服务必须借助信息平台这一载体进行，顾客在发布需求时会在客户端停留较长时间。因此，提高众包物流信息平台界面的流畅程度、美观度和系统反应速度，对提高物流服务感知的满意度来说是必不可少的操作。

2. 完善网络通信技术并为用户提供订单信息追踪反馈服务

订单信息是否具有全面性、订单信息是否准确无误、订单信息是否未被篡改等相关因素将会对信息平台订单信息追踪的服务质量造成较大影响。众包物流对物流配送时效性要求较高，但同时自由兼职快递人不确定性和不可控因素也相对较高。因此商家配货、兼职快递员取货、送货三个时间段，顾客希望信息平台能提供兼职快递员的联系方式、实时配送位置、接单时间、预计到货时间等全方位信息追踪商品实时动向。

3. 完善规章制度与信息技术来保障用户追责权益和信息安全

保证合法权利、保障信息安全等相关因素会影响众包物流平台对货物接包方的服务质量。

（1）完善规章制度，为用户提供权益保障。整合社会闲置资源能为顾客提供更加优质、更加便捷的农村物流配送服务，但在追责方面有一定难度。众包物流企业缺乏完善的规章制度，因此需要不断完善企业的规章制度，落实行业法规和监管措施，从而保证消费者的合法权益，提升企业行业竞争力，提高众包物流企业的顾客满意度，有利于物流行业的良性发展。

（2）保障用户信息安全。与传统物流模式相比，众包物流有较多的不可控因素和不确定性。起初，因为不少消费者担心存在个人隐私泄露、骚扰等安全问题，进而导致众包平台的信任度下降。所以，平台需要不断完善相关的网络设施设备，并增加网络安全保障人员，保障用户信息不泄露。

4. 完善支付方式，保障用户资金安全

支付安全性和在线支付方式等因素也会影响客户在体验众包物流平台线下

的满意度。

（1）采用第三方支付平台，保障支付安全。目前的众包物流服务均可提供在线订单费用支付，顾客支付的费用暂时由第三方支付平台（如支付宝等）代为保存，待商品安全配送到达，顾客确认收货无误之后再由第三方平台转付给众包物流的平台。第三方支付平台在支付过程中对用户的资金安全保障方面具有极强的优势，这种方式既能保证顾客的资金安全，又能提升顾客对信息平台服务的满意度。

（2）完善支付方式，为用户提供多样的支付手段。常见的在线支付方式有很多，类似于支付宝支付、微信支付、银联支付等，众包物流平台提供的在线订单费用支付的方式越多，就越能满足不同顾客的各种个性化需求，越能增加顾客对信息平台的满意度和适应度。

5.5.2　众包物流客服中心服务保障措施

众包物流平台的服务质量同样影响着众包物流的顺利实施，客服质量越好，越能吸引接包方与发包方参与。众包物流过程中的客户服务中心在协调信息平台、顾客、兼职快递员之间扮演着至关重要的作用，而不再是仅仅为顾客答疑解惑和只负责售后服务的部门。较传统的物流配送来说，众包物流服务过程中存在较多的突发事件，因此客户服务中心还增设了服务补救的环节。影响客户服务中心服务质量的因素还包括紧急订单处理方式、客户服务中心营业时间、退换货容易度、客户隐私安全、订单变更容易度等，见表5－6。

表5－6　　　　　　　　　村级众包物流客服中心影响因素

总体因素	细分因素
客户服务中心	客户服务中心营业时间
问题解答	客服人员沟通能力
	客服人员协调能力
	客服人员服务态度
服务补救	紧急订单处理方式
	订单变更
售后服务	投诉处理
	退换货处理

1. 提供定性评价系统，为用户提供信息反馈

客服中心服务可靠性体现在差评、投诉和拉黑处理标准。很多自由快递人反映差评、投诉和拉黑处理标准不清晰，顾客看心情胡乱给差评，使自由快递人遭遇不公正的待遇。客服中心需要明确差评、投诉和拉黑处理标准，公平、公正地处理顾客与自由快递人间关于差评、投诉和拉黑的问题。

2. 提高客服事物处理能力，保障中心服务响应性

客服中心服务响应性体现在客服中心营业时间、特殊订单处理方式，以及对上报异常事件的处理效率三方面。客服中心需要合理安排营业时间，保证第一时间接收自由快递人和客户的来电，对他们反映的问题作出及时处理。在众包物流服务过程中的任一环节出现突发事件或问题时都需要客户服务中心人员进行协商调解，但是客户服务人员不是社会闲置的劳动力，他们是众包物流企业招募的、具有劳务合同关系的专职工作人员，他们的工作时间非常固定，不能随时随地为顾客解决众包物流服务过程中遇到的相关问题。在一些不可预料的特殊情况下，当顾客遇到问题的时候服务人员会由于人手不够或者下班时间等因素造成不能够给客户提供他们想要的服务，会在极大程度上影响客户对整个平台的感知。如顾客对24小时都有人值守的企业的满意度会高于8小时或12小时在线值守的企业。

3. 对客服进行定期培训，提高用户体验感

客服中心服务保证性体现在客服工作人员的服务态度、客服工作人员的协调能力两方面。村级众包物流平台可以通过定期客服培训的方式，使客服工作人员服务态度做到端正，能够对每一位自由快递人和客户的来电做到耐心、热心解答，而不是抱怨或敷衍。当然，客服工作人员必须具备一定的协调处理能力，对自由快递人和客户反映的问题能够处理到位。

4. 提供及时的信息修改服务，减少用户损失

客服中心服务移情性表现为物流订单变更的容易程度。寄件方将物流需求发送到众包物流平台会生成物流订单，有时候因为一些疏忽写错了配送地址或配送商品相关信息，或者时间原因需要延迟配送，可以联系客服帮忙更正，再通知自由快递人关于订单的变更情况。

5. 完善客服管理制度，提高紧急订单处理速度

兼职快递员跟村级众包物流平台不存在雇用的合同关系，因此平台不能强制兼职快递员接单，只能通过物质金钱激励的方式刺激兼职快递员抢单。特别是特殊恶劣天气情况下，长时间无人接单的情况时有发生。此类型紧急订单由在线客服工作人员对订单实时网络监控发现并着手解决，因此，紧急订单的处理方式和效果也会影响到顾客对众包物流服务质量的满意度。

5.5.3　接包方参与保障

众包物流模式为"轻资产"运营，其颠覆了传统物流的模式，但这种创新模式同时也为众包物流服务质量的有效管控带来了挑战。二者的相同点是，众包物流模式是由兼职快递员接单后上门取件，自行配送到收件人处。但属于社会闲置、离散的劳动力资源的兼职快递员的安全性受到多方面的质疑。因此影响众包物流服务过程的因素还包括兼职快递员素质及流程规范程度、配送安全问题等，见表5-7。

表5-7　　　　　　　　　　村级众包物流接包方影响因素

总体因素	细分因素
兼职快递员素质	接包方服务态度
	接包方专业程度
	兼职快递员活跃度
流程规范程度	配送及时率
	接包方退单率
	物流流程规范性
配送安全性	接包方信任度
	个人安全程度
	商品安全程度
	货物准确率

1. 提高兼职快递员素质，完善流程规范程度

在物流过程中影响顾客对所接受服务质量满意度的因素由多方面构成，其中包括兼职快递员的专业程度、兼职快递员的活跃度、兼职快递员的退单率、物流流程规范程度等。

（1）提高兼职快递员专业程度。村级众包物流配送相比于传统物流的配送缺乏专业性，传统物流配送人员均受过专业的技能培训，而兼职快递员是闲散人员，他们没有受过正规且专业的物流技能培训，所以不能确保他们的服务效果。因此兼职快递员的专业程度在一定程度上会影响到顾客对众包物流服务的感知效果，从而影响到顾客对其服务体验的满意度。因此，需要对兼职快递人员进行定期的服务培训，或者设立相关的进入门槛，减少因快递员问题造成的用户体验感差的现象。

（2）提高兼职快递员活跃度。兼职快递员工作自主性较强，他们是否接单和在哪个时间段接单是不受平台约束的。因此积极接单的兼职快递员越多就越能满足顾客的配送需求，从而增加了物流过程服务质量的满意度。

（3）减少兼职快递员退单率。兼职快递员接单后因为超出配送范围等原因放弃配送的情况屡见不鲜，这种行为影响了众包物流配送的时效性，并且缺少规范的作业流程，导致平台规范性低。因此可以采用合适的激励措施或惩罚手段，减少兼职快递员退单率，提高顾客满意度。

2. 设立合理的进入门槛，减少接包方信用风险

（1）兼职快递员可信任度。农村具有闲置物流资源的大众群体在众包物流平台上只需进行认证注册就可以抢单。基于此，顾客会出现对兼职快递员的不信任感，不放心把商品交到陌生人的手中。

（2）个人安全程度。兼职快递员在众包平台上的身份认证很简单，这样可能会有不法分子通过众包物流配送而获取顾客的身份信息，导致客户的财产安全、信息安全，甚至是人身安全无法得到有效保障。当今社会，大众对自身信息安全、人身安全和财产安全的敏感度较高。因此顾客的个人安全程度会影响顾客对众包物流企业的信任度，从而左右对其服务质量的满意度。

（3）商品安全程度。通过访谈得知，兼职快递员在众包物流配送服务中操作不当或赶时间等会造成商品损坏等问题，并且此种纠纷很难解决。以上所述的这些不良情况会使顾客对众包物流服务质量产生消极、不好的影响。兼职快递员可信任度、个人安全程度和商品安全程度等配送安全方面的因素会影响物流过程的服务质量。因此，在接包方进行注册时需要接包方提供完整的个人信息，如信用征信报告、身份认证报告等，以减少接包方的投机行为给用户带来的损失。

3. 购置必要的基础设备，为城乡消费者提高满意的物流实体配送服务

虽然自由快递人与众包物流平台只是合作关系，但平台仍然需要制定严谨完善的自由快递人管理条例，严格要求自由快递人配送时着装整洁，保持良好服务态度。通过培训提高自由快递人众包物流配送意识，购置相关必要配送装备，如保温箱、保温袋。自由快递人属于社会闲置配送运力，他们的活跃度不稳定，对平台系统释放的订单会筛选再决定是否抢单，必要时可以通过实施奖励政策稳定、提高自由快递人活跃度。

4. 对接包方采用经济激励措施，以保障城乡消费者权益

物流实体配送服务经济性体现在配送补贴、配送押金、保险补偿和扣款合理性四方面。自由快递人加入众包物流配送主要是为了挣一份额外收入。在参与众包物流配送之前，自由快递人会提交部分配送押金，抢单成功后每单会扣配送保险费。为了防止自由快递人流失，众包物流平台可以根据配送天气、配送时段等适当给予自由快递人配送补贴。对于自由快递人配送过程中出现的一些失误，如超时配送，众包物流平台会对配送人员进行扣款。

5. 注重提高接包方配送体验，降低村级众包物流实体配送服务移情性

村级众包物流实体配送服务移情性表现为配送过程中自由快递人的情绪变化。自由快递人本着良好的服务态度参与众包物流配送，但是遭遇一些顾客言语上的不尊重会伤害到自由快递人的自尊，影响他们的配送体验。因此，在村级众包物流运营过程中除了需要考虑目标客户的需求满意度，同时还要考虑兼职自由快递人的感受。

第6章
县、乡、村一体化物流创新模式

6.1 国内外一体化物流研究现状

6.1.1 国外一体化物流研究现状

20世纪80年代，一体化物流理论被提出，国外学者在研究物流实践的同时，积极运用这一理论指导供应链管理，供应链各方的经济效益在该理论的指导下得到显著提高，体现出一体化物流带来的经济价值。

布里奇特·米尔斯-杨（Bridget Mears-Young，1997）提出一体化物流理论具有整体性和系统性的特点，强调以物流系统为核心，在一体化理论指导下，商品的生产、销售在完整的供应链上完成，经过生产企业、物流企业、销售企业直至消费者。迈克尔·奎尔和布莱恩·琼斯（Michael Quayle，Bryan Jones，1999）指出之所以美国能够保持十几年的经济繁荣期，在很大程度上是因为美国积极将一体化物流理论与实践相结合，不断提升物流管理水平。马丁·克里斯多夫（Martin Christopher，1992）提出一体化物流有纵向一体化、横向一体化和网络物流三种，且纵向一体化物流是三种物流形式中最受关注、研究焦点最多的一种。

1. 国外有关垂直一体化物流形成动因的相关研究

布里奇特·米尔斯－杨（Bridget Mears－Young，1997）、唐纳德·J. 鲍尔索克斯，戴维·J. 克劳斯（2002）认为垂直一体化物流的主要作用是强化供应链核心竞争力、扩大企业竞争优势。唐纳德·沃特斯（Donald Waters，1999）认为发展垂直一体化物流的目的是消除部门间利益冲突、提高物流运作效率。丹·安德森·安德烈和亚斯·诺尔曼（Dan Andersson & Andreas Norrman，2002）提出多数企业为了增强企业的柔性和敏捷性而开展垂直一体化物流。

2. 关于实施一体化物流的策略研究

李博（Lieb et al.，1992）等、鲍尔森·克斯杰（Bowersox D. J. et al.，1996）等认为第三方物流为一体化物流的发展奠定了良好的发展基础。要想更好地实施一体化物流，积极发展第三方物流是必然选择。埃夫蒂希亚·纳撒内尔（Eftihia Nathanail，2007）、罗梅杰恩（Romeijn et al.，2007）等从物流本身出发，认为系统化能够确保一体化物流带来的效果。钱德拉·C（Chandra C.，2000）、阿隆索（Alonso et al.，2003）等认为上下游企业是一体化物流的重要构成部分，良好的物流一体化管理需要各合作企业发挥各自的优势，发挥对重新构建业务流程、优化组织结构的积极作用。戈（Goh et al.，1998）认为信息沟通是一体化物流合作各方的重要桥梁，信息的传递性与共享性是实现物流一体化的关键，因此要努力搭建信息平台，强化信息平台的系统化建设。巴斯（Bask et al.，2001）等、唐杰（Tang J. et al.，2004）等、马吉德·R.（Majety R.，2004）、马克拉（H. A. El Maraghy & K. Majety，2008）等从一体化物流的基础出发，提出实施缔结战略联盟、以合作求竞争的一体化物流策略。

6.1.2　国内一体化物流研究现状

目前，国内学者研究一体化物流主要围绕一体化物流本身、以特定区域为代表的一体化物流展开。

1. 一体化物流本身的相关研究

苏菊宁（2004）通过整合供应链、重组业务流程、优化组织结构、建设信息平台等来实现一体化的物流目标。史新峰（2005）针对物流能力资源和服务资源的整合，提出实施纵向一体化和横向一体化对整合物流链来说，具有较大的作用，另外，将功能链和组织链有效结合，在角色理论的指导下还能构建一体化物流服务流程。王墨涵（2009）对网络型物流企业的一体化运作能力展开研究，在理解相关理论的基础上，找出影响该类型企业一体化运作能力的因素，建立了评价网络型物流企业一体化运作能力的指标体系。李贵哲（2005）根据一体化物流的功能，对供应链内外部进行整体和系统优化，在此过程中涉及的主体有生产企业、销售企业、物流企业和消费者等。宁建新（2004）认为物流网络技术、信息、运储、存货、顾客服务能力、包装、渠道分布及装载等多因素都会影响一体化物流运作水平，物流企业最需要关注的是强化一体化物流影响要素间的联系。涂建军（2009）认为一体化物流管理的关键是要运用整合的思想，把整个链条上的作业与信息连成一个整体。对物流、信息流、资金流都要实行一体化管理，发挥其综合集约的作用。

2. 以特定区域为代表的一体化物流发展相关研究

这里的特定区域是指经济圈，主要包括长三角、珠三角、京津冀。研究的重点是根据以上区域物流发展存在的问题，提出发展一体化物流的模式及解决问题的建议。

刘辉（2008）和沈阳（2009）深入了解了长三角物流业的发展现状，看到了该地区发展物流业存在的问题，如网络建设不健全、发展的外部环境不稳定、专业化程度低等，并提出通过建设物流网、优化外部环境、整合市场上的物流资源来推动长三角区域物流朝着一体化物流方向发展。钱廷仙（2009）指出长三角地区发展一体化物流存在一系列问题，如壁垒障碍、利益问题、信息不畅等，并就此提出协调机制、信息一体化、分工协作等措施。揭毅（2008）强调通过完善物流基础设施建设、积极培育现代物流体系、强化物流合作机制等措施来改善长三角区域一体化物流发展现状。胡以乐（2009）运用SWOT分析法，指出长三角在发展区域一体化物流方面既具备优势与机会，同时面临劣势与威胁。如一体化意识增强、基础设施设备完善、信息化网络建设健全等优点，但地域不集中、装备技术低下、缺乏高精尖人才等问题也突出。焦文旗（2008）认为京津冀地区推动物流一体化发展需要充分利用区域内现有的资源，以物流发展推动环渤海地区经济快速发展。他也认为文化差异、缺乏完善的交通体系、物流非标准化建设是京津冀区域发展一体化物流的主要障碍。高远秀、姜阅（2011）认为无论是增强经济实力，还是推动现代物流业进一步升级都必然要把京津廊区域的一体化物流发展放在重要地位去思考。姜阅、魏震、高远秀（2011）认为京津廊区域一体化物流的实现难度大，其主要原因在于该区域内的物流要素流动存在困难。徐炜（2010）从区域一体化物流的发展模式出发，提出赣东北地区应发展符合地方特色的综合性的区域发展模式，并指出该模式的实现路径，确保该模式的顺利发展及有效性。冯文杰（2011）从相互关系上探讨物流一体化，以广佛同城化与广佛物流一体化为例，运用有关理论分析两地物流体系一体化的趋势，并提出广佛物流进一步朝着一体化方向发展的建议对策，即积极开展纵向一体化、横向一体化、网络一体化。潘昭文（2012），李卫忠（2012）探讨了珠中江城市群构建一体化物流的内外部环境，针对体制障碍、经济不平衡发展等劣势，进一步提出以下优化路径：打造畅通的物流通道、构建一体化物流运作的信息平台、完善区域制度等。胡强（2010）研究了兰白区域物流业的发展现状，发现该区域无论是管理体制、物流规划，还是经营理念、物流设施均处于落后建设阶段，进而提出针对性的对策。普荣（2011）分析了滇中城市群发展区域物流的障碍，并提出发展建议及对策，即围绕基础设施、物流资源、标准化建设等主体展开。

6.2 县、乡、村一体化物流概述

6.2.1 一体化物流的概念与内涵

1. 一体化物流的概念

在传统的物流发展中，原材料在生产、流通、销售等流动过程中是独立的，而一体化物流却不然。一体化物流指的是从物流活动的整体性出发，用系统的眼光研究物流活动，不仅考察每一项物流活动，还积极探索可能影响物流水平的其他因素，对物流各环节的运行进行统一规划。实施一体化物流管理，主要是为了实现物流服务的高水平发展，降低物流成本。

（1）一体化物流的分类。詹姆斯（James M. Masters）和特伦斯（Terrance

L. Pohlen）两位美国物流学家按照一体化物流发展的不同阶段，将其分为功能管理、宏观一体化和自身一体化。国内学者的研究视角不同于美国学者，认为微观一体化、宏观一体化和自身一体化是一体化物流的三种主要类别。微观一体化从运营主体出发，主要指运营主体看到了物流发展的重要性，用战略眼光提出了建立系统联盟的建议；宏观一体化是从物流给社会带来的经济效益出发，主要考虑的是物流业的产出占国内生产总值的比例，当该比例达到一定程度时，宏观一体化物流则会带来一定的效益，使得经济朝着规模化方向发展，促进社会经济的进步；自身一体化则是从物流系统出发，强调的是建立、运输、仓储各环节在物流系统中的整体运作。

进一步地，国内学者又提出水平一体化物流、垂直一体化物流和物流网络是一体化物流的三种形式。水平一体化物流是通过推动物流企业联合来减少物流成本的一种运作方式，有利于良性竞争环境的形成；从一体化供应链的角度出发，促进物料商、生产商、经销商在供应链上的紧密结合，形成供应链竞争整体是垂直一体化物流的运作要求；物流网络是水平一体化物流和垂直一体化物流发展成熟后的结果，它通过对物流活动的每一个环节的整合来实现规模经济。

（2）一体化物流的优势。一方面，一体化物流的实施能够实现物流信息共享，故一体化物流相较于传统物流有更多的优势。信息平台对企业的发展壮大至关重要，一体化物流可以打造高效的信息化平台，推动物流相关部门在平台上进行信息共享，有效控制和管理企业的物流信息，便于相关资源的整合。同时，复杂的设备运输过程使得企业在搭建信息平台的过程中，提高了一体化物流的管理水平。另一方面，一体化物流坚持整体效益最大化，在开展每一项物流活动时，一直以实现成本最小化为目标。此外，一体化物流可以对整个物流活动进行计划与协调，有助于减少其他因素带来的消极影响，保证物流整体活动的高效率运作。

（3）实施一体化物流需要遵循的原则。遵循相应的原则也是高效实施一体化物流不可或缺的条件。

①实施一体化物流最重要的原则就是要遵循效益最大化。与传统物流管理不同的是，一体化物流从整体出发，不仅仅是关注局部效益，而且要把所有的物流活动都联系起来分析，以达到把整体效益做到最大化的效果。

②实施一体化物流要注重用户对服务的满意程度。在对物流活动进行一体

化管理的过程中，要坚持以用户满意度为主要目标，根据用户的需求，在有限成本的基础上最大可能地提升物流服务的质量，积极寻找物流成本与用户满意之间的利益平衡点。

2. 一体化物流的内涵

现代物流发展到一定阶段后，必然会出现一体化物流，这也奠定了经济一体化发展的基础。现代物流词典这样定义一体化物流：将生产与流通之间的各个环节有机整合，为了实现生产与流通之间相互引导、彼此促进的良性关系，把原料、半成品、成品生产、供应、销售等相互连接起来。

一体化物流在提高物流运作效率、缩减物流成本、提升物流服务质量方面发挥了重要的作用。可以说，一体化物流是实现经济一体化的前提条件之一、是物流业发展到成熟阶段的结果、是物流业的高级化。它强调物流业发挥领导者和协调者的功能，推动物流业朝着高度发达的阶段发展，并持续完善现有物流系统。

6.2.2 县、乡、村一体化物流的概念与内涵

1. 县、乡、村一体化物流的概念

县、乡、村一体化物流既有农村物流的特色，又包含一体化物流中区域一体化物流的内涵。理解县、乡、村一体化物流的定义，需要从以下方面着手：①就发展时段而言，只有在农村经济发展到一定程度时，县、乡、村一体化才有可能出现；②县、乡、村一体化是从过程的角度来看待物流活动的，具有渐进式特征；③县、乡、村一体化是县、乡、村三级农村吸收先进和健康向上的内容与摒弃落后或者病态的糟粕同时进行的过程，并不是单向的；④因农村区域存在长期性的发展差别，县、乡、村一体化物流虽推动我国农村地区的经济发展，并不能缩小或者消除这一发展差距。

县、乡、村一体化物流主要指的是一体化物流配送模式，更具体地来说就是县、乡、村一体化农村物流配送系统。县、乡、村一体化物流不仅考虑农村配送的发展特点，而且还综合了经济一体化发展和流通改革的要求，打破了以往发展地方物流配送的思路，不再以行业或行政区域单元为单位。于是，在参考以往文献的基础上，可这样定义县、乡、村一体化农村物流体系：在一定的农村经济区域内，我国县级、乡级、村级积极整合物流配送资源，推动广泛农

村地区形成一体化的物流运作体系。

县、乡、村一体化农村物流体系的目标是推动物流配送资源在农村经济一体化发展过程中的有机重组，县、乡、村一体化物流与各自分散的物流配送组织和传统的物流配送体系相比较而言，具有以下特征。

（1）必然性。县、乡、村一体化物流是农村物流产业联合行为后的必然结果，无论是利益机制还是市场经济规律都会影响农村物流产业朝着一体化方向发展，而不是单个物流企业的偶然性联合。

（2）开放性。县、乡、村一体化农村物流体系是一种联合体系，不具有封闭性、排他性。县、乡、村一体化农村物流不是单独存在的，是全国物流体系的重要组成部分，虽然在农村区域内拥有发展市场，同时也具有需要一体化体系内各成员间增强联系、互助协作的较高要求。我国县、乡、村区域要想更好地参与竞争与合作，就要完成在更大范围内进行物流整合的目标。

（3）集体性。物流一体化最重要的一个特点是将多个配送主体放在一个分工协作的体系中。县、乡、村一体化农村物流配送体系无论是在有效传递物流信息的系统建设、基础配套设施规划，还是农村区域物流政策的统一性上都具有整体性特征。

（4）利益趋同性。在拥有共同利益的基础上，各相关地方政府、管理部门、企业组织因为拥有共同利益而形成相互协作的关系，最终推动县、乡、村一体化物流配送体系的形成。

（5）契约性。县、乡、村一体化农村物流配送体系的基础是具有契约性的农村区域划分。因而，县、乡、村一体化农村物流配送体系是一种契约关系，各成员之间不会是一种行政隶属关系。

2. 县、乡、村一体化物流的内涵

如今，学术界尚未对县、乡、村一体化物流的内涵形成统一认识。基于此，本书在理解农村物流和城乡一体化内涵的基础上，形成有关县、乡、村一体化物流的认识。

农村物流是指那些在农村区域范围内发生的物流活动的总称，又称为农村区域物流。农村物流的内容丰富，主要包括农业生产资料和农村生活用品物流，又包括农产品从农村到城市的销售物流这两部分，通过研究物流活动在我国县、乡、村地区的规律，发现县、乡、村一体化物流、探析不同区域的发展特点，进而选择与特定区域相适应的物流发展模式，促进农村物流产业和相关产业的发展和当地的经济发展。

城乡一体化在某种程度上，指的是城乡协调发展。当生产力水平和城市化水平较高时，城市和乡村可以发挥各自的优势，依靠城市的发展促进乡村建设，同时以农村的发展弥补城市的发展短板，使城市和乡村在经济、社会、文化、生态等领域全面协调，推动城市与乡村的融合发展。

综上所述，结合以往专家学者观点，笔者认为县、乡、村一体化物流是指在一个区域范围内，县、乡、村这三个有着不同特质的经济社会单元和人类聚集的空间相互依存，各组成部分通过合理分工、协作互补，发挥一体化运作方式的优势，对县、乡、村的物流资源进行优化整合，推动农村物流一体化体系的形成。

6.3 县、乡、村一体化物流模式的生成机理

6.3.1 供应链的理论

迈克·波特提出了价值链模型，在此基础上我国刘丽文教授根据发展起来的供应链管理理论提出，所有处于供应链上的企业都应该是一个整体，无法独立存在。供应链管理思想将"供应链"看成一个网络集合，在这一网络中，生产到销售的所有流程包括从最开始的原材料采购等到拿到顾客手里的商品。供应链管理最明显的表现形式是物流、资金流，也构成了营运资本。由此可知，通过运用供应链管理，将对提升营运资金管理水平具有重要意义。如图 6 - 1 所示，可以更直观地理解供应链管理理论的内容。

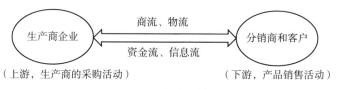

图 6 - 1 供应链管理

6.3.2　JIT 理论

JIT（Just in Time）理论（见图 6 – 2）的含义是在准确的时间内，把规定的产品原材料按照准确的数量送到生产线生产出产品。要求生产时间及时是 JIT 理论的重点，因此，JIT 理论的准时包括采购准时和生产准时。运用 JIT 理论指导生产，可以降低浪费率，同时确保物料在企业内部的自由流动，并能够促进企业各部门间更好地协作。

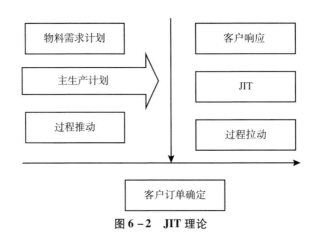

图 6 – 2　JIT 理论

6.3.3　委托代理理论

1976 年，委托代理理论（Principal-agent Theory）被美国经济学家提出，委托代理理论讨论的是：若企业的所有者同时是经营者，就容易出现各种复杂的问题，委托代理理论提倡企业所有者让渡经营权，将所有权和经营权剥离。

运用委托代理理论解释"代理"这一词，可以认为"代理"指的是：代理人同时承担被代理人的角色，在合理的代理权限内，第三人加入与其一同实施法律行为，且行为后果由被代理人承担。在委托代理的关系里，存在激励机制，但也存在一定的利益冲突，原因在于被代理人与代理人的目标不一致，被代理人渴望增加财富，而代理人争取工资收入与休息时间最大化，所以必须制定明确合理的代理制度，保证双方的利益不被损害。因此，委托代理理论不仅仅适用于经济领域，也适用于社会领域，如图 6 - 3 所示。

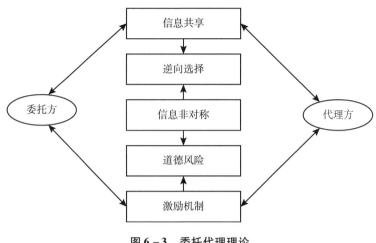

图 6 - 3　委托代理理论

6. 3. 4　物流系统理论

北京物资学院何明珂教授的观点是，一个企业的物流系统由流动、资源和网络三要素构成，在当前经济背景下的区域物流一体化，它的本质与核心内容是建立一个区域物流系统。

物流系统论对于县、乡、村一体化物流发展模式具有指导意义，但是县、乡、村一体化物流中的物流系统与一般的企业物流系统有以下几点显著的不同。

（1）不同范围的主体。企业物流系统开展物流活动的主体是企业，而县、乡、村一体化物流系统是依靠县、乡、村市场中的流通渠道实现彼此之间的物质资源交换。

（2）物流系统所包含的要素扩大化。相比于一般的物流系统，县、乡、村一体化物流系统不仅仅包含流动要素、资源要素、网络要素等一般性的物流系统要素，还包括信息和政策环境要素。

（3）一体化物流和其他企业物流系统的效益目标不同。一般的企业物流系统追求的效益目标是利润最大化，是单向的目标，而县、乡、村一体化物流目标是多向的，其是要协调实现各方利益的最大化。

6.4　县、乡、村一体化物流运作模式

6.4.1　农超对接模式

1. 农超对接模式的内涵

"农超对接"是一种农产品流通方式。农户或农业合作社通过与超市订立稳定的合同协议书，由农方按要求提供符合协议标准的农产品，超市方提供灵敏的市场信息、稳定的销路及资金技术反馈等，从而搭建一个优质、高效的农超交流平台。在农村地区实施"农超对接"就是要利用现代流通方式，构建一体化链条，在市场经济规律的作用下，将小生产者与外部市场联系起来，实现产销结合，推动商家、农民、消费者实现共赢，这也是"农超对接"的本质。

不同于县级特定的"互联网 + 物流"模式、乡级"双向物流"模式，以及村级"众包物流"模式，"农超对接"模式是适应我国县、乡、村三级农村的一体化物流创新模式之一。

2. "农超对接"模式的特征

传统的农产品流通渠道是单向、多环节的，由此带来的市场信息传递慢、流通成本增加，容易导致"菜贵伤民，菜贱伤农"现象的出现。传统渠道的生产环节众多，而"农超对接"的中间环节较少。在这一模式下，生产者与销售者是一种直接合作关系，物流信息与产品的流通效率提高，农产品销售的成本降低，在扩大销售规模的同时还能确保提供的产品质量更稳定、更优质。并不是所有的农产品都适合采用"农超对接"模式，一些易腐烂、易变质的生鲜农产品是该模式的主产品，具体指动植物农产品。

市场主体在某种程度上是"农超对接"的主体，在我国县、乡、村一体化物流中指的是农户、合作社和城市中的超市。"农超对接"模式主张农户与超市直接对接，大多数农户因实力不足无法实现与超市的直接对接，所以县、乡、村一体化物流创新模式下的"农超对接"的市场主体主要是县、乡、村合作社和超市，加入合作社的农户间接参与农超对接。一方面，县、乡、村发

展"农超对接"模式,要把县级、乡级、村级农村放入同一个物流系统来考察,农户及合作社是这一物流系统中的生产者,超市是其中的销售者;另一方面,在某种意义上农户、合作社同超市也隶属于一个物流系统。

3."农超对接"的具体模式

目前,我国的"农超对接"模式经过一定的理论实践之后,基本形成了以下几种具体模式,如图6-4所示。从主体上来看,有"农户+合作社+超市""农户+超市"和"农户+生产基地+超市"三种模式;从物流方式看,有"基于共同配送的农超对接供应链物流模式""基于超市自营物流的农超对接供应链物流模式"和"基于第三方物流的农超对接供应链物流模式"。

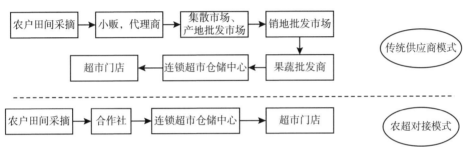

图6-4 农超对接模式

由图6-4可以看出,"农超对接"模式较之于传统的供应商模式减少了很多环节。不同于以往的是,农户田间采摘的生鲜农产品不再需要经过商贩的收购、批发商的批发由超市配送系统销往各大超市门店,而是直接由超市配送系统销往各超市门店,在节约成本和节省生鲜农产品的在途时间的同时,能够有效保证农产品的品质,确保产品在准确的时间内对接销售方,减少了浪费。

具体到我国县、乡、村地区就是要求县级农村实施农超对接"超市+农民专业合作社+农户"模式,在这一模式的支持下,县、乡、村地区间的农民专业合作社和超市之间的联系更为密切。为有效协调农业专业合作社与超市的关系,及时解决产生的问题,可以通过在乡镇安排对接联络员来落实"农超对接"模式。最后通过与多家大型超市签订长期的合作协议并且将县、乡、村各级农村采摘的生鲜农产品顺利销往广州、北京、深圳和上海等经济繁荣地区。另外,对具有基地特色的乡镇地区而言,积极开展"基地+农户+超市"的对接模式,以"专卖专供"为目标,做到产销一体化。鼓励乡镇周边的农村地区的菜农投入到基地的建设工作中，同时鼓励乡镇农业专业合作社在市区成立农业超市，逐步在更广阔的省市区域建立农业连锁超市，把乡镇政府作为更多的农户与超市联系的媒介，促进乡镇当地的农户与超市农贸市场达成直供批发意向。采用这一"农超对接"模式，能够有效保证生鲜农产品的供应和销售一步到位。

针对发展相对落后的村级地区，要善于利用当地的一切资源优势，依托家庭农场存在的优势，发展与其相关的培育、种植业。家庭内的成员充当家庭农场的劳动力，能够形成相对稳定的新型农业经营主体，在这样的模式下，生产单位是每家每户，农业生产走的未来发展方向是集约化、商品化及规模化。在一部分农村，我国家庭农场拥有的土地流转期较长，采取规范化的生产经营管理，拥有的农业机械和社会化服务也较为完备，逐渐朝着规模化的方向发展。此外，依托互联网优势，把订单销往全国，能够有效实现广大农村区域的家庭农场与超市的实时对接。

4. 我国县、乡、村实施"农超对接"的障碍

"农超对接"模式并不是一劳永逸的，目前，我国县、乡、村在应用"农超对接"模式时存在一些问题。

（1）运输成本费用较高，超市直接采购困难大。农业生产中最迫切需要解决的问题就是中间成本高，通过实地调研发现，导致这一问题的最大的原因是县级地区的生鲜农产品采用的运输方式还是传统模式，使得农产品从产出到最后销售这一过程拥有较多流通环节，流通成本增加，所以农产品的收购价格与最终的销售价格有较大的差距，最终导致农业生产的整体效益低下。与此同时，农产品养殖业所需要的大量饲料和产生的物流费用较高，农民在采收、运输、仓储和存储等过程中约有9%的损失。成本的分摊进一步提高，导致农民获利不多。

（2）我国农产品冷链物流资源稀缺。欧美等发达国家的冷藏设备，导航卫星测时与测距，全球定位系统和智能交通系统被广泛应用，以及完善的温度监控技术和蔬菜真空预冷等技术，有效仓储冷链配备和物流运输在保证农产品从产地到超市的新鲜度上发挥了极大作用。而在中国，在总运货物量的所占比例中，铁路与公路冷藏运量的占比少。在农产品运输中，采用公路运输的比例达到80%以上。此外，不同种类的生鲜农产品对储藏温度的需求也有很大差异，农产品运输包括较高温度、较低温度和正常温度三种不同的温度要求。生

鲜蔬菜和肉类都有着易于腐坏的特性，合适温度和冷链条件是这类农产品物流运输必要的物流条件。

我国农产品在运输过程中损耗较大、保鲜时间有限，主要是因为我国县、乡、村的农产品物流采用的运输方式大多是中型农贸货车常温物流运输，这样可以满足运输量大且产生的物流费用又低的需求，但缺乏能够满足农产品运输条件的基本配备。在乡级农副产品批发市场中，冷链利用率十分有限，能够合作的批发商不足20%。从另一个方面来说，我国乡级农副产品市场中，卫生和食品安全很难达到标准条件要求，其中一个原因便是我国农产品冷链物流公司发展缓慢、基础薄弱、设备落后，现仅有的冷链运输公司大多在农产品保鲜阶段缺乏设备支持，以至于保鲜难以保证达到安全标准。

然而，在农村冷链硬件基础设备不完善，以及成熟的冷链运输公司又十分稀缺的情况下，绝大多数的冷链运输公司集中在城市地区和医药领域，导致农村大部分地区缺乏基本的冷链供求市场，当地的冷链发展受到严重限制，冷链公司自然数量较少，使农产品销售市场很难扩大，对"农超对接"的进一步发展造成了限制。

（3）农户综合素质有限，农—超对接存在问题。技术在生产过程中发挥着重要作用，农产品的生产质量和产销水平也取决于农业生产者的知识技术水平。根据中华人民共和国第六次人口普查的数据，农村地区的文化层次普遍较低，农业生产者普遍专业知识水平不足。大多数农户的文化水平仅仅是初高中文化程度，少部分农户具备大专及以上程度的文化水平，甚至有些农户停留在小学文化程度，抑或没读过书。导致大多数农业资料生产者会一直受制于分销商和中间商的一个主要原因也是因为他们没有经过专业系统的教育，较少用互联网技术去把握运输过程中的全部信息，也较少用技术手段衡量物流运输中造成的得失，对生产效益的评估造成很大的限制。再加上，大部分的农户没有管理的思想和意识，难以对农业生产规模和种植类型进行优化，自身的能力跟不上市场发展的速度，在信息交换的过程中存在不少失真和障碍。

（4）农户组织化程度低，自我保护意识薄弱。在农户和收购商对接的过程中，各个收购商大多不愿去承担不确定的外部风险或者其他人员的人为损害，导致农户基本的权益难以实现，被迫承担风险损失。由于大多数的农户还是采用传统的供应商模式，到销售终端还需要经过经纪人、批发商、超市供应商等多个环节，在这些过程中，农村地区的农民由于组织化水平不高、自我保护思想薄弱、风险意识不强，很难应对产生的一系列风险。

政府相关部门每年都会针对"农民卖粮难"的问题发布相关政策，但农户普遍缺乏自我保护意识，大多不主动去了解这些政策的内容。

（5）农产品安全问题较严重，监管体系尚需完善。食品安全是可持续发展的重要保证。我国现有常见的食品质量安全标识种类超过 40 种，大部分农户对大多数食品质量安全标识不熟悉，此外，通过 QS、ISO 9000、ISO 14000 和 OHSAS 18000 这四类通行标准的农业专业合作社和农产品企业较少。县、乡、村地区的采摘和培育模式的不同，导致农产品质量不能保证，再加上生鲜农产品的包装、物流和仓储卫生及检验检疫制度缺乏监管，农产品安全问题明显。

以邵阳地区为例，该市辖区范围内的县、乡、村中有少数超市和农副产品市场设立检测室、配备专职检测人员、测速仪、色谱仪，以及购置了检测车。再有，另外一些依靠设立无公害产品专区、绿色食品专区和有机食品三者赚取利润的超市和农副产品市场占比较低。

根据 2016 年年底的调查结果，邵阳在农产品质量监管方面取得了一系列成果。乡镇地区建立的监管机构就有 197 个以上、县级地区有 12 个以上农产品安全质量监管机构、市级也有一个以上，监管人员总人数将近 500 人。由于当地的农产品质量监管还存在制度的欠缺，符合当地市场及国家标准的食品质量标准有待进一步完善，这在一定程度上和成立时间晚、经验和制度不成熟等因素有关。即使部分发展较好的县市区地域已经把乡镇监管标识牌、制度牌、档案记录本等标准统一化，但在农贸批发市场的管理方面难以达到超市的"门槛"。

从以上分析可以看出，"农超对接"生鲜农产品供应链中产品种类丰富，而且特性不同，供需关系也有所差异，且"农超对接"模式在我国县、乡、村区域的应用还存在一些障碍。因此，在选择"农超对接"供应链的合作模式时应当有所区别，根据不同的产品特性，选择相应的合作模式，这样才能有效提高"农超对接"生鲜农产品供应链的运作效率。

5. 我国县、乡、村可供选择的"农超对接"具体模式

（1）半紧密型合作模式。当农产品的供应不稳定而需求稳定时，我们称这类产品为功能性生鲜农产品，这类生鲜农产品是人们生活所必需的，消费者对其要求是质量上一定安全、口感保证鲜美、价钱变化不大，只要这种产品符

合安全和质量的检测要求，顾客不会刻意去关注它们的品质有多高。此时的供应链合作模式更倾向于双方签订销售合同，或者是一种以互相提供帮助为目的的半紧密状态的销售合同形式，但是合作社的农产品无法做到一定可以满足超市需求，在满足合同要求的情况下，合作社和超市都可以寻找其他买家或卖家。

我国县、乡、村区域选择半紧密型农超对接合作模式，需要及时了解市场对农产品的需求，并严格按照安全质量标准进行生产。农户、合作社有较大的自由空间，当农产品存在库存积压风险时，生产者不仅可以向超市销售农产品，还可以找其他路径将多余的产品销售，这就减少了相应的风险。

（2）比较紧密型合作模式。当农产品的供应稳定而需求不稳定时，消费者对品牌生鲜农产品的要求是高安全性、高质量，并有品牌的保障。如今，当生鲜农产品达到验收要求时，超市进行整体收购，这时超市可以与合作社采取较为密切的生产合约方式，超市与合作社订立生产合约，把要生产的农产品品种、面积和时间等提前约定好。

我国县、乡、村选择比较紧密型的"农超对接"合作模式，需要加强三级农村彼此之间的合作。由于消费者对这类农产品的质量、安全性和品牌要求较高，且超市与合作社签订生产契约，对农户生产的产品也有严格的要求，因此需要我国县、乡、村加强联系，当生产供应能力不足，而销售方又有需要时，可以联合三级农村的各合作社进行生产。

（3）紧密型合作模式。高档品牌生鲜农产品指的是供应和需求都不稳定的农产品供应链对应的农产品，其定位于高端消费人群，高档品牌生鲜农产品可以满足特殊需求、安全等级高、品质优良等消费目标人群对于它们的诉求，这一类生鲜农产品的生产地源头及超市需要对其质量进行控制，因为高端消费顾客最看重的是产品的品质。此时超市完全是整个链条的主导角色，供应链是完全一体化的模式，即偏向于紧密型供应链的合作模式，超市可以按照自己的销售需求来进行生产，建立自己的生产基地或者和龙头企业建立战略合作关系。

针对高档品牌生鲜农产品的生产与销售，我国县、乡、村从生产基地的建立到生产和配送等一体化物流运作均由超市主导，其主要的任务是按照销售方要求，在生产技术、管理、质量等方面提供保障。这就更需要三级农村发挥各自的优势，分工协作，提高一体化物流体系的运作效率，共同完成农产品生产，以便更好地对接超市和市场需求。

在"农超对接"供应链的合作中，农户、合作社和超市是供应链中的主体，想要达到三方共赢的局面就要稳定三者之间的合作关系。但是，在"农超对接"模式的实际运用过程中，双方在合同的订立与签约上，因缺乏规划而导致双方在利益分配方面不能达成一致，最终导致各个节点企业很难形成坚固的战略联盟，从而在一定程度上影响了企业间的协作质量。

6.4.2　共同配送模式

1. 共同配送模式的内涵

共同配送是一种由众多企业安排共同进行配送的模式，本质是使得配送更加合理化、提高配送效率、缩减配送成本。在《物流与供应链管理》中，共同配送（Common Delivery）被赋予了新的含义：共同配送，又可以看作一种向多个顾客提供配送活动的物流服务，第三方物流服务企业承担提供服务的责任，共享第三方物流服务。

共同配送遵循资源共享理念，运用企业间联盟的方式向顾客提供服务。其建立联盟的方式主要分为同业、异业、水平、垂直四种，基础是互信互利的共识。在协同组合的系统内共享资源、优化资源配置，进一步减少物流配送过程中的资源浪费，不仅降低物流成本、提高产品的流通率、增强企业的获益能力，也使得社会范围内的资源得到有效利用。

共同配送的核心是跨越传统单一配送在各种产品生产制造商、不同的货物种类和各经销企业等各领域的差异化限制，发现利益共同点。在实际的操作运营当中，共同配送的运营主体可以是3PL服务提供商、配送中心或大型货运企业等。共同配送在主体统一聚集货物后对货物进行统筹安排运输，提高供应链资源利用效率，进而降低成本，起到改善交通、绿色节能环保的作用。同时，政府已出台一些政策来扶持、引导建立共同配送网络体系。

由于我国物流业发展的社会化程度低、管理体制混乱、管理机构多元化，物流配送存在众多障碍，而扫除这些障碍的关键之一是要适当运用共同配送模式，推进配送过程的合理化，发达国家，如美国、日本等在当时也广泛应用这一物流形式。共同配送的优势较为明显，不仅在物流活动效率上发挥了重要作用，有效降低了物流流通成本，还可以解决我国物流业发展遇到的困境，指明其未来发展的方向。

2. 我国县、乡、村开展共同配送的障碍

现有的物流配送体系在我国县、乡、村地区发展还不成熟，带有计划经济的发展特征，只能作为营销体系的一部分，尚不能单独存在。即使有一些企业在农村进行配送、分销等活动，但能成规模的企业很少，再加上受限于物流服务的对象及范围，提供的也都是一些难成体系、零散化的物流服务，带来的效益低，但却耗费了大量成本。具体来看，共同配送在我国农村地区的发展存在以下突出问题。

（1）保障物流共同配送活动的相关政策欠缺，农村市场物流难以规范化运作。我国农村地区受计划经济体制的影响，一时间难以摆脱过去的管理体制，存在较严重的地区封锁、部门分割、行业垄断等问题，要想很快地在这些地区形成统一开放、竞争有序的市场还比较困难，在农村地区实施共同配送还需要一段时间。此外，农村地区较缺乏保障共同配送活动的法律法规，难以形成稳定的农产品流通秩序。

（2）缺乏实力较强的配送组织，且组织分布不集中。与城市物流配送相比，县、乡、村地区物流配送发展的还不完善，不仅在销售配送网点数量上达不到城市的标准，现拥有的销售配送网点也存在规模不大、分布分散、售后服务不成体系、配送的商品质量不高，但是价格却相对高昂等问题，这些均使得农民的消费需求难以扩大，购买的积极性不高。在农村，配送的毛利率低，尤其在仓储、货运代理等微利行业，自然加剧了配送网点在乡村的设置难度。另外，由于发展的缓慢性，很少有龙头物流企业愿意在农村发展业务，难以形成农村物流配送的规模化发展，严重制约了县、乡、村朝着共同配送的方向开展物流配送。

（3）配送渠道少，环节多。农村配送的发展方向是推动物流配送朝着周围农村区域辐射扩散，但是由于繁杂的中间环节，农村零售店的每个配送渠道都较长，且运输成本很高，这些都在一定程度上增加了配送的难度。

（4）县、乡、村物流配送技术水平低，人员素质较低。相比于零售商店，县、乡、村配送中心的建设还远远不够，相比零售商店的发展滞后很多。这是因为长期以来，"重城市，轻农村，重生产，轻流通"的观念扎根于农户心中，导致缺乏建设配送中心的基础是大多数农村地区都存在的问题，无论是设施还是技术，甚至是先进的科学决策都落后城市不少。即便存在些许农村配送中心，也是由原始的供销社仓库改造而来的。总体来看，县、乡、村地区包括运输、仓储、配送、包装、装卸、搬运，以及流通加工在内的每一个环节都落后于城市的发展，从而使得农村物流配送的速度慢、损坏率大、出错率高。

除此之外，县、乡、村发展共同配送缺乏公共信息平台、现代计算机技术、网络通信技术的支持。我国大多数农村地区都存在基础设施建设薄弱、信息交流不通畅等问题，无法为农村物流共同配送提供发展的平台，要想建立支持配送的管理信息系统以及决策系统更是难上加难。最后，因农村缺少物流专业人才，更是加大了县、乡、村一体化物流共同配送的难度。

（5）县、乡、村配送缺乏统一规划。物流配送在我国农村地区的发展现状也不容乐观，存在网点布局不合理、规划管理不统一、重复建设等问题，且县、乡、村开展物流配送活动存在明显的差异性。因此很难对社会中的有限资源进行有效利用，县、乡、村商品流通市场建设不规范，降低了物流配送效率。

为解决以上问题，我国县、乡、村地区亟须构建高效的一体化物流共同配送体系，以物流业带动县、乡、村区域经济的协调发展。共同配送模式不仅是解决城市配送的利器，对于我国发展相对落后的县、乡、村地区来说，采用共同配送模式还是最大化农村资源、最小化农村物流配送成本的关键。我国县、乡、村三级农村区域的发展程度和特点各不相同，采用共同配送模式是发展县、乡、村一体化物流的创新选择。

3. 我国县、乡、村可供选择的共同配送具体模式

由共同配送衍生而来的共同配送模式，经由货主间相互投资合作，可按主体将其划分为货主主体型和以配送专业者为主体型，前者包括面向零售商的模式、面向供应商的模式、面向零售商与供应商的模式；后者则主要包括各企业一起创建的公司和配送企业间为了共同配送而组成的合作机构。

共同配送模式很好地将供应链理论、委托代理、物流系统理论应用其中，真正体现了一体化物流带来的优势。它主要探讨了参与共同配送的主体、如何协调主体间的关系，以及开展共同配送活动可供选择的模式，并分析了模式的运行机制。从模式的发展方向角度看，以下是我国县、乡、村发展共同配送可供选择的模式。

（1）同产业农产品横向共同配送模式。这种配送模式下，主体是同一产业的生产或经营企业，借助物流配送中心、服务中心、中转站等方式来提高物流效率，从而提升物流服务水平。同产业横向共同配送分为以下两种方式：一是合作各方采取相互委托或受托的方式进行配送。合作方若掌握比较分散的运输资源（如配送车辆、物流中心等），则按照货物的数量、配送地区合作者的资源优势及劣势，发挥好具有资源基础的企业的优势，把配送资源匮乏的企业的产品交给资源丰富（优势）的企业，并由优势企业进行委托运输与统一配送，从而提升企业间的配送效率，其具体配送形式如图 6-5 所示。

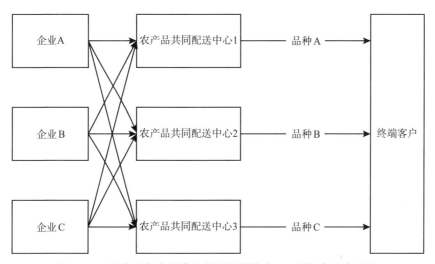

图 6-5　同产业农产品横向共同配送模式——委托合作方开展

在委托合作方开展配送模式下，我国县、乡、村区域的企业根据各自的需要，在考虑各种因素的基础上，深入了解共同配送中心的优劣势之后，科学选择委托的配送中心，把无法完成的配送任务委托给资源较多、能力较强的配送企业。最终由其进行拣装、分类，按照要求将产品配送给终端客户。

二是合作各方共建物流中心完成共同配送。具体做法如下：实施共同配送活动之前，合作方首先要在货物的包装标准和运输规格上达成一致，再根据实际情况建立便于管理配送活动的站点和中转站，其中运输的车辆应该由合作方共同出资购买，凡是属于合作各方的货物均统一由配送中心向外配送。其具体配送形式如图 6-6 所示。

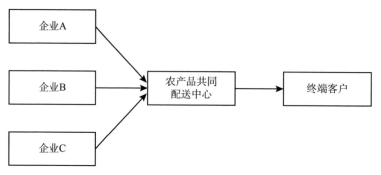

图6-6 同产业农产品共同横向共同配送模式——合作方共同配送

我国县、乡、村地区发展这一配送模式要强化企业之间的合作，充分利用好各方拥有的资源，建立统一的标准，共同出资搭建一个配送中心，集体采购运载车辆。县、乡、村三级农村生产企业将生产的产品统一集中到配送中心，再由共同的配送中心将产品分别配送到终端客户。该配送模式对县、乡、村企业和配送中心的要求均较高，尤其是对三级农村的生产企业间的合作沟通、物质基础的要求。另外，县、乡、村生产企业共同建立的配送中心需具备多样化的功能，要能够满足这三级农村生产企业的配送要求。

上述两种同产业间的共同配送模式均有各自的优劣势，但相比较而言，后一种共同配送的模式在我国县、乡、村一体化物流的发展中更具规模经济，对我国农产品生产的业务拓展和长远发展更加有益。不过，这种方式会在一定程度上对合作企业的物流独立性产生限制。

总体来看，同产业横向共同配送模式有以下优劣势。

优势：这一配送模式下的合作各方的物流效率得到有效提升；并且因互相使用各合作企业的资源，使单个企业的固定资产投入减少，同时还会降低企业成本，提高顾客满意度。

劣势：由于配送信息的公开性、配送业务的共同性，各合作企业的隐私容易发生丢失及泄露，极大地影响了企业竞争战略的制定与实施，使企业间的信任减少，从而影响到共同配送模式的发展。

（2）异产业农产品横向共同配送模式。这种配送模式是一种不同企业融合多种产业的配送模式，这样一来，可以扩大配送范围、增加配送种类。这种模式借助物流配送中心把不同类型的农产品进行汇总，然后统一配送给各农产品零售终端，具体有以下方式。

一是以大型连锁企业为主导的农产品共同配送模式。由特定的批发、生产商把供应商的农产品汇集在一起进行统一管理、配送。其具体配送模式如图 6-7 所示。

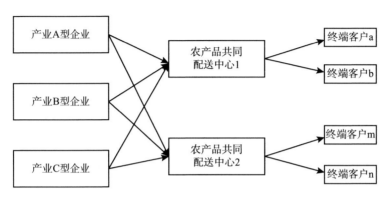

图 6-7　以大型连锁企业为主导的农产品共同配送模式

在我国县、乡、村地区应用这一共同配送模式可以节约农村资源。它将县、乡、村不同行业、不同生产企业生产的农产品集中到某一共同配送中心，不再需要建立多个单独行业的配送中心。在节省物流成本的同时，强化了县、乡、村各异质产业间的企业交流与合作，某一共同配送中心可能集结了三种甚至更多的产业，很好地解决了县、乡、村沟通联系少的问题，有利于县、乡、村一体化物流的发展。

二是以地区中坚企业为主导的农产品共同配送模式。我国县、乡、村各企业为增强与大型连锁企业的抗衡能力，支持当地终端业务的发展，组织建立以不同产业为业务的共同配送中心，对地区范围内的各企业或终端统一运输农产品，如图 6-8 所示。

三是生产与批发企业相结合的农产品共同配送模式。我国县、乡、村一体化物流发展此种模式，通常服务于多频次、小批量需求的共同运输，它需要县、乡、村地区相关的批发商和生产商等共同出资建立配送中心，对农产品进行统一管理并实施共同配送，加强了农村一体化物流发展过程中生产商与批发商的联系合作。如图 6-9 所示，我国县、乡、村发展这一共同配送模式需要那些具有发展优势的企业主动联合，在当地建立终端配送企业，使企业不仅是生产者，还是可以自己承担配送的一方，这符合农村一体化物流的发展，有利于县、乡、村物资的统一调度。

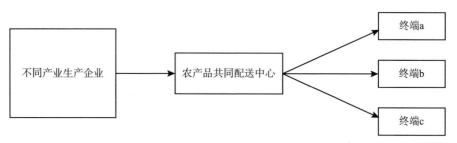

图 6 – 8　以地区中坚企业为主导的农产品共同配送模式

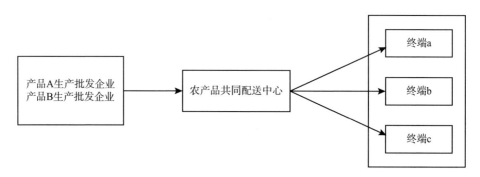

图 6 – 9　生产与批发企业相结合的农产品共同配送模式

上述三种模式在配送流程、方式和原理上具有共性，同属于异产业间的共同配送模式，实施配送活动的主体企业不同、配送对象和配送目的不同是差异性所在。我国县、乡、村选择其中任何一种共同配送模式都需要结合各级农村的发展特点进行合理适配，由于配送对象等不同，组织共同配送的主导企业也有区别。

总体来看，异产业横向共同配送模式有以下优劣势。

优势：使不同产业之间进行优势互补；保障物流运行效率；降低企业互相泄密的可能。

劣势：由于参与这一共同配送模式的企业呈现多样化，很难建立具备明确责任、利益分摊标准的机制，增加谈判难度的同时，成本也增加了。

（3）共同集配模式。这种共同配送模式下，主导方是大型物流企业，对开展多种生产与销售的终端企业而言，与委托配送形式相像，各合作、批发企业把产品集中委托给专业的农产品运输企业，由运输企业把产品配送给最终客户，如图6-10所示。

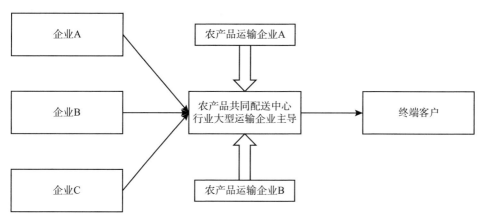

图 6-10 以物流行业的大型企业为主导的合作型农产品共同配送模式

当我国县、乡、村地区的众多生产企业生产的农产品多样化，且需要销往多个终端客户时，可以利用当地发展态势较好、实力较为雄厚的运输企业，将配送任务委托给他们，由他们对企业生产、批发的产品进行集中整理，最终准确及时地送到终端客户手中。不仅节约了生产企业的时间和人力，还能推动县、乡、村的融合发展，实现一体化物流在我国农村地区的应用。

（4）纵向共同配送模式。这种共同配送模式发展的基础是整个产业供应链上各成员之间的合作关系，发挥纵向物流渠道在供应链上的作用，对各种功能加以整合、完善，将要配送到城市的产品通过共同建立的配送中心向各地集散、配送。这样一来，在提高物流配送活动的效率、减少流通环节的同时，自然使物流成本也能得到降低。纵向共同配送模式下的企业要充分了解供应链的物流特点及各合作企业的物流信息，开发高效的物流管理信息系统。

在我国县、乡、村应用纵向共同配送模式能够加强上下游企业间的交流，尤其是分布于县、乡、村地区的供应商与制造商、批发商与生产商、零售商与批发商之间的关系。

纵向共同配送模式不同于横向模式，纵向共同配送模式是从供应链的角度出发，是在配送过程的不同环节强调企业的共同参与；而横向模式则是基于同一配送地点，组建各企业之间开展不同层次的共同物流。

4. 我国县、乡、村一体化物流共同配送体系

从县、乡、村一体化物流共同配送体系的构成来看，主要构成部分是点、轴和网络。其中"点"主要指在县、乡、村地区分布的配送节点，具体指配送中心、配送基地、物流园区等；"轴"指的是一种基础设施通道，该通道由交通干线连接。"网"指的是将县、乡、村三个层级的"点"与"轴"相互衔接形成一个网状结构。

我国县、乡、村地区在形成一体化共同配送体系的过程中，配送节点上大量的社会经济要素在此集聚，并依托形成的线状基础设施联结成"轴"。"轴"能够对周围地区产生强吸引力、强凝聚力，通过信息、产品、人员、技术、金融等使"轴"上的社会经济设施向周围地区辐射。一旦向外扩散的物质和非物质要素辐射到"轴"的周边地区时，相关产业就会在周边地区形成集聚带，从而带动区域生产力的提高，县、乡、村一体化共同配送体系也就顺其自然形成，使"点—轴"效应不断扩大，最终形成"点—轴—网络"，从而使县、乡、村经济一体化朝着高级化方向发展。

随着物流市场规模和业务的不断扩大，县、乡、村一体化共同配送体系的规模经济逐渐明显。在县、乡、村实施的共同配送活动，合作方共用相同的信息、广告宣传，对产品进行集体配送，减少了产品单独配送的流程，节省了商品的在途成本和库存成本，降低了流通费用，同时降低了总平均成本，使得在我国县、乡、村采取低价策略经营的零售店能够正常运营并获得盈利，这些都是无法靠某个店单独经营能够实现的。成本的降低给那些在县、乡、村实施经营活动的零售店采取较低的商品价格提供了发展机会，增强了县、乡、村经营主体的竞争力。

稳定、高效的县、乡、村一体化共同配送体系，通过降低各组成要素间的损耗及交易成本、资源及要素成本，实现整体规模经济效益，将各要素的功能最大化利用，使得物流配送体系的效益获得整体提升。在区域经济体之间，不仅加强了彼此间的经济沟通，还形成了良好的合作关系，产生了规模经济效应，推动了我国农村经济整体性发展。在另一个层面上，农村一体化物流配送体系推动人才、信息、资金、技术、政策等要素在全国县、乡、村范围内合理流动和有效整合，使县、乡、村经济一体化发展保持动态竞争优势。

由此，县、乡、村一体化物流配送是区域经济发展到一定程度、共同配送模式伴随区域经济一体化发展而出现的必然趋势，也是县、乡、村经济一体化发展的客观要求。为进一步打造高效的县、乡、村一体化共同配送体系，发挥"点轴网"的作用至关重要。我国县、乡、村接下来要重点加强基础设施及网络建设，发挥当地政府的财政支持作用，构建有利于信息、技术、资源交换的平台，强化农村物流资源的集聚与技术吸收，推动县、乡、村一体化物流模式创新发展。

6.4.3 闭环供应链模式

1. 闭环供应链的概念和特点

闭环供应链作用于不同的供应商与分销商，强调主体间要形成专有性的战略合作伙伴关系。不同于其他模式的控制方式，垂直一体化方式更适用于闭环供应链，闭环供应链的营销渠道也是非开放式的。为了有效提高配送的效率，要充分发挥好现代化物流、信息技术和电子商务平台的作用，加强供应链上全部环节的跟踪、管理和控制。闭环供应链的协调、可控性比开放式供应链要更优，因此，它具有更好的抗风险能力。

闭环供应链是从原材料供应到消费的全程的质量安全控制，通过排除产品与供应的不确定性来处理供应链内各行为主体的信息共享问题，消除信息不对称带来的不利影响，在提高渠道配送效率的同时，也能很好地保护环境。因此，闭环供应链管理适用于对产品的质量安全控制有特别要求的行业，如医药、军事、绿色食品行业等。

2. 县、乡、村生鲜农产品闭环供应链模式的基本架构

现代化的信息技术对生鲜农产品的管理有重要作用，农产品质量监控信息平台能够保障生鲜农产品闭环供应链利用封闭式的销售渠道对生鲜农产品进行全程监控。此外，依托先进的信息技术和现代物流技术，能够强化规范运作，并对农业生产资料的供应商进行统一认证。其框架如图6-11所示。

（1）县、乡、村质量监控信息平台。质量监控信息平台是农产品闭环供应链的主要构成部分。借助于RFID、EDI、GPS、GIS和条形码等技术，从生产到最终配送对生鲜农产品的信息进行全程记录与传递。质量监控信息平台能够加强对食品的安全化管理，是因为其中含有的跟踪系统能够实现食品的完全

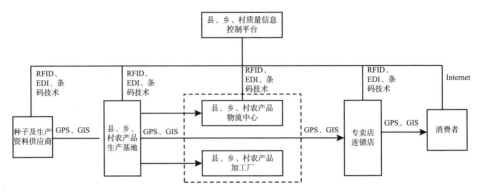

图6-11　县、乡、村农产品闭环供应链模式基本框架

透明化，同时将这些捕获到的信息和数据运用网络技术及时传递，对具有安全隐患的食品进行评估，从而为接下来的预警分析提供指导。平台里的 TBT（Target Bearing Transmitter，目标方位发送器）预警信息系统可以为闭环供应链中的企业提供适合本企业的预警，使其可以进行快速反应。

另外，闭环供应链利用质量监控信息平台可以提供优质的信息服务，这主要是由电子商务网站的发展、行业网站、公共物流信息平台的建设实现的。平台把消费者纳入信息和监控服务范围，消费者可在平台内查询、了解产品是否有绿色认证，了解哪里有新鲜的生鲜农产品售卖、产品售价等，正是由于消费者能够知晓产品的完整信息，捕捉的信息存在不对称的现象也减少了，降低了柠檬效应出现的可能，增强了绿色生鲜农产品在市场上的竞争力，有益于品牌效应的产生。此外，消费者还可以在平台内反馈信息，使供应链上的各企业准确定位消费者的需求。

（2）种子及生产资料供应商管理。传统的农产品供应链管理一般是把农产品生产者作为源头，而没有纳入生产资料供应商。但依照生鲜农产品的质量要求，农业生产资料对农产品的质量有重要的支持作用。所以，生鲜农产品闭环供应链管理纳入了种子和生产资料供应商，把它作为跟踪系统的源头和追溯系统的终端，然后选择农产品生产基地、物流中心、加工厂、专卖店、连锁店、消费者等，实现对产品质量的全方位监控。

（3）生产基地。生产生鲜农产品的基地建设、经营方式要规模化，并对生产基地进行集中管理，在管理方式上也应该是封闭式的，实时监控产品在种植、采摘、包装、储藏、配送环节的质量，有效解决品质、管理等问题。

（4）物流中心。组建专业化的农产品物流中心，按照闭环供应链的运作要求对其进行管理，并制定物流企业准入制度，配置完备的储存、包装、运输设备，以及开发引进先进的保鲜、加工、冷链技术，使生鲜农产品从加工开始到最后配送实现全过程一体化物流运作和无缝对接，以保障生鲜农产品在物流过程中的新鲜与安全。

（5）加工厂。建立专业化的生鲜农产品加工厂，按照闭环供应链的运作方式进行管理。针对产品的差异，完善技术操作规程、加工质量标准体系及产品认证体系，并加入到闭环供应链的质量监控体系中。

（6）销售终端。专卖店、连锁店是生鲜农产品理想的销售终端。专一性是现代化零售业态的重要特征，在对农产品进行包装的时候按照标准化要求严格执行，确保农产品在交易过程中的完整性，避免浪费和二次污染。因为专卖店和连锁店环境、冷藏设备好，付款便捷，保障了生鲜农产品的品质，同时提升了其价值。

3. 县、乡、村生鲜农产品闭环供应链模式特点

与我国传统农产品供应链不同，生鲜农产品闭环供应链具有以下特点。

（1）封闭式、少环节的独特经营模式。生鲜农产品的质量安全保障，需要依靠封闭式管理和运作模式实现。不仅要紧抓生产源头，流通领域的农产品质量问题也很重要。采取的措施主要有建设生产基地和专有性质的销售终端。闭环供应链模式和传统的供应链模式相比，中间环节不再那么复杂，进一步提高了流通渠道的速度，节省了流通费用，在某种程度上使生鲜农产品在销售终端具有价格优势，保证农产品在物流过程中的新鲜与安全，增强物流系统的可靠程度，最大限度地满足消费者需求。

（2）通过农产品质量监控信息平台，借助一流的物流技术及设备，全方位监控生鲜农产品的品质。闭环供应链模式克服了传统农产品供应链的某些弊端，不再以事后抽检的方式进行质量监管，而是在事前加强控制。现代化的物流设备与技术发挥着重要作用，在推动农产品质量监控信息平台建设的同时，凭借信息技术的发展，利用冷藏车、冷藏箱等，全面监控运输过程中的产品环境，尽可能地确保生鲜农产品在流通过程中的新鲜及品质，降低腐损率，从而减小物流费用。

（3）农产品供应链系统的标准化运作。为了规范供应链系统的管理与运作，要确保生鲜农产品在流通过程中的通畅与集约，减少资源浪费及污染，在保证物流服务质量的同时，降低资源消耗，确保生鲜农产品的质量。

6.5 县、乡、村一体化物流的保障

6.5.1 政策保障

1. 完善相关的县、乡、村一体化物流模式政策法规

（1）利用相关物流优惠政策进行招商引资。近年来，我国县、乡、村经济发展速度加快，但物流基础设施明显没有跟上经济发展的速度，无法吸引大量企业入驻。因此，制定相关优惠的物流政策，加强对县、乡、村地区的物流基础设施建设，加大对物流产业的投资都是我国县、乡、村级政府吸引优质企业的有效措施，减少物流企业在我国农村区域的入驻障碍。

（2）打造拥有区域特色的物流产业集群。我国县、乡、村可以利用自身资源优势，在政府的大力支持下，培育一批具有本地特色的知名物流龙头公司，形成物流产业集群，对各地的资源充分利用，构建具有本地特色的产业链，把物流作业流程统一标准化，做到流通一体化，进而将品牌效应最大化，在提高县、乡、村产品配送效率的同时，使其朝着规模化方向发展，打造地区品牌效应。

2. 规范县、乡、村一体化物流基础设施建设和布局规划

近年来，电商发展飞快，区域一体化成为发展趋势。不少电商企业打入农村市场，并开拓多种渠道布局规划农村市场，推动了"村村通"的发展。电商发展对农村物流基础设施与配送布局提出了更高的要求，在政府大力支持电商发展的背景下，我国县、乡、村应借鉴其他优秀地区的发展经验，大力完善基础道路建设，真正实现县、乡、村各地的"村村通"。

物流布局规划方面由于我国县、乡、村地区在物流的布局选址上尚未成熟，布局选址应当因地制宜地进行合理选择。县、乡、村区域的经济发展程度各不相同，各级政府应合理规划，做好县、乡、村一体化布局选址工作；物流产业布局上，我国县、乡、村物流企业较为分散，不利于物流产业总体发展。各级政府应当大力整合、合理规划物流资源，为物流市场打造优良环境，组织和鼓励配送公司之间的合作，打造物流产业集群，避免业务同质化。

3. 加强县、乡、村一体化物流配送标准化建设

县、乡、村地区的物流企业车辆多，品种各异，尺寸、载重量存在差异。物流过程中，经常发生由于物流车辆的不规范导致的"二次搬运"及"重复运输"现象，不能无缝对接，从而大大降低了物流运营效率，增加物流成本。目前，我国大部分农村地区没有大型的现代化物流园区，政府应以重点物流园区为载体，采用标准化要求规范入驻园区的企业，淘汰不符合标准的物流车辆，提高园区运营效率。如推行托盘标准化，使用木质托盘、铁质托盘和塑料托盘。政府通过优惠扶持的方式鼓励企业采用铁质托盘，使托盘能循环使用。此外，实现信息系统标准化管理，增进政府与物流企业间的信息交流，利用打造的信息平台，了解县、乡、村各个地区的市场需求信息。

6.5.2 客户端保障

1. 加强县、乡、村末端基础设施建设

加强交通基础建设，特别是公路和铁路建设，构建立体化的交通体系。因此，既要不断完善各个地区的运输网络路线，也要实现铁路、公路、水路无缝对接。利用物流园区发展多式联运，形成综合性的交通体系；在配送环节上，选择合适的路线，缩短配送时间，使物流过程中的各环节都可以无缝对接，降低物流资源的浪费。加强末端设施建设，精心设立末端基础设施的"最后一公里"，不同于城市的集中，县、乡、村三级农村地区较为分散，需要加强对末端基础网点的节点布局，建立完善的运输网络，选择物流加盟或者自营等多种配送方式。

2. 加强县、乡、村信息化平台建设

加快县、乡、村一体化信息平台建设。当前，我国市级以下地区基本没有整合资源的信息化平台，而发展我国物流业需要对资源进行整合，信息化平台可以很好地起到这一作用，同时通过数据分析平台计算产品的需求信息，能够达到资源配置合理化、物流配送高效化的目标。不仅要积极推行自动识别技术，如条形码、智能标签、RFID 等，还要在建设平台的过程中，积极应用EDI、货物跟踪、货物快速分拣等新型技术。此外，发挥政府的资金支持作用，强化各级政府在支持 RFID 和移动物流信息服务技术发展上的责任。通过积极建立物流公共信息平台项目，提高信息的流通效率。我国农村地区需重点帮扶竞争力强的企业及物流园区，重点建设通商电子口岸、物流资源交易平台，鼓励企业间的信息在平台上发布共享，并积极开展外包业务，努力打造一个综合性的物流服务平台。

6.5.3 物流主体保障

1. 实行县、乡、村网络监管制度

我国县、乡、村物流企业间合作度低，内部各自为政，企业自身监管部门应该与各部门进行协调，拒绝过度竞争，利用信息系统平台迅速抓住市场需求，有针对性地提出决策方案，提高各部门工作积极性，鼓励使用 BPR（业务流程重组）等经营理念，提高物流运营效率。

各级政府强化企业监管的方式有两种：一是政府派代表入驻企业或者进行不定期检查。二是利用网络信息技术进行监管。我国县、乡、村区域的网络基础建设需要借助县、乡、村政府的行政监督能力，良好的市场秩序需要靠健全的网络法律制度来维持。提升监管能力，提高政府系统的安全性，以防被黑客偷袭；并且，必须加强从业人员综合素质，提高工作保密度，不让企业机密信息泄露等重大问题发生。

2. 拓宽县、乡、村物流发展融资方式

以县、乡、村一体化物流发展的共同配送模式为例，其融资方式有两种方式：一是拓宽金融服务；二是吸引外资加入。很多优秀企业通过资本运作来提高其资金利用效率，从而提升自身盈利能力。县、乡、村地区经济发展水平虽在加快，但物流基础设施薄弱，拥有较强的资商吸引力，吸引外资的加入是我国县、乡、村一体化物流建设可供选择的融资方式。

此外，县、乡、村地区物流企业可以借鉴优秀企业的融资方式，加大共同配送的发展力度，发展物流基础设施。最后，县、乡、村政府还需在交通基础设施方面增加资金投入，并鼓励配送企业进行改革创新，挖掘更多具有发展潜力的物流方案。

3. 加强对县、乡、村物流人才的培养与引进

首先，发挥政府在培养县、乡、村地区物流人才上的作用，开展多种物流教育活动。不论是县级还是乡、村级物流企业均要加强物流人才的培养，制订

相关的物流配送规划，实现在职人员与新入员工的共同协作，完善自身培训体系。其次，加强与高校及相关科研机构的合作，利用社会人力资源，提高物流工作者的实操水平，引进高素质共同配送人才。最后，培养物流综合性精英，以便适应物流不同岗位的要求。可采取的方式有：以合作的方式，引进国外高技术物流人才；大力培养物流专业人才，推动农村物流的发展。

参 考 文 献

[1] 白茹茹. 二元经济结构背景下城乡双向流动的商贸流通体系研究 [D]. 西安：西北大学，2011.

[2] 白延静. 基于物流网络资源整合的我国农村物流发展模式研究 [D]. 北京：北京交通大学，2012.

[3] 柏冬梅，邵万清，周依琳，陈怡，陶海钢. "互联网＋"时代下电子商务与农村物流的协同发展研究 [J]. 物流科技，2016 (6)：15 – 18.

[4] 毕玉平，陆迁. 山东农产品物流体系的构建 [J]. 经济问题探索，2010 (11)：50 – 54.

[5] 毕玉平，陆迁. 生鲜农产品物流模式演化的关键要素分析研究 [J]. 经济问题，2010 (8)：70 – 73.

[6] 毕玉平. 山东生鲜农产品物流供应链模式研究 [D]. 杨凌：西北农林科技大学，2011.

[7] 曹迪. 基于"互联网＋"的跨境电商物流仓配一体化运营模式研究 [J]. 市场研究，2016 (11)：41 – 42.

[8] 曹刚. 新农村建设下的农村物流发展 [J]. 中国商贸，2010 (9)：66 – 67.

[9] 曹丽莉，邓欢. 供应链视角下的产业集群网络结构优化 [J]. 江汉论坛，2012 (6)：32 – 35.

[10] 曹思聪. 基于供应链理论的 LY 电子商务公司营运资金管理研究 [D]. 沈阳：沈阳工业大学，2017.

[11] 柴磊. 基于 SLP 方法的农产品物流中心布局优化 [J]. 农村经济与科技，2007 (12)：54 – 55.

[12] 陈达强. 物流系统建模与仿真 [M]. 杭州：浙江大学出版社，2008.

[13] 陈冬冬. 一种供应链绩效评价新方法及其应用 [J]. 计算机工程与

应用，2009（31）：110．

[14] 陈光武．东亚区域经济一体化研究［D］．长春：吉林大学，2009．

[15] 陈厚春，王茂春，范方玲子．众包物流运作模式研究［J］．物流科技，2019，42（1）：20－22．

[16] 陈建华．完善我国农村物流体系的研究［D］．长沙：湖南农业大学，2007．

[17] 陈江宁．基于一体化战略的南粮集团物流网络优化研究［D］．南京：南京农业大学，2014．

[18] 陈君．农村消费升级背景下城乡双向商贸流通服务体系构建［J］．改革与战略，2015（7）：99－101，110．

[19] 陈美中．湖南省农产品物流产业发展现状及对策研究［D］．长沙：湖南农业大学，2007．

[20] 陈喜波．北京市特色农产品物流发展的问题与对策研究［J］．物流技术，2009（2）：31－33．

[21] 陈雪刚．基于灰色理论的农村物流与区域经济协调发展研究［D］．北京：北京交通大学，2012．

[22] 陈耀庭，黄和亮．我国生鲜电商"最后一公里"众包配送模式［J］．中国流通经济，2017，31（2）：10－19．

[23] 陈勇．大农业视角下的农产品物流模式研究［D］．武汉：武汉理工大学，2015．

[24] 程云行，张国庆．农产品加工企业与生产基地农户合作分析［J］．中国流通经济，2010（4）：46－48．

[25] 崔彬．优化生鲜农产品物流模式的探讨［J］．现代商业，2008（6）．

[26] 崔涛．城乡二元结构下我国生鲜农产品物流发展模式［J］．农业经济，2017（7）：132－134．

[27] 崔育琛．政府引导下的农村双向物流供应链网络构建研究［D］．南昌：南昌大学，2016．

[28] 戴军，王霞．基于 T 检验与 Fuzzy 法的众包影响因素分析及实证研究［J］．统计与信息论坛，2014（3）：102－106．

[29] 党永斌．MY 农批市场生鲜电商供应链服务商业模式研究［D］．成都：电子科技大学，2016．

[30] 邓攀. 基于供应链管理的湖南农产品物流体系变革的途径与对策 [J]. 中国商界（下半月），2008（9）：174.

[31] 邓汝春. 冷链物流运营实务 [M]. 北京：中国物资出版社，2007.

[32] 丁俊发. 农产品物流与冷链物流的价值取向 [J]. 中国流通经济，2010，24（1）：26 – 28.

[33] 杜栋. 现代综合评价方法与案例精选 [M]. 北京：清华大学出版社，2005.

[34] 杜江. 关于现代物流发展研究 [J]. 商业研究，2005（11）：202 – 203.

[35] 杜艺佳. 我国农产品物流现状及对策研究 [J]. 物流科技，2009，32（1）：100 – 102.

[36] 范秀荣，李晓锦. 日、美、荷农产品物流组织的经验与启示 [J]. 中外物流，2007（Z2）：94 – 96.

[37] 方庆琯. 物流系统设施与设备 [M]. 北京：清华大学出版社，2008.

[38] 丰佳栋. 大数据视角下现代农村物流服务质量的创新 [J]. 物流科技，2016（3）：9 – 12.

[39] 冯耕中. 物流与供应链管理 [M]. 北京：中国人民大学出版社，2010.

[40] 冯文杰. 基于广佛同城化的物流一体化研究 [D]. 广州：华南理工大学，2011.

[41] 冯占山，高世杰. 国内外现代化大农业模式比较研究 [J]. 现代化农业，2014（12）：38 – 39.

[42] 付晓晨，施春亮，李宁. 黑龙江垦区现代化大农业发展中存在的问题及建议 [J]. 现代化农业，2015（1）：48 – 50.

[43] 傅晨. 中国农村合作经济 [M]. 北京：中国经济出版社，2006.

[44] 高贝贝，张树山，郭坤. 电商环境下城乡双向物流发展模式研究——以大槐树电商为例 [J]. 中国商论，2017（4）：37 – 39.

[45] 高宏志. 统筹城乡经济社会协调发展研究 [D]. 天津：河北工业大学，2013.

[46] 高杰. 基于因子聚类分析的区域物流评价研究 [D]. 重庆：重庆大学，2007.

[47] 高金霞. 连锁超市生鲜农产品物流配送模式选择分析 [J]. 知识经济，2016（9）：63 – 64.

［48］高兴然. 大荔县三级农村物流网络体系发展现状及资源利用效率研究［D］. 西安：长安大学，2014.

［49］高远秀，姜阀. 京津廊区域物流一体化必要性和可行性分析［J］. 河北企业，2011（6）：61，96.

［50］高云，高峰. 寿光蔬菜产业链发展现状、问题及对策研究［J］. 当代经济，2010（23）：99 – 101.

［51］高振娟. 基于价值增值的农产品物流组织模式改进［J］. 商业时代，2010（23）：38 – 39.

［52］耿勇. 物流基础设施网络［M］. 北京：社会科学文献出版社，2010.

［53］龚宇平，张瑜，蒋国平，泮进明. 基于 WebGIS 技术的农产品物流管理平台［J］. 农机化研究，2009，31（4）：230 – 233.

［54］辜胜阻，李睿. 以互联网创业引领新型城镇化［J］. 中国软科学，2016（1）：6 – 16.

［55］郭崇义，庞毅. 基于流通实力的农产品流通模式选择及优化［J］. 北京工商大学学报（社会科学版），2009（4）：7 – 11.

［56］郭丽彬. 山东省农产品物流运作模式构建［J］. 商品储运与养护，2008（8）：17 – 20.

［57］韩波，岑挺，雷勋平. 浅析国外农产品物流模式的特点［J］. 中国物流与采购，2008（23）：66 – 67.

［58］韩清池. 面向创新的众包参与意愿影响机理研究——以计划行为理论为分析框架［J］. 软科学，2018，32（3）：51 – 54.

［59］韩杨. 中国绿色食品产业演进及其阶段特征与发展战略［J］. 中国农村经济，2010（2）：33 – 43.

［60］何婧钦. 烟药物流末端共同配送模式研究［D］. 重庆：重庆交通大学，2017.

［61］何明珂，王文举. 现代供应链发展的国际镜鉴与中国策略［J］. 改革，2018.

［62］何明珂. 重新认识物流及其供应链［J］. 中国物资流通，2000（3）：8 – 11.

［63］贺峰. 中国农产品现代物流问题研究［D］. 武汉：华中农业大学，2006.

［64］侯文英，李宣. 配送中心型农产品物流园区选址研究［J］. 安徽农业科学，2007，35（35）.

［65］侯玉梅，马腾飞，刘楠，安静. 以龙头企业为核心的河北省生鲜农产品供应链模式的构建［J］. 调研世界，2010（10）：22－24.

［66］胡强. 兰白物流一体化发展研究［D］. 兰州：兰州大学，2010.

［67］胡求光，王艳芬. 我国水产品的消费特征及其影响因素分析［J］. 农业经济问题，2009，30（4）.

［68］胡晓娟. 发展现代农村物流新思路［J］. 农村经济与科技，2010，21（11）：90－91.

［69］胡晓琼. 众包：新形势下低成本揽才新思路［J］. 中国人力资源开发，2011（4）：25－27.

［70］胡以乐. 长三角地区发展物流一体化的 SWOT 分析［J］. 中国水运（下半月），2009（5）：72－73，78.

［71］胡愈. 现代农村物流建设金融支持研究［D］. 长沙：中南大学，2007.

［72］胡愈，许红莲. 现代农村物流与其主要影响因子的灰色关联度分析［J］. 湖南大学学报（自然科学版），2007（12）：85－88.

［73］胡云涛，贺盛瑜. 西南地区农产品物流体系的支持系统研究［J］. 企业经济，2008（11）：9－11.

［74］胡振虎，夏厚俊，万敏. 国外农产品物流产业发展的主要经验［J］. 生态经济（学术版），2006（10）：242－245.

［75］胡志伟，杜秋玲，窦焕涛，卢康. 石家庄市农产品物流发展中存在的问题及对策分析［J］. 河北企业，2008（12）：47－48.

［76］花永剑. 浙江农产品物流的发展策略研究［J］. 物流科技，2008，31（2）：61－63.

［77］黄宾，于淑娟. 基于城乡双向互动的物流配送网络创新研究［J］. 商业经济研究，2018（10）：84－86.

［78］黄季焜. 农产品供求视角下农业经济和政策前沿问题研究［J］. 经济经纬，2010（3）：1－7.

［79］黄丽华，张智慧. 电子商务环境下贵州省农村物流现状分析及发展建议［J］. 现代商业，2017（22）：19－21.

［80］黄毅. 区域物流规划理论及方法研究［J］. 商业时代，2009（25）：

17 - 18, 26.

[81] 黄勇, 易法海, 杨平. 国外农产品物流模式及其经验借鉴 [J]. 社会主义研究, 2007 (3): 133 - 135.

[82] 姜阔, 高远秀, 魏震. 京津廊区域物流一体化的建设重点与基本思路 [J]. 产业与科技论坛, 2011 (3): 68 - 69.

[83] 姜璞. 关于农村发展现代物流的几点思考 [J]. 河南农业, 2011 (1): 48.

[84] 焦文旗. 京津冀区域物流一体化障碍因素分析 [J]. 商业时代, 2008 (35): 27 - 28, 11.

[85] 揭毅. 长三角物流一体化建设对策研究 [J]. 当代经济 (下半月), 2008 (5): 110 - 111.

[86] 解倩男. 众包商业模式及对企业竞争优势的作用 [J]. 现代企业, 2014 (10): 26 - 27.

[87] 金汉林. 舟山水产品冷链物流一体化研究 [D]. 舟山: 浙江海洋学院, 2013.

[88] 靳娟利, 王宁. 城乡双向物流体系构建策略研究 [J]. 中国商论, 2016 (22): 80 - 81.

[89] 荆海霞. 物流配送中双向运输车辆路径优化问题研究 [D]. 武汉: 武汉大学, 2004.

[90] 瞿万军. "互联网 +" 背景下十堰市农村电子商务物流发展研究 [J]. 湖北工业职业技术学院学报, 2017 (1): 49 - 52.

[91] 康润枝. 晋西北地区发展农产品物流存在的问题及对策 [J]. 现代农业, 2008 (12): 42.

[92] 康贤刚. 我国农产品物流体系的重构与运作模式创新研究 [J]. 湖北社会科学, 2012 (1): 87 - 90.

[93] 况漠, 缪兴锋. 浅析区域物流系统优化 [J]. 物流技术, 2008, 27 (3): 9 - 11.

[94] 赖玛. 广西北部港湾口物流发展战略研究 [M]. 北京: 中国经济出版社, 2009.

[95] 兰碧青. 基于供应链理论的朔黄铁路公司物资集中采购管理模式研究 [D]. 石家庄: 石家庄铁道大学, 2018.

[96] 李碧珍.农产品物流模式创新研究 [D].福州：福建师范大学，2009.

[97] 李碧珍.虚拟农产品物流模式及其利益风险 [J].发展研究，2009 (2)：60-63.

[98] 李超.基于联接键理论的农村物流信息平台构建研究 [D].西安：长安大学，2013.

[99] 李德有.城镇化背景下辽宁省农村物流发展研究 [D].长春：吉林大学，2014.

[100] 李贵哲.物流一体化中的物流流程优化与实施方法研究 [D].武汉：武汉理工大学，2005.

[101] 李桂娥.农产品供应链一体化问题研究 [J].中国市场，2012 (49)：27-29.

[102] 李国芳.区域现代农业物流体系研究 [D].成都：西南交通大学，2005.

[103] 李季芳.基于核心企业的水产品供应链管理研究 [D].青岛：中国海洋大学，2008.

[104] 李建勋.鲜销农产品物流问题研究 [D].重庆：西南大学，2008.

[105] 李杰.我国城乡二元结构下的商贸流通体系农业物流发展模式研究 [J].农业经济，2018，375 (7)：122-124.

[106] 李力.物流信息平台构建与应用研究 [D].武汉：武汉理工大学，2006.

[107] 李明.湖南省农产品物流发展路径选择 [J].中国物流与采购，2013 (2)：76-77.

[108] 李明.浅谈湖南省农产品物流发展策略 [J].江苏商论，2008 (3)：50-51.

[109] 李琴.农村物流中心选址问题研究 [D].武汉：华中师范大学，2007.

[110] 李清波.哈尔滨市城乡物流一体化发展水平评价研究 [D].长春：吉林大学，2017.

[111] 李松庆.我国物流基础设施的建设策略分析 [J].商业研究，2006 (4).

[112] 李腾，浦甲伦，徐辉.物联网环境下农村物流系统建设问题研究

[J]．品牌，2015（4）：41－42．

[113] 李卫忠．珠中江物流一体化发展路径选择研究 [J]．特区经济，2012（5）：32－34．

[114] 李炜，易法海．国外农产品物流模式简介 [J]．农村工作通讯，2007（12）：54．

[115] 李相林．浅析农产品物流外包优势 [J]．现代化农业，2009（3）：32－33．

[116] 李晓锦．农产品物流组织模式研究 [D]．杨凌：西北农林科技大学，2007．

[117] 李晓静，徐霞红．基于云配送的农村电子商务"县乡村"三级物流体系建设探讨 [J]．电子商务，2018（10）：10－11．

[118] 李兴福．基于第三方物流的大连市农村物流问题研究 [D]．大连：大连海事大学，2011．

[119] 李旭辉．电子商务销售方式下浙江省生鲜农产品供应链模式研究 [D]．临安：浙江农林大学，2012．

[120] 李学工．农产品物流框架体系构建 [M]．北京：中国物资出版社，2009．

[121] 李学工，易小平．构建跨区域农产品营销虚拟物流协作体系——以南北方果蔬农产品为例 [J]．商品储运与养护，2008（10）：73－76．

[122] 李逸波，董谦，赵慧峰．河北省农产品物流中政府的职能定位 [J]．商场现代化，2008（11）：137．

[123] 李兆磊．区域物流系统内涵分析 [J]．西安航空技术高等专科学校学报，2011（2）：36－39．

[124] 李贞，陶君成．中美农产品的产销及物流主体 [J]．物流技术，2008，27（10）：12－14．

[125] 厉以宁．增加农民收入要大力发展物流产业 [J]．领导决策信息，2003（8）：25．

[126] 梁海红．我国鲜活农产品流通模式创新研究 [J]．安徽农业科学，2012，40（30）：15030－15032．

[127] 梁亚晨．基于协同发展的京津冀物流中心选址问题研究 [D]．大连：大连海事大学，2015．

[128] 林华. 基于第三方物流的汽车集群式供应链协同研究 [D]. 重庆: 重庆大学, 2018.

[129] 林敏晖. 农产品物流外包的可行性与效益分析 [J]. 中国高新技术企业, 2008 (23): 20-21.

[130] 林文焰, 高明. 论农产品直接配送物流的组织创新 [J]. 农村经济与科技, 2009 (2): 48-49.

[131] 凌晓辉, 彭苏梅. 江西省农产品物流运作模式研究 [J]. 现代园艺, 2009 (1): 6-8.

[132] 刘爱军. 基于企业角度的农产品物流发展研究 [D]. 南京: 南京农业大学, 2007.

[133] 刘秉镰. 中国现代物流发展报告 [M]. 北京: 电子工业出版社, 2008.

[134] 刘超. 战略管理视角下的供应链绩效评价研究 [J]. 北京工商大学学报 (社会科学版), 2010 (2): 68-72.

[135] 刘刚. 生鲜农产品电子商务的物流服务创新研究 [J]. 商业经济与管理, 2017 (3): 12-19.

[136] 刘晗兵. "互联网+" 背景下农业仓储物流的发展路径研究 [J]. 农业经济, 2017 (6): 115-117.

[137] 刘建文. 区域物流规划的理论基础与评价体系研究 [J]. 管理世界, 2009 (8): 52-56.

[138] 刘丽. 我国农村物流动态联盟模式研究 [D]. 大庆: 黑龙江八一农垦大学, 2010.

[139] 刘普合, 申冬华, 王勇. 从 "链态" 看我国果蔬农产品流通渠道 [J]. 商业经济与管理, 2010, 1 (11): 5-10.

[140] 刘全喜. 甘肃农产品物流发展的实证分析与对策研究 [D]. 兰州: 甘肃农业大学, 2006.

[141] 刘伟. 农产品物流配送中心选址问题研究 [J]. 决策与信息 (财经观察), 2008 (9): 28-29.

[142] 刘晓钢. 众包中任务发布者出价行为的影响因素研究 [D]. 重庆: 重庆大学, 2012.

[143] 刘晓光. 辽宁省发展农产品物流的 SWOT 分析 [J]. 农业经济, 2008 (12): 91-92.

[144] 刘鑫．基于供应链理论的住宅产业化发展瓶颈及对策研究［D］．长春：吉林建筑大学，2018．

[145] 刘雅楠，索志林，毕洪丽．基于"城乡双向流通"的农村 E 物流模式研究［J］．中国商论，2014（9）：103－105．

[146] 刘燕．互联网视角下的城乡物流一体化评价与比较研究［D］．南昌：南昌大学，2016．

[147] 刘杨．山东省农村双向物流发展研究［J］．现代商业，2018（8）．

[148] 刘永进．中国特大城市制造业空间布局研究［D］．武汉：华中科技大学，2005．

[149] 刘助忠，龚荷英．农产品供应链集成模式研究［J］．江苏农业科学，2012，40（11）：423－427．

[150] 刘子玉，肖静．基于云计算的吉林省农村电子商务模式构建［J］．农学学报，2018（7）：78－83．

[151] 柳萌．"互联网＋"背景下农村电商发展模式探索及物流支撑体系创新［J］．价值工程，2017（17）：100－101．

[152] 柳赵郑．河南省现代农业物流面临的问题及其对策研究［D］．郑州：河南农业大学，2009．

[153] 娄志梅．基于土地股份制的农村物流组织模式研究［D］．西安：长安大学，2009．

[154] 卢凤君等．区域农产品加工业发展的成功之路［M］．北京：中国农业出版社，2008．

[155] 卢丽．基于区域经济发展理论的城市物流发展战略研究［D］．杭州：浙江工业大学，2009．

[156] 卢凌霄，周应恒．农产品批发市场现状及发展趋向［J］．商业研究，2010（2）：10－14．

[157] 卢美丽．基于城乡物流一体化的连锁经营配送网络优化研究［J］．数学的实践与认识，2012，42（22）：71－78．

[158] 卢新元，王康泰，胡静思，等．基于 Fuzzy－DEMATEL 法的众包模式下用户参与行为影响因素分析［J］．管理评论，2017，29（8）：101－109．

[159] 吕健．农产品物流发展面临的问题与对策［J］．铁道货运，2009（1）：14－16．

[160] 吕扬. 电子商务视阈下城乡消费空间响应机制研究 [D]. 天津：天津大学，2016.

[161] 吕玉花. 新农村建设中的农产品物流问题研究 [J]. 中国流通经济，2008（3）：20-22.

[162] 罗二芳. 重庆市农产品流通发展研究 [D]. 重庆：重庆工商大学，2010.

[163] 罗芳琴，龚海岩，王冉，孙鑫，魏瑞成. 我国南方地区农产品流通模式调研与分析 [J]. 江苏农业科学，2010（1）：373-376.

[164] 罗坤. 拍卖在农产品多属性物流服务交易中的应用研究 [J]. 黑龙江科技信息，2009（8）：87.

[165] 罗书林. 我国"互联网+农村流通业"发展问题及完善对策 [J]. 商业经济研究，2016（19）：155-157.

[166] 罗永华. 茂名市发展农产品物流存在的问题及对策探讨 [J]. 商场现代化，2008（34）：75-76.

[167] 马敬元. 阜新市农村物流网络体系研究 [D]. 大连：大连海事大学，2010.

[168] 马丽亚. 浅析大数据时代物流管理企业面临的机遇与挑战 [J]. 中国市场，2017（22）：126-127.

[169] 马英. 面向终端客户的重庆市网络零售一体化物流应用研究 [D]. 重庆：重庆大学，2015.

[170] 毛凡楷. 基于 EA 和 BPM 的烟草工业一体化物流系统设计 [D]. 长沙：湖南大学，2015.

[171] 毛相飞. 基于利他偏好的生鲜农产品供应网络 [D]. 南京：南京农业大学，2015.

[172] 孟宝，付蓉，周陶. 城市物流在区域物流规划中的定位——以川南地区为例 [J]. 宜宾学院学报，2010，10（11）：41-45.

[173] 孟凡杰. 果蔬物流供应链模式研究 [D]. 北京：北京交通大学，2012.

[174] 孟凡胜，金明华. 我国农产品物流落后原因初探 [J]. 物流科技，2005（3）：73-75.

[175] 孟凡胜. 中国农产品现代物流发展问题研究 [D]. 哈尔滨：东北农业大学，2005.

［176］孟志兴，王广斌．我国农产品物流渠道分析及对策建议［J］．中国流通经济，2012，26（4）：30－33．

［177］苗东升．系统科学论［J］．系统辩证学学报，1998（4）：7－10．

［178］倪成．福建省供销合作社系统构建城乡双向物流体系研究［D］．福州：福建农林大学，2013．

［179］倪小丹，呼格吉勒，李珍，杨嫦翔，杨怡敏．融合"互联网＋"的农村电商物流新兴业态探析［J］．物流科技，2017（3）：56－59．

［180］聂淼．全球供应链视角下的郑州市农业产业集群的案例研究［J］．中国市场，2008（2）：110－111．

［181］宁建新．现代物流发展与物流运作一体化——我国物流业发展应注意的问题［J］．商业研究，2004（4）：1－4．

［182］欧阳强国，程肖冰，王道平．区域物流需求线性与非线性组合预测方法比较研究［J］．石油石化物资采购，2010（7）：82－86．

［183］潘经强．河南农村物流市场培育机制及路径分析［J］．商业时代，2010（11）：35－36．

［184］潘娅媚．我国农产品流通第四方物流模式构建［J］．商业经济研究，2017（7）：112－114．

［185］潘昭文．珠中江城市群物流一体化SWOT分析［J］．辽宁行政学院学报，2012（2）：96－97，103．

［186］庞建刚．众包社区创新的风险管理机制设计［J］．中国软科学，2015（2）：183－192．

［187］庞胜明，魏朗，周平．基于Weibull分布的时效性农产品物流库存模型［J］．长安大学学报（社会科学版），2006，8（3）：33－36．

［188］庞玉兰，王欣．浅析我国农产品物流的发展模式［J］．农业考古，2009（3）：259－261．

［189］彭芬，张明玉，曹卫兵．我国农产品物流模式发展趋势研究［J］．综合运输，2009（2）：44－48．

［190］彭会萍．甘肃省农产品物流模式研究［J］．长江大学学报（自然科学版）农学卷，2008（3）：102－104．

［191］彭建仿．基于供应链管理的企业与农户共生关系研究［D］．杨凌：西北农林科技大学，2007．

[192] 彭爽. 基于全域城市化背景下的大连市农村物流问题研究 [D]. 大连：大连海事大学，2010.

[193] 彭永涛，杜建国，罗建强. 基于新型城镇化的城乡配送网络优化研究 [J]. 软科学，2016（5）：136 – 139.

[194] 普荣. 滇中城市群物流一体化发展战略思考 [J]. 经济论坛，2011（9）：84 – 86.

[195] 綦方中，赵文波，周根贵. 基于区域协调中心的农产品物流模式 [J]. 农业经济，2009（2）：85 – 87.

[196] 钱廷仙. 长三角物流一体化的推进 [J]. 特区经济，2009（10）：76 – 77.

[197] 钱文强. 山东邮政农村物流业务发展研究 [D]. 济南：山东大学，2012.

[198] 钱芝网. 基于柔性生产的企业物流系统构建与仿真研究 [D]. 镇江：江苏大学，2009.

[199] 秦星红，魏光兴，周靖. 城乡统筹双向物流体系构建：以重庆市为例 [J]. 科技管理研究，2011（13）：114 – 117.

[200] 秦颐，郭英立. 我国生鲜农产品物流模式和发展建议 [J]. 商场现代化，2008（24）：121 – 122.

[201] 邱忠权，严余松，何迪，户佐安. 现代农产品物流中心信息化建设研究 [J]. 安徽农业科学，2008（30）：13454 – 13455.

[202] 邱祝强. 基于冷藏链的生鲜农产品物流网络优化及其安全风险评价研究 [D]. 长沙：中南大学，2007.

[203] 冉洁. 农村物流公共信息平台规划研究 [D]. 北京：北京交通大学，2011.

[204] 任连娣，王倞，吴树华，张永翊，孙大鹏. 环首都都市型现代农业发展路径研究 [J]. 商丘职业技术学院学报，2012，11（6）：43 – 45.

[205] 上官绪明. 基于城乡双向流通视角的农村物流系统优化模式及对策 [J]. 江苏商论，2012（1）：68 – 70.

[206] 上官绪明. 新农村现代物流运营模式探析 [J]. 特区经济，2007（9）：138 – 139.

[207] 邵明川. 河南省农村物流需求构成分析与预测 [D]. 北京：北京

交通大学，2012.

[208] 沈超. 基于云计算的农产品信息服务平台构建策略研究 [D]. 杭州：浙江工业大学，2017.

[209] 沈吉仁. 供应链管理环境下制造企业的物流合理化研究 [D]. 北京：北京交通大学，2009.

[210] 沈阳. 长江三角洲物流产业一体化效应研究 [D]. 上海：复旦大学，2009.

[211] 师蕾. 中国众包平台用户参与行为影响因素研究 [D]. 重庆：重庆大学，2012.

[212] 师志燕. 内蒙古发展农产品物流存在的问题及对策 [J]. 北方经济，2008 (1)：65 - 66.

[213] 师仲琦. 新型农村物流僵局待破 [J]. 运输经理世界，2010 (7)：84 - 85.

[214] 史新峰. 基于工作流技术的一体化物流服务流程研究 [D]. 西安：长安大学，2005.

[215] 帅斌. 物流产业化发展机理与政府规制研究 [D]. 成都：西南交通大学，2005.

[216] 宋芳. 基于外卖 O2O 的大众参与众包物流活动的行为因素分析 [D]. 杭州：浙江工业大学，2016.

[217] 宋丽华. 京津冀协同发展下物流发展对策研究 [J]. 中国市场，2017 (17)：157.

[218] 宋巍. 河南省农村物流网络建设与运营模式分析 [D]. 郑州：郑州大学，2013.

[219] 宋宇. 城乡双向流动的物流体系建设面临的问题及对策 [J]. 经济纵横，2011 (3)：32 - 35.

[220] 苏菊宁，赵小惠，郭纪平. 企业物流一体化运作模式研究 [J]. 西安工程科技学院学报，2004 (2)：173 - 178.

[221] 孙坳，何明珂. 基于结构方程模型的众包物流风险识别与分析 [J]. 管理现代化，2017，37 (6)：105 - 109.

[222] 孙丹. 对于黑龙江农产品物流发展的思考 [J]. 科技创新导报，2009 (2)：129.

[223] 孙华. 基于云计算的一体化农村电子商务模式的构建 [J]. 农业经济, 2017 (3): 127－129.

[224] 孙嘉慧."互联网＋"背景下沈阳周边农村物流发展问题研究 [J]. 现代营销 (下旬刊), 2017 (6): 280－281.

[225] 孙剑, 李艳军. 基于一体化战略的农产品物流系统模式 [J]. 商业时代, 2003 (17): 54－55.

[226] 孙静. 城乡统筹背景下农村物流运作模式研究 [D]. 武汉: 武汉理工大学, 2011.

[227] 孙庆峰, 肖艳. 城市近域农产品物流模式研究 [J]. 中国市场, 2008 (49): 52－53.

[228] 孙涛. 网络集成式农产品供应链管理的研究 [D]. 南京: 南京理工大学, 2010.

[229] 谭波. 供应链视角下的广西粮食现代物流发展存在的问题及对策 [J]. 大众科技, 2009 (1): 195－197.

[230] 谭玉成, 王呈芳. 河南省农产品绿色物流的现状分析与管理策略 [J]. 决策探索 (下半月), 2008 (10): 76.

[231] 陶君成, 潘林, 初叶萍. 大数据时代城乡物流网络重构研究 [J]. 中国流通经济, 2016 (11): 22－32.

[232] 田德斌, 窦宏秀, 车明诚. 黑龙江省发展农产品第三方物流的影响因素分析与对策 [J]. 物流科技, 2009 (3): 31－33.

[233] 田娟娟. 湖北省农村物流发展问题研究 [J]. 物流工程与管理, 2010, 32 (12): 25－26.

[234] 田颖. 试析三种粮食现代物流模式 [J]. 中国粮食经济, 2006 (6): 41－43.

[235] 仝新顺, 赵赋. 加快农产品物流设施建设刻不容缓 [J]. 现代农业, 2008 (4): 50－51.

[236] 佟姗姗. 果蔬农产品物流模式探析 [J]. 全国商情 (经济理论研究), 2009 (4): 11－13.

[237] 涂洪波. 中美日法农产品流通现代化关键指标之比较 [J]. 中国流通经济, 2013, 27 (1): 22－27.

[238] 涂建军, 王格. 企业物流一体化系统模型研究 [J]. 中国水运 (下

半月），2009（4）：59－61.

[239] 涂淑丽. 基于众包的我国旅游物流网络构建研究 [J]. 江西财经大学学报，2015（4）：42－48.

[240] 汪普庆，周德翼，吕志轩. 农产品供应链的组织模式与食品安全 [J]. 农业经济问题，2009（3）：8－13.

[241] 王爱红. 我国农产品物流发展的对策与建议 [J]. 中国市场，2008（45）：62－64.

[242] 王柏谊，杨帆."互联网＋"重构农业供应链的新模式及对策 [J]. 经济纵横，2016（5）：75－78.

[243] 王彬. 鲜活农产品流通模式与流通效率的实证研究 [D]. 无锡：江南大学，2008.

[244] 王川，李存杰. 山东省农产品物流发展的 SWOT 分析 [J]. 时代经贸（中旬刊），2008（S2）：101－102.

[245] 王道平，李锋，程蕾. 我国农产品物流模式的实证研究——基于各省市的聚类分析法 [J]. 财经问题研究，2011（2）：108－113.

[246] 王家军.B2B 模式下城市冷链共同配送车辆调度问题的研究 [D]. 北京：北京交通大学，2017.

[247] 王婧婷. 共同配送中的多方博弈问题研究 [D]. 北京：北京交通大学，2014.

[248] 王鲁欣，李少军."互联网＋"时代农村快递物流发展存在的问题及解决对策 [J]. 科技经济市场，2016（10）：100－101.

[249] 王姝. 网商平台众包模式的协同创新研究 [D]. 杭州：浙江大学，2012.

[250] 王墨涵. 网络型物流企业一体化运作能力评价研究 [D]. 北京：北京交通大学，2009.

[251] 王宁，黄立平. 基于信息网络的农产品物流供应链管理模式研究 [J]. 农业现代化研究，2005（2）：126－129，144.

[252] 王伟，黄莉，封学军. 基于耗散结构的区域物流系统科学发展机理研究 [J]. 中国市场，2010（23）：24－28.

[253] 王文杰，孙中苗，徐琪. 考虑社会配送供应能力的众包物流服务动态定价模型 [J]. 管理学报，2018，15（2）：293－300.

［254］王新利. 农村物流组织再造的探讨［J］. 中国农垦经济, 2004
（12）: 39 - 41.

［255］王新利, 王春阳. 农产品物流作业成本法［J］. 中国农业会计,
2006（12）: 182 - 197.

［256］王新利. 我国农村现代物流运作模式展望［J］. 中国流通经济,
2004（12）: 36 - 39.

［257］王新利. 中国农村物流模式及体系发展研究［D］. 杨凌: 西北农
林科技大学, 2003.

［258］王艳. 基于增值服务理论的农产品第三方物流研究初探［J］. 江苏
商论, 2008（11）: 56 - 58.

［259］王杨, 顾英男. 我国农产品冷链物流的研究［J］. 物流工程与管
理, 2010（9）: 4 - 5.

［260］王瑛, 孙林岩. 供应链物流平衡分析［M］. 北京: 清华大学出版
社, 2005.

［261］王永亮. 面向连锁经营的物流配载与配送组合优化模型与算法研
究［D］. 北京: 北京交通大学, 2007.

［262］王宇. 京津冀一体化物流园区选址规划研究［D］. 秦皇岛: 燕山
大学, 2016.

［263］王振, 李学工. 现代区域物流规划理论研究及框架构建［J］. 标准
科学, 2011（1）: 62 - 67.

［264］魏国辰. 基于供应链管理的农产品流通模式研究［M］. 北京: 中
国物资出版社, 2009.

［265］魏国辰. 生鲜农产品冷链物流体系发展探讨［J］. 商业时代, 2009
（2）: 24 - 25.

［266］魏国辰, 赵洁. 基于封闭供应链管理的北京市农产品物流模式研
究［J］. 商业时代, 2010（26）: 43 - 45.

［267］魏拴成, 邬适融. 众包的产生、发展以及构建众包商业模式应遵
循的路径［J］. 上海管理科学, 2010（1）: 55 - 58.

［268］魏勇军. 城乡一体化视角下湖南农村商贸流通体系构建研究［D］.
长沙: 湖南农业大学, 2014.

［269］文晓巍, 梁华思. 我国荔枝供应链结构与物流模式分析［J］. 广东

农业科学，2012，39（16）：193－196.

［270］吴峰 . 江西鲜活农产品物流发展策略研究［J］. 井冈山学院学报，2008（1）：111－114.

［271］吴刚 . 逆向物流规划体系及其基础理论研究［M］. 成都：西南交通大学出版社，2008.

［272］吴坚，史忠科 . 区域物流系统的优化模型［J］. 华南理工大学学报（自然科学版），2004（8）：68－71.

［273］吴秸鑫 . 基于城乡互动的山西城乡一体化发展研究［D］. 太原：山西财经大学，2018.

［274］吴婉晶 . 基于城乡双向流通的农超对接配送模式及优化研究［D］. 北京：北京交通大学，2016.

［275］吴小勇 . 海峡两岸港口物流因子模型分析［D］. 福州：福建师范大学，2008.

［276］吴样平 . 基于复杂网络的昌九一体化物流网络研究［D］. 上海：上海大学，2015.

［277］吴勇民，佟星，杜文龙，等 . 吉林省鲜活农产品物流系统的优化模式研究［J］. 中国市场，2008（2）：78－79.

［278］夏晗 . 电子商务环境下城乡双向一体化物流配送研究［J］. 天中学刊，2016，31（6）：72－74.

［279］夏锦文 . 区域物流对区域经济的效应分析［J］. 江苏商论，2010（9）：101－103.

［280］夏重阳 . 河南省农村物流需求预测与影响因素分析［D］. 郑州：河南农业大学，2013.

［281］肖凤华 . 德州农产品物流发展 SWOT 分析［J］. 合作经济与科技，2009（6）：77－78.

［282］肖卓，周汨 . 云南省区域物流系统优化及实证研究［J］. 经济问题探索，2007（1）：164－167.

［283］谢如鹤，韩伯领 . 国内外冷藏食品物流的现状［J］. 中国储运，2004（6）：16－18.

［284］谢如鹤，罗荣武 . 加入 WTO 后铁路冷藏运输的发展对策［J］. 中国铁路，2003（10）：21－23.

[285] 谢如鹤. 我国冷藏食品运输的现状 [J]. 中国食品工业, 2005 (1): 40 - 41.

[286] 谢水清. 论农村物流的内涵与特点 [J]. 重庆交通学院学报 (社会科学版), 2006, 6 (3): 51 - 53, 57.

[287] 邢虎松. 区域物流合作理论及应用研究 [D]. 北京: 北京交通大学, 2014.

[288] 徐剑, 肖豫. 东北老工业基地物流产业布局优化及实现途径研究 [J]. 中国科技产业, 2007 (6): 97 - 99.

[289] 徐健, 汪旭晖. 订单农业及其组织模式对农户收入影响的实证分析 [J]. 中国农村经济, 2009 (4): 39 - 47.

[290] 徐美波. "互联网 +" 形态下一体化物流系统创新效率评价研究 [D]. 合肥: 合肥工业大学, 2018.

[291] 徐旭初. 中国农民专业合作经济组织的制度分析 [M]. 北京: 经济科学出版社, 2005.

[292] 徐扬, 呼涛, 马扬. 东北农产品流通体系问题与对策分析 [J]. 农产品市场周刊, 2006 (4): 42 - 43.

[293] 徐益敏. 城乡双向商贸流通体系下农业物流模式研究 [D]. 桂林: 广西师范大学, 2008.

[294] 徐云. 农村物流中心若干关键问题研究 [D]. 武汉: 武汉理工大学, 2008.

[295] 薛景梅, 孙芳. 构建基于供应链的农产品流通模式 [J]. 集团经济研究, 2005 (24).

[296] 严圣艳, 许安心. 我国 "互联网 + 农村流通业" 发展面临的问题与思路 [J]. 经济纵横, 2016 (1): 91 - 95.

[297] 严霄蕙. 京津冀区域物流一体化的发展探析 [J]. 中国商论, 2015 (36): 103 - 105.

[298] 杨斌. 以互联网 + 形势为基础的农村物流问题探究 [J]. 南方农机, 2017 (4): 122.

[299] 杨剑英, 谢守祥, 沈正舜. 我国区域生鲜农产品物流系统构建研究——基于交易费用视角的分析 [J]. 价格理论与实践, 2010 (9): 68 - 69.

[300] 杨蕾. 河北农产品物流产业发展实证分析 [J]. 合作经济与科技,

2009 (15)：6 - 8.

[301] 杨蕾. 河北省农产品批发市场现代化建设研究 [D]. 保定：河北农业大学，2007.

[302] 杨蕾. 环京津、冀东、冀中南经济区物流产业布局与发展研究——以电子商务环境下农产品物流为例 [A]. Proceedings of 2011 Asia - Pacific Youth Conference on Communication (2011APYCC) Vol. 1 [C]. 2011.

[303] 杨蕾. 京津冀都市圈农产品物流系统优化研究 [D]. 保定：河北农业大学，2011.

[304] 杨蕾，张博. 基于供应链的河北省现代化农产品批发市场系统构建 [J]. 安徽农业科学，2009 (19)：9142 - 9144.

[305] 杨蕾，张博. 冀中南经济区农产品物流产业布局研究 [J]. 合作经济与科技，2010 (22)：8 - 9.

[306] 杨蕾，张义珍. 电子商务环境下基于 Fuzzy - AHP 的农产品物流能力评价模型构建 [J]. 广东农业科学，2010，37 (10)：183 - 184.

[307] 杨蕾，张义珍. 基于因子分析的农产品物流金融风险管理体系构建 [J]. 广东农业科学，2010，37 (4)：251 - 253.

[308] 杨平. 基于供应链的湖北农产品物流服务体系研究 [D]. 武汉：华中农业大学，2008.

[309] 杨平，乔雯，易法海. 论国内农产品物流企业联合与合作的必要性 [J]. 乡镇经济，2008，24 (1)：83 - 86.

[310] 杨平，乔雯，易法海. 生鲜农产品供应链物流运作新模式探析 [J]. 商业时代，2008 (6)：16 - 17.

[311] 杨勇. 物流配送中双向物流路径优化问题研究 [D]. 沈阳：沈阳工业大学，2016.

[312] 姚记标，罗斌. 基于服务"三农"的农村邮政物流研究 [J]. 法制与社会，2007 (1)：540 - 541.

[313] 叶永铭，陈福玉. 吉林省农产品物流问题的研究 [J]. 吉林农业科技学院学报，2010 (1).

[314] 易正兰. 农业产业集群与农产品供应链管理结合探讨 [J]. 农村经济，2008 (8)：25 - 27.

[315] 尤月. 农产品加工企业供应链系统协调绩效评价指标体系研究

[J]．科技进步与对策，2010（17）：116－118.

[316] 尤月．提升农产品加工企业产品及服务附加值的策略研究 [J]．经济纵横，2010（5）：80－83.

[317] 余杰．新农村建设中的农村物流配送中心选址研究 [D]．南昌：江西财经大学，2012.

[318] 余鹏．农村双向物流供应链模式的研究 [D]．南昌：江西财经大学，2013.

[319] 余小花．农村双向物流供应链模式的网络结构设计及其运行机制研究 [J]．改革与战略，2016（1）：72－76.

[320] 喻占元．中外农产品物流比较及发展对策研究 [J]．乡镇经济，2009，25（2）：119－122.

[321] 袁嫄，武一．广东省物流中心空间布局规划探析 [J]．珠江经济，2006（5）：18－24.

[322] 曾倩．兼顾效率与公平的城乡物流资源配置研究 [D]．成都：西南交通大学，2018.

[323] 翟方正．基于主成分类聚分析的区域物流规划——以广东省为例 [J]．现代商业，2011（2）：155.

[324] 战书彬，郭海红．基于精益思想的农产品物流对策探讨 [J]．集团经济研究，2007（30）：54－55.

[325] 战书彬，李秀丽．基于精益思想的山东半岛农产品物流体系构建 [J]．安徽农业科学，2009（4）：1801－1804.

[326] 战书彬，郑丹．山东半岛农产品精益物流链构建 [J]．物流科技，2009（3）：30－32.

[327] 张博，杨蕾．基于 SWOT 分析的河北省农产品物流产业发展对策 [J]．广东农业科学，2010，37（6）.

[328] 张晨光．众包参与行为的影响因素研究——基于人与环境匹配理论的实证研究 [D]．上海：上海外国语大学，2014.

[329] 张驰．区域一体化背景下京津冀城市群物流网络结构研究 [D]．天津：天津工业大学，2018.

[330] 张德军．现代农产品物流技术与管理 [M]．北京：中国物资出版社，2009.

[331] 张浩，孙庆莉，安玉发. 中国主要农产品批发市场的效率评价 [J]. 中国农村经济，2009 (10)：51 - 57.

[332] 张宏雪. 基于区域一体化的物流产业集群升级研究 [D]. 沈阳：沈阳工业大学，2013.

[333] 张计划. 我国食品冷链的困境与对策 [J]. 特区经济，2005 (6)：269 - 270.

[334] 张京卫. 日本农产品物流发展模式分析及启示 [J]. 农村经济，2008 (1)：126 - 129.

[335] 张磊. 河北省环渤海城市体系空间布局研究 [D]. 石家庄：河北师范大学，2007.

[336] 张磊，谭向勇，王娜. 猪肉批发主体技术效率分析——基于北京市场猪肉二级批发商户的调查 [J]. 中国农村经济，2009 (10)：67 - 76.

[337] 张玲. 基于云计算的重庆农村物流公共信息平台建设研究 [J]. 中国新通信，2016 (7)：115.

[338] 张明月. 基于供应链合作伙伴的"农超对接"效果评价研究 [D]. 泰安：山东农业大学，2018.

[339] 张鹏. 基于委托代理的众包式创新激励机制研究 [D]. 成都：电子科技大学，2012.

[340] 张倩. 江汉平原农产品物流发展及对策研究 [D]. 武汉：华中农业大学，2004.

[341] 张倩，李崇光. 农产品物流发展的供应链管理模式及对策 [J]. 软科学，2008 (1).

[342] 张强波. 江苏城乡一体化农村配送体系的构建 [D]. 镇江：江苏大学，2010.

[343] 张瑞敏. 前台一张网后台一条链——以市场链为纽带实施业务流程再造和信息化 [J]. 企业管理，2002 (1)：21 - 24.

[344] 张圣忠. 物流产业组织理论研究 [D]. 西安：长安大学，2006.

[345] 张士华."供应链云"下农产品电子商务物流体系和模式探究 [J]. 科技管理研究，2016 (23)：216 - 220.

[346] 张天平. 供应链绩效指标模糊综合评价模型 [J]. 统计与决策，2009 (22)：68 - 70.

[347] 张天平, 蒋景海. 三层次供应链绩效评价指标体系的构建 [J]. 求索, 2010 (6): 38 – 39.

[348] 张晓雯, 盛宇华. 共享经济背景下生鲜电商"最后一公里"众包配送问题研究 [J]. 价格月刊, 2017 (10): 66 – 69.

[349] 张修志, 黄立平. 基于 Internet 的农产品物流信息门户研究 [J]. 物流技术, 2007, 26 (3): 104 – 106.

[350] 张学志, 陈功玉. 我国农产品供应链的运作模式选择 [J]. 中国流通经济, 2009 (10): 57 – 60.

[351] 张焱. 基于可靠性的生鲜农产品物流网络优化 [D]. 成都: 西南交通大学, 2009.

[352] 张燕, 车明诚. 哈尔滨市鲜活农产品物流存在问题分析 [J]. 物流科技, 2008 (3): 38 – 39.

[353] 张燕. 论区域物流一体化发展的三种模式 [J]. 物流技术, 2012, 31 (10).

[354] 张毅. 基于城乡双向流通的农村 E 物流模式构建 [J]. 商业经济研究, 2016 (5): 143 – 144.

[355] 张迎新, 荣薇. "新合作"农村连锁超市物流配送体系研究 [J]. 中国市场, 2008 (2): 95 – 96.

[356] 张永奇, 孙宏岭. 生鲜农产品物流企业绩效评价体系研究 [J]. 物流技术, 2008 (10): 53 – 57.

[357] 张勇. 基于"互联网 +"的唐山市农村电商物流生态圈融合发展研究 [J]. 中外企业家, 2016 (23): 39.

[358] 张瑜, 姜方桃. 连锁超市农产品供应链合作伙伴选择的研究 [J]. 中国商贸, 2010 (2): 4 – 6.

[359] 张雨明. 我国农村物流体系发展研究 [D]. 北京: 北京交通大学, 2008.

[360] 张玉红, 杜红平. 我国超市生鲜经营的物流现状与发展对策研究 [J]. 商业时代, 2010 (6): 29 – 30.

[361] 张媛. 大众参与众包的行为影响因素研究——基于威客模式的实证研究 [D]. 大连: 东北财经大学, 2011.

[362] 张正义. 基于高速公路服务区的农村物流基础理论与关键技术研

究 [D]. 西安：长安大学，2016.

[363] 赵航. 中国邮政发展农村物流战略研究 [D]. 北京：北京邮电大学，2010.

[364] 赵剑. 以批发市场为中心的蔬菜物流发展模式研究——以四川彭州为例 [J]. 农村经济，2010 (7).

[365] 赵静，马洁. "互联网＋"时代农村电商物流问题研究 [J]. 中国商论，2015 (27)：62 –64.

[366] 赵琦俊. 上海邮政一体化物流平台战略研究 [D]. 上海：华东师范大学，2015.

[367] 赵谦. 发展现代化大农业的国际经验与借鉴 [J]. 中国财政，2014 (16)：62 –65.

[368] 赵晓飞，李崇光. 农产品流通渠道变革：演进规律、动力机制与发展趋势 [J]. 管理世界，2012 (3)：81 –95.

[369] 赵晓霖. 吉林省农产品物流发展及对策研究 [D]. 长春：吉林大学，2009.

[370] 赵一夫. 中国生鲜蔬果物流体系发展模式研究 [M]. 北京：中国农业出版社，2008.

[371] 赵胤斐. 贵州省城乡物流一体化的构建研究 [D]. 贵阳：贵州财经学院，2010.

[372] 赵英霞. 中国农产品物流评价指标体系的构建 [J]. 商业研究，2007 (1)：211 –213.

[373] 郑一霖. 山西农产品物流发展分析及对策 [J]. 山西农业科学，2013，41 (1)：96 –98，106.

[374] 郑颖杰，刘燕妮，胡列格. 基于电子商务的农产品物流组织模式构建 [J]. 综合运输，2008 (2)：52 –55.

[375] 郑远红. 我国农村物流发展模式探讨 [J]. 农业经济，2010 (4)：78 –79.

[376] 钟茂林. 我国农村商业企业连锁经营模式创新探讨 [J]. 科技信息（科学教研），2008 (8)：6 –7.

[377] 仲秋雁，王彦杰，裴江南. 众包社区用户持续参与行为实证研究 [J]. 大连理工大学学报（社会科学版），2011 (1)：1 –6.

［378］周凌云，穆东，李佳成．区域物流系统多主体协同内涵与机制［J］．综合运输，2010（3）：43–46.

［379］周树华．连锁集团"农超对接"思考和实践［J］．中国商贸，2010（18）.

［380］周叶．保定市农产品物流发展现状及对策研究［D］．保定：河北农业大学，2009.

［381］周元福．对现代物流内涵的再认识［J］．经济师，2005（4）：82–83.

［382］周跃金．物流网络规划［M］．北京：清华大学出版社，2008.

［383］朱坤萍．区域物流与区域经济发展的互动机理［J］．河北学刊，2007（2）：168–171.

［384］朱永利．军地一体化物流保障体系研究［D］．西安：长安大学，2014.

［385］朱煜．城市循环物流系统构建研究［D］．北京：北京交通大学，2011.

［386］朱自平，和金生．我国农产品物流发展的现状与亟待解决的问题［J］．现代财经（天津财经大学学报），2009（2）：27–30.

［387］庄晋财，黄群峰．供应链视角下我国农产品流通体系建设的政策导向与实现模式［J］．农业经济问题，2009（6）：98–103.

［388］卓玛．西藏边境农牧区物流发展研究［D］．拉萨：西藏大学，2018.

［389］宗岩．我国铁路冷藏运输现状及发展建议［J］．铁道运输与经济，2007，29（5）：21–23.

［390］邹威．农村电商快速消费品共同配送模式研究［D］．重庆：重庆工商大学，2018.

［391］左安新．EM公司冷链一体化研究［D］．青岛：中国海洋大学，2011.

［392］Afuah A. , Tucci C. . Crowdsourcing as a solution to distant search［J］. *Academy of Management Review*, 2012, 37（3）, 355–375.

［393］Aghazadeh, Seyed–Mahmoud. Improving logistics operations across the food industry supply chain［J］. *International Journal of Contemporary Hospitality Management*, 2004, 16（4）: 263–268.

［394］Archer N. P. , Kosior J. M. , Strong D. . Supply/demand chain modeling utilizing logistical-based costing［J］. *Journal of Enterprise Information Management*, 2006, 19（3）: 346–360.

［395］Bhattacharya K. K. , Singh H. . Agricultural Resource Planning through –

IT platform – An approach [J]. *Operational Research*, 2005, 5 (1): 49 –65.

[396] Frittelli J. F.. *Grain Transport: Modal Trends and Infrastructure Implications* [C]//Congressional Research Service Reports, 2005.

[397] Geri N. , Gafni R. , Bengov P. Crowdsourcing as a business model [J]. *Journal of Global Oper. Strateg. Sourc*, 2017, 10 (1): 90 –111.

[398] Heleen B. R. , Sara V. , Cathy M.. Shipping outside the box. Environmental impact and stakeholder analysis of a crowd logistics platform in Belgium [J]. *Journal of Cleaner Production*, 2018 (8): 1 –26.

[399] J. K. Gigler, E. M. T. Hendrix, R. A.. On optimisation of agri chains by dynamic programming [J]. *European Journal of Operational Research*, 2002, 193 (3): 613 –625.

[400] K. H. Widodo, H. Nagasawa, K. Morizawa, M. Ota.. A periodical flowering-harvesting model for delivering agricultural fresh products [J]. *European Journal of Operational Research*, 2005, 55.

[401] Klumpp M. *Crowdsourcing in logistics: an evaluation scheme* [M]. Berlin: Springer International Publishing, 2017.

[402] Li D. , Kehoe D. , Drake P.. Dynamic planning with a wireless product identification technology in food supply chains [J]. *International Journal of Advanced Manufacturing Technology*, 2006, 30 (9 –10): 938 –944.

[403] Lin J. , Zhou W. , Du L.. Is on-demand same day package delivery service green? [J]. *Transportation Research Part D: Transport and Environment*, 2018 (6): 118 –139.

[404] Marsden T.. Food supply chain approaches: Exploring their role in rural development [J]. *Sociologia Ruralis*, 2000, 40 (4): 424 –438.

[405] M. F. Stringer, M. N. Hall. A generic model of the integrated food supply chain to aid the investigation of food safety breakdowns [J]. *Food Control*, 2007, 18 (7).

[406] Mladenow A. , Bauer C. , Strauss C.. *Crowdsourcing in logistics: concepts and applications using the social crowd* [M]//Proc. of the 17th International Conference on Information Integration and Web – Based Applications & Services. ACM, 2015.

［407］ Omar Ahumada, J. Rene Villalobos. Application of planning models in the agri-food supply chain: A review ［J］. *European Journal of Operational Research*, 2009, 196 (1): 1 – 20.

［408］ Pan S. , Chen C. , Zhong R. Y. . A crowdsourcing solution to collect e-commerce reverse flows in metropolitan areas ［J］. *IFAC – PapersOnline*, 2015, 48 (3): 1984 – 1989.

［409］ Roy S. B. , Lykourentzou I. , Thirumuruganathan S. . Task assignment optimization in knowledge intensive crowdsourcing ［J］. *Vldb Journal – the International Journal on Very Large Data Bases*, 2015, 24 (4): 467 – 491.

［410］ Searcy E. , Flynn P. , Ghafoori E. , et al. The relative cost of biomass energy transport ［J］. *Applied Biochemistry and Biotechnology*, 2007, 137 – 140 (1 – 12): 639 – 652.

［411］ Shiue. An Inventory Model for Perishable Items in a lot-size System with Quantity ［J］. *European Journal of Operational Research*, 1990, 45 (2 – 3): 260 – 264.

［412］ T. K. Das, Bing – Sheng Teng. A resource-based theory of strategic alliances ［J］. *Journal of Management*, 2000, 26 (1): 31 – 61.

［413］ Tokarchuk O. , Cuel R. , Zamarian M. . Analyzing crowd labor and designing incentives for humans in the loop ［J］. IEEE Internet Computing, 2012, 16 (5): 45 – 51.

［414］ Wadhwa S. , Rao K. . A unified framework for manufacturing and supply chain flexibility ［J］. *Global Journal of Flexible Systems Management*, 2004, 5 (1): 15 – 22.

［415］ Widodo K. H. , Nagasawa H. , Morizawa K. , et al. . A Periodical Flowering-harvesting Model for Delivering Agricultural Fresh Products ［J］. *European Journal of Operational Research*, 2006, 170 (1): 24 – 43.